Anarquistas na América do Sul

edição brasileira© Hedra 2022
organização© Edson Passetti, Sílvio Gallo e Acácio Augusto

edição Felipe Musetti
coedição Suzana Salama
assistência editorial Paulo Henrique Pompermaier
capa Lucas Kröeff

ISBN 978-85-7715-729-7

Grafia atualizada segundo o Acordo Ortográfico da Língua Portuguesa de 1990, em vigor no Brasil desde 2009.

EDITORA HEDRA LTDA.
Av. São Luís, 187, Piso 3, Loja 8 (Galeria Metrópole)
01046–912 São Paulo SP Brasil
Telefone/Fax +55 11 3097 8304
editora@hedra.com.br

www.hedra.com.br
Foi feito o depósito legal.

Anarquistas na América do Sul

Edson Passetti, Sílvio Gallo e Acácio Augusto (*organização*)

1ª edição

hedra

São Paulo 2022

Anarquistas na América do Sul é uma antologia de 18 textos, escritos a partir do encontro de mesmo nome, resultado da livre associação de três núcleos de pesquisa: Nu-Sol (Núcleo de Sociabilidade Libertária da PUC–SP), LIMA (Laboratório Insurgente de Maquinarias Anarquistas) e LASInTec (Laboratório de Análise em Segurança Internacional e Tecnologias de Monitoramento, da UNIFESP). Durante quatro dias de mesas e rodas de conversa virtuais, pesquisadores anarquistas de língua portuguesa e espanhola discutiram e experimentaram lutas e práticas libertárias. O livro, que contém o registro escrito de muitos desses debates, foi organizado de forma aberta, de modo a inscrever em sua estrutura o espírito livre do encontro — documento fundamental da pesquisa libertária nesta região do planeta.

Edson Passeti é professor livre-docente do Departamento de Ciências Sociais e Programa de Estudos Pós-Graduados em Ciências Sociais da Pontifícia Universidade Católica de São Paulo PUC-SP, onde também coordena o Nu-Sol (Núcleo de Sociabilidade Libertária). Edita o *Observatório Ecopolítica.*

Sílvio Gallo é professor titular da Faculdade de Educação da Universidade Estadual de Campinas (Unicamp) e pesquisador bolsista de produtividade do Conselho Nacional de Desenvolvimento Científico e Tecnológico (CNPq). Graduado em Filosofia pela Pontifícia Universidade Católica de Campinas (PUC- Campinas), realizou seus estudos de mestrado e doutorado na Faculdade de Educação da Unicamp, onde obteve também a livre-docência. Integrante do LIMA, Laboratório Insurgente de Maquinarias Anarquistas.

Acácio Augusto é doutor em Ciência Sociais, com enfoque em política, pela Pontifícia Universidade Católica de São Paulo PUC–SP, onde também é pesquisador do Nu-Sol (Núcleo de Sociabilidade Libertária). Professor no Departamento de Relações Internacionais da Universidade Federal de São Paulo UNIFESP, onde coordena o LASInTec (Laboratório de Análise em Segurança Interacional de Tecnologias de Monitoramento) — e também no Programa de Pós-Graduação em Psicologia Institucional da Universidade Federal do Espírito Santo UFES. Atualmente coordena o curso de Relações Internacionais da UNIFESP.

Sumário

Apresentação

DIEGO LUCATO, GUSTAVO VIEIRA,
RAFAEL LIMONGELLI, THAIANE MENDONÇA,
VITOR OSÓRIO E FLÁVIA LUCCHESI

O encontro *Anarquistas na América do Sul* foi organizado a partir de uma livre associação entre três núcleos de pesquisa — Nu-sol, LIMA e LASInTec — com o objetivo de atiçar conversações entre pesquisadorxs anarquistas de diferentes localidades da América do Sul acerca das lutas e das práticas experimentadas na região, bem como os diversos temas que atravessam a trajetória dos anarquismos.

Inventá-lo foi também um modo de juntar e expandir conversas e relações em meio à chamada pandemia. Quando pensamos nestes embates libertários e no que urge no presente, muitas questões e temas aparecem, alguns sem muitos desdobramentos em pesquisas acadêmicas até o momento. O encontro e seus registros em vídeos e escritos mostram como libertárixs pesquisam e pensam o presente nesta região do planeta. Assim como as diferenças na multiplicidade dos anarquismos, aproximam-se para pensar e realizar juntxs um encontro como este.

Somos pesquisadorxs vinculadxs aos Programas de Pós-Graduação da PUC-SP, da Unicamp, da Unesp e da Unifesp. Sabemos que uma pesquisa envolve revirar arquivos, vasculhar documentos, descobrir histórias, lutas e figuras soterradas pela História (inclusive a "do Anarquismo"). Levantar este encontro envolveu, no presente, buscar pessoas — e suas práticas anarquistas —, escritos, dissertações e teses que poderiam passar despercebidas, seja pelos filtros algorítmicos, seja pela produtividade nas universidades. São muitas vezes desqualificadas, porque incomodam. E isso nos interessa.

Organizar este encontro e olhar para a forma que ele ganhou, nas suas potências e desafios, é uma maneira de nos revirarmos e encararmos nossas práticas e a nós mesmxs em nossas relações e no trabalho de pesquisadorxs libertárixs. E é aí que se pode anarquizar xs anarquistas e os anarquismos agora.

Foi uma experimentação de liberdade que abriu novos percursos, como a organização desta publicação. Puderam abrir e se desdobrar ainda mais, entre xs que estiveram presentes nas rodas de conversas e mesas de cada um dos quatro dias de evento. Mas não só. Também entre xs que assistiram às apresentações e xs leitorxs destes textos. Estamos experimentando e deixamos aqui este convite.

Saúde e anarquia!

Ao sul da imaginária linha do Equador

SILVIO GALLO, EDSON PASSETTI
E ACÁCIO AUGUSTO

"Não existe pecado do lado de baixo do Equador". Ao ler essa frase, certamente ressoa em sua cabeça a canção de Chico Buarque e Rui Guerra, da peça *Calabar*; mas, provavelmente, o eco seja o da voz de Ney Matogrosso, que a cantou com evidente malícia, deixando o verso ainda mais delicioso. A fonte de Chico ao compor foi seu pai, Sérgio Buarque de Holanda, que numa nota de rodapé de *Raízes do brasil* cita a expressão em sua versão latina: *Ultra aequinoxialem non peccari*, comentando que durante o século XVII era uma expressão corrente em terras europeias. O dito pode ser interpretado pelo menos de duas maneiras: de um lado, pode-se pensar que depois do Equador, no hemisfério sul, há uma "terra sem males", na qual não existe pecado, uma espécie de idílico jardim do Éden, que provocava corações e mentes europeus, enchendo-os de fantasia; de outro lado, pode-se ler a expressão afirmando que do lado de baixo do Equador há uma terra sem lei e sem ordem, na qual os "conquistadores" podem agir sem temer punição. De ambos os lados, o julgamento cristão, o massacre em nome de rei, lei e fé.

Começamos assim a apresentação deste livro, uma reunião de escritos de anarquistas que habitam terras sul-americanas, para sub-verter o verso da canção, afirmando: "há práticas anarquistas do lado de baixo do Equador". O livro foi agenciado a partir de fluxos de desejo e quereres para juntar anarquistas sul-americanos para pensar pessoal e coletivamente em vereda libertária problemas que nos atingem, atiçam e movem neste continente e no planeta, para atravessarmos e sermos atravessados por militâncias, militantismos, pensamentos, agitos e quetais produzidos por aquelas e aqueles que apostam naquilo "que não tem governo nem nunca terá". E vivem.

Encontros "em linha" nestes tempos pandêmicos de segregacionismos securitários acenderam a brasa dos debates calorosos que incendiaram manhãs e noites em torno de temas e conversas que colocaram em tela, mas também nas bocas e nos olhos, inundando os corpos, práticas libertárias, as mais diversas e múltiplas, experimentando potencialidades de vidas anarquistas nesta porção sul do planeta.

Circulando em torno de cultura e educação libertárias, terra-revolta, vida-artista e escândalos libertários, vozes anarquistas falando em português e falando em espanhol com diversos sotaques — em ambas as línguas — circularam e agenciaram ideias, desejos, sonhos, quereres e ações. As palavras não pairaram no ar, se materializaram em textos que agora estão nestas páginas, de modo a impacientar mais pensamento, mais desejo, querer e mais agitos.

Na organização do livro, foi preciso escolher textos de companheiras e de companheiros que participaram nas conversações, visto que a materialidade das páginas não permite que todos caibam. As escolhas foram sempre coletivas e debatidas, procurando oferecer aos leitores um panorama múltiplo, amplo, diverso, evidenciando a riqueza dos pensamentos anarquistas e das vidas anarquistas em ação direta nas terras sul-americanas. A escolha foi também de uma "ordem" dos capítulos, de modo a produzir agenciamentos entre os textos. Não há, porém, hierarquia entre os capítulos, que não são numerados. Pensou-se em certas relações ao colocar os textos mais próximos de uns e mais distantes de outros; porém, cada leitor pode fazer suas próprias relações entre e com os textos, inventando outras "ordens" possíveis, lendo-os e produzindo seus próprios fluxos.

Nestas páginas, vidas anarquistas pulsam cheias de tesão pela liberdade, atiçando modos de vida outros contra os panoramas capitalistas da racionalidade neoliberal que querem se colocar como exclusivos. Amor livre; anarquia cotidiana; arquivos anarquistas; autoformação; conjuração do Estado; convivialidade rebelde; cultura e sociabilidade libertárias; dissidências; educação libertária; existências queer libertárias; imprensa anarquista; insurreições; levantes contrassistêmicos; língua anarquista; política e participação; produção de mundos; racionalismo e afetividade na educação; revoltas; segredos dos outros; teatro anarquista; teatro operário; territorialidades dissidentes; vegetarianismo; vidas singulares: tudo isso (e sempre um pouco mais) pulsa e vibra nessas páginas.

As experimentações aqui mostradas conversam com filosofias, ciências sociais e políticas, histórias; pedagogias; artes; arquivísticas; olhares para as ruas, os computadores e as ações populares, para o ontem e para o hoje, evidenciando a produção de heterotopias anarquistas com humor e dilacerando os chamados cotidianos tópicos e distópicos.

Sim, há anarquismos e anarquistas do lado de baixo do Equador, fazendo proliferar vidas, pensamentos, desejos, quereres e ações diretas. Começamos com um verso, terminamos com outro, da mesma canção: "Quando é missão de esculacho, olha aí, sai de baixo. Eu sou embaixador". Anarquistas sul-americanos esculacham a vida capitalística neoliberal, incendeiam a moral e os bons costumes da "gente de bem" que aterroriza o planeta com seus fluxos de morte e se dispensam de diplomatas. Ao fazê-lo, convidam para práticas outras, para a construção de ações diretas pessoais e coletivas que afirmem o tesão da vida livre.

Conjurar o Estado, afirmar vidas singulares

Educação anarquista e produção de mundos

SILVIO GALLO

Apesar de você ter tesão pela vida, o
perigo te espreita a cada esquina

JONNATA DOLL E OS GAROTOS SOLVENTES,
Apesar de você ter tesão pela vida,
do álbum *Crocodilo*

Risco é sinônimo de liberdade.

ROBERTO FREIRE & FAUSTO BRITO,
Utopia e paixão

Este texto foi preparado para a mesa redonda *Educação e cultura libertária* no seminário *Anarquistas na América do Sul*, em agosto de 2021. Evento importante para reunir anarquistas que vivem, militam e produzem mundos libertários neste canto do globo. Porém, não trabalharei em torno de práticas educativas anarquistas produzidas neste continente em que habitamos, seja historicamente seja em nossos dias. Antes, desenvolverei algumas explorações conceituais em torno do que significa educar no contexto de uma cultura libertária, na produção de uma prática de vida anarquista. Em diálogo com as filosofias da diferença e com perspectivas históricas do anarquismo e da pedagogia libertária, trata-se de um exercício conceitual em torno dos sentidos de uma educação anarquista hoje. Por outro lado, as reflexões aqui apresentadas talvez não pudessem ser pensadas senão nesta América do Sul nas primeiras décadas do século XXI; embora dialogue com autores de outros tempos e outros espaços, é um pensamento situado *neste* espaço e *neste* tempo, portanto marcado pelos horizontes que ele desenha. Um pensamento da imanência, sem nenhuma pretensão de universalidade.

CONJURAR O ESTADO

Os anarquismos podem divergir em aspectos conceituais e mesmo organizacionais, mas convergem na luta contra o Estado. Diferentes explorações conceituais coexistem, múltiplas são as críticas anarquistas ao Estado, compreendido como instância de centralização e cristalização de poderes que são dirigidos à opressão das gentes, uns privilegiando-se da exploração de muitos outros. Lutar contra o Estado, buscando construir outras formas de relação entre os seres humanos e projetando uma sociedade libertária e igualitária é o que irmana os anarquistas, o que produz a aglutinação de *bandos* para lutar contra o capital e o Estado.

Vivemos sob um Estado implacável, que Deleuze e Guattari (2010) denominaram *Urstaat*. O capitalismo dele se apropriou e vice-versa. Segundo os autores, a forma Estado não é o resultado de um longo processo histórico através do qual ele se forma; deixam para trás, a um só tempo, a interpretação aristotélica de uma "evolução natural" dos núcleos familiares que vão crescendo e se complexificando até constituir a *polis*, a cidade-Estado grega, paradigma da política, e a interpretação marxista, sistematizada por Engels em *A origem da família, da propriedade privada e do Estado*, na qual o Estado constitui-se historicamente para garantir a manutenção da propriedade, para afirmar a emergência de uma forma política centralizadora e colonizadora. Para os autores franceses, o surgimento do Estado foi uma espécie de "golpe de mestre":

> O Estado não se formou progressivamente, mas surgiu de uma vez já todo armado, num golpe de mestre, *Urstaat* original, eterno modelo de tudo o que o Estado quer ser e deseja. A produção dita asiática, com o Estado que a exprime ou que constitui o seu movimento objetivo, não é uma formação distinta; é a formação de base que está no horizonte de toda a história. (DELEUZE; GUATTARI, 2010, p. 287–288)

Se o Estado é um modelo "eterno" que se materializou, também é preciso levar em consideração que, embora "eterno", ele não é "universal". Isto é: podemos acompanhar Deleuze e Guattari nesta ideia de um "modelo único" de Estado que se materializa na história e sofre transformações ao longo do tempo e nos diferentes lugares, ainda que se trate de um só Estado; mas estes autores afirmam, também, que este modelo único e eterno de Estado não é onipresente e não abarca a todos os agrupamentos sociais. Ele está *aí*; mas não em todos os lugares ao mesmo tempo. Em *Mil Platôs* (1980), o "Tratado de nomadologia" apresenta a disjunção inclusiva entre povos nômades, que por não se fixarem em um território único, não cedem à forma-Estado, enquanto os povos sedentários, que se fixam, são tomados pelo Estado. Vemo-nos, assim, frente às "máquinas de guerra" constituídas pelos nômades e aos exércitos como aparelhos de Estado, constituídos pelos povos sedentários, como foi o caso dos sumérios com a cidade de Ur, do terceiro milênio antes da Era Comum, com um Estado teocrático forte e centralizador. Ur, nome desta que foi uma das primeiras cidades a se destacar na antiguidade, levou a língua alemã a adotar o prefixo *Ur* designando uma perspectiva de antiguidade, de emergência, o que permitiu aos filósofos franceses cunhar a expressão *Urstaat*, uma espécie de "Estado originário".

As teses de Deleuze e Guattari sobre outro tipo de relação com o poder, não tomado de forma centralizada e autoritária, como no caso do Estado, devem muito à obra do antropólogo Pierre Clastres, *A sociedade contra o Estado*, publicada em meados da década de 1970. Tendo estudado comunidades Guayaki, Guarani e Yanomami na América do Sul, ele mostrou uma coesão social totalmente distinta daquela experimentada pelos europeus. Comentou, por exemplo, a distinção entre um poder civil (exercido nos tempos de paz) e um poder militar (que só entra em operação em momentos de guerra, de conflito com outras comunidades), como podemos ver no seguinte trecho:

> Durante a expedição guerreira, o chefe dispõe de um poder considerável, às vezes mesmo absoluto, sobre o conjunto dos guerreiros. Mas, com a volta da paz, o chefe da guerra perde toda a sua potência. O modelo do poder coercitivo não é então aceito senão em ocasiões excepcionais, quando o grupo se vê diante de uma ameaça externa, Mas a conjunção do poder e da coerção cessa desde que o grupo esteja em relação somente consigo mesmo. (CLASTRES, 2003, p. 47–48)

O antropólogo conclui seu livro com uma ácida crítica ao etnocentrismo, através do qual as sociedades que se autodenominam "civilizadas" caracterizam como "primitivas" as sociedades sem Estado (CLASTRES, 2003, p. 207 e ss.); é como se o Estado fosse o destino necessário de toda sociedade que se desenvolve, que evolui. Ele vai afirmar que as sociedades ameríndias não possuíam Estado não porque fossem pouco desenvolvidas, mas, ao contrário, porque não o desejavam. Optavam por outra organização política, outros jogos e exercícios de poder.

> Portanto, a tribo não possui um rei, mas um chefe que não é chefe de Estado. O que significa isso? Simplesmente que o chefe não dispõe de nenhuma autoridade, de nenhum poder de coerção, de nenhum meio de dar uma ordem. O chefe não é um comandante, as pessoas da tribo não têm nenhum dever de obediência. *O espaço da chefia não é o lugar do poder*, e a figura (mal denominada) do *chefe* selvagem não prefigura em nada aquela de um futuro déspota. Certamente não é da chefia primitiva que se pode deduzir o aparelho estatal em geral. (CLASTRES, 2003, p. 222–223)

Neste exercício de poder que é completamente outro, esses povos não se deixaram capturar nem pelo Estado nem pela lógica do acúmulo (que, mais tarde, seria o acúmulo do capital); o que fizeram, pressentindo essa forma de poder em suas vizinhanças, foi *conjurar*, evitar o Estado. As últimas palavras de Clastres no livro não deixam margem a dúvidas:

> A história dos povos que têm uma história é, diz-se, a história da luta de classes. A história dos povos sem história é, dir-se-á com ao menos tanta verdade, a história de sua luta contra o Estado. (CLASTRES, 2003, p. 234)

Outro antropólogo, o estadunidense James Scott, trabalha uma tese análoga, mas estudando as antigas sociedades orientais e do médio oriente. Olhando justamente para o território no qual emergiu a forma-Estado, Scott procura fazer o que denomina uma "história profunda dos primeiros Estados" e mostra evidências que ali vicejaram também povos e comunidades que conjuraram o Estado. Se essa forma de estruturação política da sociedade está centrada no acúmulo daquilo que é produzido (denotando desde sempre essa relação intrínseca entre política centralizadora e economia), lutar contra o Estado significava, então, produzir aquilo que não podia ser acumulado. Daí o sugestivo título de seu livro: *Against the Grain* [Contra o grão] (2017), visto que foi a produção agrícola de grãos que tornou possível a acumulação dos excedentes de produção e que demandou a estruturação de poder centralizado para controlar e gerenciar o estoque e a distribuição da produção.

Como mostra Scott, certas sociedades orientais antigas escolheram deliberadamente não produzir grãos, optando por cultivar outros tipos de produtos agrícolas que precisavam ser consumidos imediatamente, não permitindo acúmulo, dada sua perecibilidade. Isto forçava a uma produção de subsistência, sempre renovada e jamais acumulada que, por sua vez, implicava em outras relações de poder na comunidade, visto não ensejar a centralização preconizada pela forma-Estado. Uma recusa consciente e deliberado do Estado, pois.

Se o Estado é um "modelo único", como afirmaram Deleuze e Guattari (1980), podemos ver um "modelo outro" nos povos e comunidades que conjuram o Estado. De um lado uma política centralizadora, baseada no acúmulo dos bens, no exercício da força, na administração dos coletivos, no controle social. Ainda que seja a palavra grega *polis* (cidade) que enseje o nascimento daquilo que se convencionou chamar de "política", penso na companhia de Jacques Rancière que tal administração do social deveria ser chamada de "polícia", outra palavra derivada da mesma raiz. E indo um pouco além, política e polícia (esta como administração do social) também foram e são produzidas e praticadas por povos que não se fixaram em cidades, como aqueles estudos por Clastres e Scott; o que fizeram essas comunidades foi produzir "outra política", talvez justamente aquela de que trata Rancière, que introduz um acontecimento disruptivo no meio social, que não se centraliza, permanecendo sempre aberto, cambiante e fazendo circular relações de poder que não centralizam e não se aglutinam. O Estado como "modelo único" de política; mas o nomadismo conjurador do Estado como um "modelo outro", como "outra política".

De modo que se o Estado é uma forma única, ele está longe de ser universal, embora seus defensores (mesmo quando dizem ser ele um "mal necessário") se esforcem para nos fazer crer nisto. Há um "fora" do Estado desde suas origens, há uma conjuração do Estado operando desde suas origens e em paralelo a ele. Podemos dizer que os anarquismos estão comprometidos com este "fora" do Estado e que o movimento anarquista historicamente constituído, desde meados do século XIX, tem sido um exercício prático de conjurar o Estado, produzindo experimentações de praticar o "fora" do Estado em seu próprio interior. Clastres afirmou, conforme citei, que não é possível deduzir a forma Estado da "chefia primitiva"; por outro lado, esta "chefia" cambiante e não centralizadora preconiza a política libertária, a luta contra o Estado e a produção de vidas anárquicas. Anarquismos hoje não deixam de ser uma atualização da conjuração do Estado que está presente desde tempos muito antigos. Lutar contra o Estado consiste, pois, em enfrentar essa forma-Estado e em buscar o fora em suas franjas e em suas brechas, em produzir e explorar linhas de fuga. Nisto consistem as práticas libertárias em nosso tempo.

Um último ponto a explorar nestas palavras introdutórias. O *Urstaat* implica também em uma produção de subjetividades. Louis Althusser, em seu marxismo mesclado com estruturalismo e com psicanálise, abriu um veio de exploração importante ao afirmar que "a ideologia interpela os indivíduos como sujeitos" (1999, p. 210), que engloba duas teses conjuntas, a saber:

1. Que "toda prática existe por meio de e sob uma ideologia" e

2. Que "toda ideologia existe pelo sujeito e para os sujeitos". (1999, p. 209)

Em sua analítica sociopolítica, se o Estado se sustenta sobre as relações de produção, os chamados aparelhos ideológicos do Estado são os responsáveis pela reprodução das relações de produção. Por isso a materialidade da ideologia, que se orienta para a produção de sujeitos que, em seus atos cotidianos, vão garantir a reprodução da produção.

Estas teses de Althusser seriam retomadas e ampliadas por Félix Guattari, com a ressalva de que "ao invés de *ideologia*, prefiro falar sempre em *subjetivação*, em *produção de subjetividade*" (GUATTARI; ROLNIK, 1986, p. 25). Ao tratar da produção de subjetividade, Guattari radicaliza a materialidade da ideologia introduzida por Althusser, retirando-a definitivamente da ordem da representação e assinalando sua produtividade; isso é, a subjetividade é produzida, sempre no contexto social, mas ela é também produtiva. Neste registro, o Estado é modo de produção de bens materiais, mas é também modo de produção de subjetividade. E é esta produção de subjetividades conforme a máquina social estatal que garante a reprodução sistemática de seus contornos. Ora, se há um "dentro" do Estado que produz subjetividades, há também um "fora" do Estado que as produz. De modo que podemos falar em "subjetividades estatais" e em "subjetividades não-estatais", anárquicas, que conjuram o Estado e lutam contra ele. Por essa razão, dentre outras, os anarquismos são também formas de vida, práticas de vida sendo produzidas e produzindo subjetividades outras, às margens das ações estatais, que se esforçam para uniformizar. Contra máquina massificadora e uniformizadora das subjetividades produzida pelo Estado, da qual as escolas são as engrenagens centrais, embora não sejam as únicas, subjetividades anárquicas resistem e *sabotam*, provocando um mal funcionamento da máquina e operando linhas de fuga que tornam possíveis subjetividades libertárias, não conformadas.

ANARQUIZAR A EDUCAÇÃO

Uma preocupação com a educação e a formação humana está presente nos anarquismos históricos desde sua emergência. A radicalidade egoísta de Max Stirner, afirmando que "minha causa é a causa de nada" (2004, p. 286) já começou, ainda na década de 1840, a afirmar que "a vida escolar só engendra filisteus" (2001, p. 77), preconizando substituir o saber pelo querer, defendendo o exercício da liberdade da vontade. Proudhon, oriundo da escola mutualista francesa, foi um ardoroso crítico da educação republicana francesa oferecida pelo Estado à população pobre, uma educação servil. Contra ela, defendeu uma democratização efetiva da educação, que deveria estar nas mãos de cada um, de modo que fosse possível gerir seus próprios processos formativos, além de propor uma formação profissional para um trabalho não alienado. Bakunin daria continuidade a esta crítica, investindo na defesa da necessidade de um processo de conscientização dos trabalhadores sobre sua condição de exploração, o que só poderia ser feito através de sua apropriação do conhecimento científico. Além disso, avançou na defesa do que denominou uma "educação integral":

> [...] nós, democratas socialistas, exigimos para o povo a instrução integral, toda a instrução, tão completa quanto o permita a capacidade intelectual do século, a fim de que acima das massas, não possa existir nenhuma classe que saiba mais do que eles, que os possa dominar e explorar. (BAKUNIN, 1979, p. 32)

Poderia seguir listando militantes anarquistas do século XIX e do começo do século XX que salientaram a importância dos processos educativos na luta contra o Estado, na construção de novas relações sociais, mas não é este o objetivo aqui. Ressalto, porém, que na esteira desta produção teórica sobre a educação, os anarquistas começaram a praticar experimentações pedagógicas em instituições escolares ou proto-escolares. Os quatorze anos de Paul Robin à frente do Orfanato Prévost em Cempuis foram fundamentais para afinar, na prática, os conceitos de uma educação integral; os limites impostos por esta instituição pública, ainda que *sui generis*, foram superados por Sébastien Faure ao criar *La Ruche* (1904–1917), que ele denominou como "comunidade-escola" e seguiu na esteira da prática de Robin. A *Escuela Moderna de Barcelona* (1901–1906), criada por Francisco Ferrer, escolarizou a prática da educação integral, ao mesmo tempo em que marcou o rompimento com a escola estatal e católica vigente na Espanha da época.

Nestas experimentações educativas anárquicas, encontramos uma centralidade no aprendizado, inclusive da ciência, demarcando a influência do espírito científico e mesmo positivista do período, mas também uma preocupação com a formação de si mesmo esteve presente. No final do século XIX e nas primeiras décadas do século XX, escolas anarquistas proliferaram no Brasil e em outros países sul-americanos, em larga medida impulsionadas pelos sindicatos anarquistas. Se as trago aqui, é para marcar que os anarquismos, em sua trajetória de luta social, também *anarquizaram* a educação, de variadas formas, experimentando o "fora" do Estado nos processos educativos, na escola ou para além dela. Nas escolas anarquistas, em especial, o "fora" do Estado ficou expresso na proposição de criar escolas dos trabalhadores, que recusaram a escola estatal com veemência.

EDUCAÇÃO E PRODUÇÃO DE SUBJETIVIDADES

Deleuze e Guattari (1980, p. 95) afirmaram que a professora primária, quando ensina as crianças, mais do que transmitir conhecimentos ao explicar uma regra de gramática ou uma sistemática de cálculo, as introduz num jogo de coordenadas semióticas, ela *ensigna* (1980, p. 95). Isto é, ela as insere num conjunto de signos, nos quais as crianças precisarão se situar para poder se comunicar, agir, viver, enfim. Neste sentido, a educação escolar, dizem os filósofos, mais do que uma prática de diálogo é uma emissão de palavras de ordem e um aprendizado da obediência.

As críticas deleuzoguattarianas recolocam em questão as críticas anarquistas à educação estatal produzidas desde meados do século XIX. A novidade, aqui, consiste em pensar a educação como processo de produção de subjetividades, algo que de alguma forma já podemos ver nos textos "clássicos" anarquistas sobre educação, mas não colocado nestas palavras e nesta perspectiva conceitual. Acompanho Daniel Colson, quando afirma um atravessamento das filosofias da diferença contemporâneas pelo anarquismo e vice-versa:

> [...] o nietzscheísmo de Foucault ou de Deleuze, a releitura de Espinosa ou de Leibniz que ele possibilita, mas também uma redescoberta de Gabriel Tarde, de Gilbert Simondon ou ainda de Alfred North Whitehead, não apenas dão sentido ao pensamento libertário propriamente dito, aos textos de Proudhon ou de Bakunin, por exemplo, mas eles próprios ganham sentido no interior deste pensamento que eles esclarecem e renovam, talvez assim contribuindo, através deste encontro feliz, a tornar possível o anarquismo do século XXI. (COLSON, 2001, p. 10)

Reler, pois, os textos anarquistas sobre educação do século XIX e do começo do século XX atravessados pelas filosofias da diferença contemporânea, ao mesmo tempo em que tais filosofias são relidas atravessadas por aqueles textos, pode nos possibilitar uma filosofia anarquista da educação neste século, e, por certo, a questão da produção das subjetividades tem centralidade neste processo.

Em um tal contexto, pode-se dizer que a escola é um equipamento coletivo, para usar o termo de Guattari, que produz cenários subjetivos nos quais os estudantes são semioticamente enquadrados, através do sistema de mando-obediência das palavras de ordem. Neste cenário, eles são subjetivados, são formatados a uma maneira de ser, pensar e agir, na direção da reprodução da produção material. Por exemplo, no Brasil da chamada "nova República", após 1985, tivemos um amplo processo de produção de políticas públicas no campo da educação, orientadas para "educar o cidadão". Tratava-se de produzir o cidadão como sujeito de direitos e partícipe do sistema democrático representativo. Fomos subjetivados como cidadãos para podermos ser democraticamente governados. Na esteira de Foucault (2008) tenho denominado esta maquinaria política do Estado brasileiro como "governamentalidade democrática". Subjetivar como cidadão significa enquadrar os sujeitos no sistema de signos de uma governamentalidade (maquinaria de poder estatal) que prima pela participação, em uma perspectiva neoliberal. Ou seja, isto tudo se passa na interioridade, no "dentro" do Estado.

Porém, como se indicou anteriormente, a ação anarquista procura se fazer nas franjas e brechas do Estado, numa luta de trincheiras contra sua maquinaria, buscando e produzindo o "fora" do Estado em sua própria interioridade. Assumir que os processos educativos se constituem como produção de subjetividades abre caminhos para pensar subjetivações outras, anárquicas e libertárias, que escapam aos sistemas de signos através dos quais o Estado procura nos enquadrar.

Subjetividades humanas são múltiplas e singulares, a um só tempo. Isto significa, na célebre fórmula de Rimbaud, que "eu é um outro"; há uma singularidade de cada um, que não se repete, mas tal singularidade não é nem um núcleo interior, um "eu" no sentido cartesiano, nem uma unidade, ela se faz nas interações com o mundo e com outrem, constituída por múltiplas perspectivas e transformando-se o tempo todo. Multiplicidades não se reduzem à unidade, nem são superadas em sínteses dialéticas, como explorou Proudhon (2003) com sua "dialética plural multisseriada", sem síntese, sem redução a uma situação única. Ou, como dizem Deleuze e Guattari (1980), a fórmula do múltiplo é n-1, arrancar o Um do múltiplo. Por isso, a multiplicidade é contra o Estado, em seu projeto de ser Um, *Urstaat* originário e sempre presente. A postura anarquista é a de arrancar esse "um" da multiplicidade, fazendo proliferar diferenças e suas linhas de fuga disto que pretende ser um princípio unificador.

> [A multiplicidade] se opõe ao um, entendido no sentido corrente de princípio primeiro e fundador. É aqui que reside a especificidade e a grande originalidade do movimento anarquista: não apenas pensar o um a partir do múltiplo, o comum a partir do diferente, mas referir este modo de pensar ao que é, afirmar que ela corresponde não apenas a toda uma dimensão da realidade, mas igualmente a suas condições máximas de possibilidade e de desenvolvimento; e, consequentemente, pretender fazer nascer um movimento geral de emancipação fundado nesta multiplicidade, fundado na singularidade e na autonomia absoluta das forças que o compõem. (COLSON, 2001, p. 199)

Isto que Colson afirma pensando no movimento anarquista, podemos também dizê-lo das subjetividades humanas: que elas são opostas ao um como fundamento, constituindo-se em uma multiplicidade de elementos que se combinam e se recombinam, de modo a constituir uma singularidade. A singularidade de cada ser humano, que se descobre no mundo e com ele interage, constituindo-se a si mesma nestas interações. Mas uma singularidade que é parte do múltiplo, que é múltipla em si mesma.

De modo que se somos subjetivados como efeito de relações de poder que nos produzem, o resultado desta produção é singular. Por mais que os processos educativos estatais se esforcem para todos inserir num sistema único de coordenadas semióticas, cada um é um nó neste sistema, constituindo-se de modo singular. Mesmo uma educação que se pretenda massificante produz sujeitos singulares. Subjetividades podem ser produzidas em série, mas elas não são seriais, não se adequam à serialidade e, por isso, podem diferenciar e produzir linhas de fuga, tal como o *clinâmen* no movimento dos átomos pensado por Epicuro e retomado por Lucrécio, na antiguidade. Em outras palavras: o múltiplo produz singularidades por encontros aleatórios, que são acontecimentos. Todo processo de subjetivação é *acontecimental* e deriva dos encontros que são feitos à deriva. Por isso são abertos a linhas de fuga, não importa a força centrífuga que se empregue para tentar controlá-los.

Aqui seguimos Foucault, quando este afirma que as subjetividades se constituem como efeitos e resultados das relações de poder (um assujeitamento), mas é isso que permite que cada um estabeleça uma relação de si consigo mesmo, transformando-se. Isto abre todo um panorama para pensarmos as ações anarquistas no campo educativo. Ainda que inseridos num sistema de coordenadas semióticas pela subjetivação estatal capitalística, é possível agir sobre si mesmo, nas franjas e brechas da educação que nos coloniza. Essa ação formativa tem a potencialidade de singularizar, produzindo arranjos de multiplicidades de forma livre e autônoma.

EDUCAÇÃO ANARQUISTA E AUTOFORMAÇÃO DE SI MESMO

René Schérer (2008a; 2008b) lembra que a palavra anarquismo também significa negação do fundamento, a palavra grega *arkhé* tendo o sentido do princípio originário das coisas. Negar a *arkhé* significa, pois, negar o princípio, recusar o fundamento. Amparado em textos de Emmanuel Levinas e de François Châtelet, que colocam em relevo esta dimensão do anarquismo, Schérer (2008b, p. 32) afirma que "imanência contra transcendência define o anarquismo", emendando que "o plano da anarquia é um plano de imanência e não há outro" (2008b, p. 34). O anarquismo imanente explorado por ele implica em uma negação do "Eu sujeito" fundante da filosofia moderna, deslocando seu eixo para o outro, de modo que se instala na multiplicidade e na alteridade.

Schérer desenvolve o que ele denomina um "anarquismo filosófico", marcado pela ideia de que todo pensamento é atravessado pela errância, pela exploração aberta e livre, sem fundamentos definidores de limitações.

> [...] tendo a pensar que o fundamento do anarquismo (que recusa o *fundamento*), seu princípio (para ele que recusa o princípio) é antes a referência sistemática (enquanto ele recusa qualquer sistema) à *imanência*, longe de todo recurso a qualquer transcendência. Inclusive a transcendência desse *outro*, que Levinas invoca, como que para homenageá-lo. Assim como Simone de Beauvoir rejeitou a imanência da mulher, concebida como forma de humilhá-la. (Schérer, 2008b, p. 55)

Se chamo a atenção aqui para este trabalho de Schérer em torno do anarquismo, é para tomá-lo como auxílio para pensar a educação anarquista como uma *educação sem fundamento*. Sem apelo a qualquer transcendência — aquela do *Urstaat* — a educação anarquista se produz como máquina de guerra nômade, imanência pura na produção da vida cotidiana.

Historicamente, os militantes anarquistas chamaram muito a atenção para o autodidatismo presente no movimento. Muitas vezes alijados do sistema escolar, os militantes recorreram a expedientes autônomos de aprendizado, seja para aprender técnicas profissionais que permitissem ganhar a vida, seja para aprender as teorias políticas e sociais necessárias para enfrentar o sistema opressor. Quando olhamos para as experimentações pedagógicas anarquistas, escolares ou proto-escolares, percebemos também a força do autoaprendizado, os estudantes sendo estimulados a aprender por eles mesmos, a construírem seus percursos (o que os pedagogos gostam de denominar currículos) e também a cooperar solidariamente com seus colegas, ensinando a eles o que sabem e deles aprendendo o que ainda não sabem. Se quisermos transversalizar as experimentações pedagógicas anarquistas com o pensamento contemporâneo de Deleuze e Guattari, podemos dizer que a educação praticada pelos anarquistas sempre foi transversal e rizomática. Uma educação transversal, porque não estruturada hierarquicamente pela disciplina — compreendendo a disciplina tanto em sua dimensão epistemológica quanto política —, mas com trânsitos livres e não hierárquicos entre os saberes, com aprendizados produzidos junto com educadores, mas também coletivamente junto com outros estudantes. Uma educação rizomática, porque múltipla, cheia de linhas que se emaranham e possibilitam encontros singulares, possibilitando que cada um trace e/ ou experimente seus próprios percursos.

Na continuidade do que foi trabalhado até aqui, defendo que essa verdadeira autogestão do educativo pensada e praticada pelos anarquistas é muito mais complexa e abrangente do que um autodidatismo (um aprender por si mesmo), implicando na educação anarquista como uma *autoeducação*, como uma *autoformação* de si mesmo. Tomando as subjetividades humanas como múltiplas e singulares, primeiramente assujeitadas pelos jogos de poder do Estado e do capital, produzidas em série em escala industrial e internacional (GUATTARI; ROLNIK, 1986, p. 25), é possível que cada subjetividade atue sobre si mesma, transformando-se (FOUCAULT, 1983).

Segundo Foucault (1983, p. 213), "atualmente a luta contra as formas de sujeição — contra a submissão da subjetividade — está se tornando mais e mais importante, ainda que as lutas contra a dominação e a exploração não tenham desaparecido". Na mesma direção, ele afirma que "talvez o alvo hoje não seja descobrir o que somos, mas recusar o que somos" (FOUCAULT, 1983, p. 216). Essa perspectiva da relação das subjetividades com os jogos de poder que as constituem abre todo um campo de atuação sobre si mesmo, que é também um campo de atuação política no mundo. Recusar o que somos, recusar a ideia moderna de sujeito autocentrado e formado de modo direcionado; lutar contra isso, reivindicando a multiplicidade das subjetividades humanas, suas facetas diversas e inacabadas, sempre em construção, sempre em transformação, agenciamentos coletivos de enunciação atravessados pelos agenciamentos maquínicos de desejo (DELEUZE; GUATTARI, 2014).

Tomar a subjetividade como metamorfose, como plasticidade, arranjos de multiplicidades que produzem uma singularidade, um modo de cada um ser, pensar e agir, construindo a própria vida, implica em pensar a educação como um processo de autoformação de si mesmo, buscando as potências do fora na constituição de si mesmo levada a cabo dentro dos aparelhos de Estado. Não é isso que os anarquistas propuseram e realizaram com suas práticas educativas? Não é isso que militantes anarquistas fizeram com eles mesmos, construindo seus percursos próprios, inventando suas vidas, formando-se a eles mesmos, ao mesmo tempo em que lutavam contra o Estado? Não é isso que seguimos fazendo, ainda que com outras armas?

~

Enfim, uma educação anarquista praticada hoje na América do Sul incita a experimentar um tesão pela vida, mesmo que os perigos nos aguardem nas esquinas do mundo, ainda mais neste canto do planeta. "É na busca da segurança que se estabelece o poder", afirmaram Roberto Freire e Fausto Brito (1984, p. 65). E emendam: viver a liberdade é assumir o risco, a insegurança em nome da aventura que pode descortinar novos mundos, pois "o máximo de segurança é a escravidão" (*idem*, p. 66). O fascismo se alimenta do desejo de segurança; enfrentá-lo de modo libertário é desafiar a segurança em nome da alegria e do prazer.

Maquinar o desejo de forma libertária, construindo a si mesmo na relação com os outros e com o mundo, praticando uma vida anárquica, sem princípios ou fundamentos, como luta contra o *Urstaat* que procura, todo o tempo, apoderar-se destas potências de vida. Produzir e inventar vidas anarquistas nas franjas do Estado, produzindo máquinas de guerra que o conjuram, o mantêm à distância, para que vidas singulares e múltiplas sejam possíveis. *Conjurar o Estado* a cada dia e todo dia: eis a vida anarquista que merece ser vivida, ontem, hoje e sempre.

BIBLIOGRAFIA

ALTHUSSER, Louis. *Sobre a reprodução*. Tradução de Guilherme João de Freitas Teixeira. Petrópolis: Vozes, 1999.

BAKUNIN, Mikhail. *O socialismo libertário*. Tradução de Olinto Beckerman. São Paulo: Global, 1979.

CLASTRES, Pierre. *A sociedade contra o Estado*. Tradução de Theo Santiago. São Paulo: Cosac & Naif, 2003.

COLSON, Daniel. *Petit lexique philosophique de l'anarchisme — de Proudhon à Deleuze*. Paris: Librairie Générale Française, 2001.

DEFERT, Daniel. "Hétérotopie": tribulations d'un concept entre Venise, Berlin et Los Angeles. In: FOUCAULT, Michel. *Le corps utopique, les hétérotopies*. Paris: Lignes, 2009.

DELEUZE, Gilles; GUATTARI, Félix. *Mille Plateaux*. Paris: Minuit, 1980.

______. *O Anti-Édipo — capitalismo e esquizofrenia*. Tradução de Luiz B. L. Orlandi. São Paulo: Editora 34, 2010.

______. *Kafka — por uma literatura menor*. Tradução de Cintia Vieira da Silva. Belo Horizonte: Autêntica, 2014.

ENGELS, Friedrich. *A origem da família, da propriedade privada e do Estado*, ed. 2. São Paulo: Global, 1985.

FOUCAULT, Michel. *Segurança, território, população*. Tradução de Eduardo Brandão. São Paulo: Martins Fontes, 2008.

______. The subject and power. In: DREYFUS, H. L.; RABINOW, P. *Michel Foucault beyond structuralism and hermeneutics*, 2nd, p. 208–226. Chicago: The University of Chicago Press, 1983.

FREIRE, Roberto; BRITO, Fausto. *Utopia e paixão — a política do cotidiano*, ed. 2. Rio de Janeiro: Rocco, 1984.

GALLO, Sílvio. *Pedagogia do risco — experiências anarquistas em educação*. Campinas: Papirus, 1995.

______. *Pedagogia libertária — anarquistas, anarquismos e educação*. São Paulo: Imaginário/ Manaus: EDUA, 2007.

______. Governamentalidade democrática e ensino de filosofia no Brasil contemporâneo. *Cadernos de Pesquisa* (Fundação Carlos Chagas), v. 42, 2012, p. 48–64.

______. "O pequeno cidadão": sobre a condução da infância em uma governamentalidade democrática. In: RESENDE, Haroldo (org.): *Michel Foucault — o governo da infância*, p. 329–343. Belo Horizonte: Autêntica, 2015.

______. Políticas da diferença e políticas públicas em educação no Brasil. Uberlândia: *Educação e filosofia*, v. 31, n. 63, p. 1497–1523, Setembro–Dezembro de 2017.

______. Um duplo contágio, ou contágios múltiplos: do governo pelo vírus e de lutas de resistência. In: COÊLHO, Plínio A. (org.). *O mundo pós-pandemia — retorno à "normalidade distópica"? Reflexões libertárias*. São Paulo: Intermezzo Editorial, 2021a, p. 33–60.

______. Gubernamentalidad y biopolítica en el Brasil contemporáneo. *Reflexiones marginales —* Revista de Filosofía. México: UNAM, Abril de 2021b.

______; CARVALHO, Alexandre Filordi. Lutas democráticas contra o Urstaat: o que pode fazer a educação? *ETD: Educação Temática Digital*. Campinas: v. 21 n. 3 p. 549–567, Julho–Setembro de 2019.

______; LIMONGELLI, Rafael Moraes. "Infância maior": linha de fuga ao governo democrático da infância. *Educação e pesquisa*. São Paulo: v. 46, e236978, 2020.

GUATTARI, Félix. *Revolução molecular*, ed. 2. Tradução de Suely Rolnik. São Paulo: Brasiliense, 1985.

______; ROLNIK, Suely. *Micropolítica — cartografias do desejo*. Petrópolis: Vozes, 1986.

PROUDHON, Pierre-Joseph. *Sistema das contradições econômicas*. Tradução de J. C. Morel. São Paulo: Ícone, 2003.

QUERRIEN, Anne. *L'École mutuelle — une pédagogie trop efficace?*. Paris: Les Empêcheurs de Penser en Ronde, 2005.

RANCIÈRE, Jacques. *O desentendimento — política e filosofia*. Tradução de Ângela Leite Lopes. São Paulo: Editora 34, 1996.

______. *Aux bords du politique*. Paris: Gallimard (Folio Essais), 2007.

SCOTT, James C. *Against the grain — a deep history of the earliest States*. New Haven/ London: Yale University Press, 2017.

SCHÉRER, René. *Nourritures anarchistes — l'anarchisme explosé*. Paris: Hermann, 2008a.

______. *Pour un nouvel anarchisme*. Paris: Cartouche, 2008b.

SERRES, Michel. *O nascimento da física no texto de Lucrécio - correntes e turbulências*. Tradução Péricles Trevisan. São Paulo: Ed. Unesp/ São Carlos: EDUFSCAR, 2003.

STIRNER, Max. *O falso princípio da nossa educação*. Tradução de Plínio Augusto Coêlho. São Paulo: Imaginário, 2001.

______. *O único e sua propriedade*. Tradução de João Barrento. Lisboa: Antígona, 2004.

Racionalismo, experimentação e afetividade

Uma conversação entre Ferrer y Guardia, Lacerda de Moura e Félix Guattari

RAFAEL LIMONGELLI

Este ensaio tem o objetivo de explorar algumas características do racionalismo pedagógico proposto por Ferrer y Guardia na construção da Escola Moderna, exploração acompanhada do olhar de Maria Lacerda de Moura sobre as práticas do educador catalão e de chaves conceituais oferecidas pelo militante anticapitalista Félix Guattari.

Para tanto procuramos relacionar os escritos de Ferrer y Guardia (2014), Maria Lacerda de Moura (2021), Félix Guattari (1981; 2004; 2012) e Sílvio Gallo (2007; 2014) em uma análise teórico filosófica, buscando verticalizar a análise e a compreensão do racionalismo pedagógico em face a sua prática de experimentação e prática afetiva na construção do fazer comunitário e educacional.

O racionalismo e positivismo, que são contemporâneos à criação da Escola Moderna, derivaram diversas atrocidades históricas, entre elas o fascismo, a estatística (vista como ciência de Estado) e a polícia, como mantenedora da razão nas cidades. É necessário a distinção do que Ferrer y Guardia elaborou como racionalismo, como prática experimental e insurgente.

A hipótese que se coloca neste ensaio reside na necessidade de exaltar e dar mais contorno às características experimentais, afetivas, laboratoriais, populares e investigativas do racionalismo pedagógico proposto para a Escola Moderna, como prática insurgente contra quaisquer dogmas, sejam da Razão, da Religião ou do Estado.

FEBRE DO POSITIVISMO

O início do século XX foi marcado pela ascensão do pensamento positivista e racionalista. Movimento que foi acompanhado das expedições neo-colonialistas dos países europeus para diversas regiões do globo, principalmente para a Ásia e a África. Destas expedições muito intelectuais ficaram marcadamente conhecidas pela história, como as expedições de Bronisław Malinowski, e datam dessas expedições o nascimento da antropologia e da sociologia como ciências.

Entre estes cientistas alguns ícones da academia das ciências sociais, como Émile Durkheim, forjaram a sociologia como ciência régia, muitas vezes adaptando conceitos da biologia de forma grosseira para a análise do campo social. Desse período nascem as concepções de evolucionismo social, ideia capturada do pensamento de Darwin, apontando uma evolução das sociedades humanas em um régua universal da barbárie à civilização, considerando as sociedades civilizadas como aquelas fundadas na lógica de Estado, com os modos de produção Industrial e com a divisão do trabalho estabelecida.

É preciso ressaltar que essas ideias têm origem com Auguste Comte ainda no século XIX e foram inflamadas no campo social pelo psiquiatra Cesare Lombroso, o pai da criminologia positivista, que afirmava a inferioridade de algumas pessoas a partir da constituição ósseo-social. Tais discursos foram populares para validar a exploração de diversas comunidades humanas pelos Estados e Industriais Europeus.

Não é de se espantar que essa febre positivista tenha sido acolhida pelas classes dominantes do momento e pela burguesia industrial que procurava seu lugar ao sol longe das hegemonias clericais. Também não é de se espantar que esse pensamento foi facilmente adotado pelos discursos nazistas e fascistas que procuravam razões científicas que justificassem a superioridade da classe ariana. Também não é de se espantar que o positivismo por ele foi utilizado para as políticas de higienização das cidades, práticas fundantes do que conhecemos hoje como polícia e policiamento.

FERRER, UM PÉSSIMO POSITIVISTA

Ao tempo da emergência e febre do pensamento positivista, muitos aderiram a este movimento procurando combater os dogmatismos da Igreja que comandava a produção de conhecimento e as práticas de educação nas sociedades europeias. Entre os progressistas espanhóis, republicanos, socialistas, anarquistas, as ideias positivistas tiveram certo apelo ao confrontar a Igreja com a ferramenta da ciência. No entanto, não compunham um movimento uniforme de adesão aos ideais positivistas e racionalistas. Ferrer, um sujeito do mundo como seus colegas o referiam, viajava por muitos países e frequentava diversos círculos do pensamento europeu progressista, se aproximou do positivismo e do racionalismo para compor seu pensamento educacional, no entanto, com diferenças essenciais. Comenta Gallo (2007):

[...] embora declare-se positivista, a grande coqueluche na época, Ferrar afasta-se muito dos positivistas propriamente ditos, para quem a ciência, por si só, poderia trazer a emancipação do homem e o progresso. Na perspectiva de Ferrer em particular e dos anarquistas em geral, a ciência só pode ser o veículo do progresso desde que seja devidamente distribuída pelo conjunto da sociedade (p. 76).

Enquanto seus contemporâneos colocaram no lugar de Deus a Razão e Ciência, Ferrer propunha um deslocamento ainda maior, fundando sua crítica em um perspectiva libertária oriunda de Proudhon e Bakunin, além de trocar cartas com Élisée Reclus, concebendo que a ciência só poderia ter um papel de expansão das capacidades humanas quando associada à uma transformação radical da estrutura social. Comenta Ferrer y Guardia (2014) sobre as transformações do interesse das práticas educativas:

[sobre a educação clerical] Essa tática era antes possível porque a vida econômica das nações permitia a ignorância popular, essa ignorância facilitava a dominação. Mas as circunstâncias mudaram: os progressos da ciência e os descobrimentos multiplicados revolucionaram as condições de trabalho e da produção; já não é mais possível que o povo permaneça ignorante; necessitam dele instruído para que a situação econômica de um país seja conservada e progrida contra a concorrência universal. Assim reconhecido, os governos quiseram uma organização cada vez mais completa da escola, não porque esperam a renovação da sociedade pela educação, mas porque necessitam de indivíduos, operários, instrumentos de trabalho mais aperfeiçoados para que frutifiquem as empresas industriais e os capitais a elas dedicados. (P. 72)

Nesta farta argumentação de Ferrer fica nítida a desconfiança que nutria dos seus contemporâneos que acreditaram nos supostos avanços que a ciência e o racionalismo positivista poderiam trazer para as práticas educacionais desvinculadas de uma crítica social profunda. Ferrer sabia que "não há nenhuma razão para que os governos mudem de sistema; conseguiram se servir da educação em seu proveito, assim seguirão aproveitando-se também de todas as melhorias que forem apresentadas" (FERRER Y GUARDIA, 2014, p. 76).

FERRER E PROUDHON

Ferrer acreditava em outro olhar possível para a ciência e o racionalismo. Nesse argumento de Ferrer podemos ouvir o eco do pensamento de Proudhon, que no século anterior já organizava uma crítica em relação à educação, à ciência e ao governo.

Para Proudhon a educação precisa ser, além de livre e autogestionada, politécnica. Em linhas gerais, a educação politécnica de Proudhon (muito próxima a educação integral proposta por Ferrer) considera importante, para a abolição das classes sociais e da divisão do trabalho baseada na exploração de um sobre muitos, a instrução fundada nas práticas manuais e práticas mentais. Desta forma, contrariando as premissas educacionais do seu tempo, a classe trabalhadora e as comunidades federadas locais deveriam autogerir seus processos educacionais, começando nos campos técnicos e manuais, através das oficinas de trabalho e depois desenvolvendo este conhecimento em salas de aula com instruções teóricas sobre a experiência prática. O anarquista francês pensava que ao instruir todos com as possibilidades de produzir fisicamente e mentalmente, todos poderiam desenvolver suas potências de forma autogerida, a partir dos interesses de cada pessoa e cada comunidade. Apenas dessa forma os avanços técnicos e científicos poderiam se libertar das correntes da dominação e produzir autonomia e liberdade.

> Em uma democracia real, onde cada um deve ter a mão, a domicílio, o alto e o baixo ensino, essa hierarquia escolar não poderia ser admitida. É uma contradição ao princípio da sociedade. Tão logo a educação confunde-se com a aprendizagem, tão logo ela consiste, no que concerne à teoria, na classificação das ideias, bem como, em relação à prática, na separação dos trabalhos; assim que se tornou simultaneamente coisa de especulação, trabalho e administração, ela não pode mais depender do Estado, é incompatível com o Governo. [...] Mas, uma vez mais, qual a necessidade de autoridade para isso? (PROUDHON, 2018, p. 81)

Encontramos muitos ecos do pensamento de Proudhon em Ferrer, que por si só poderiam conduzir todo este ensaio, no entanto, cabe aqui apontar apenas alguns pontos candentes ao debate em torno do racionalismo e da ciência. o primeiro em relação à crítica da série *ciência-autoridade-governo* e a segunda em relação a série *educação-classe-dominação*.

CIÊNCIA–AUTORIDADE–GOVERNO

O positivismo e racionalismo de Ferrer abolia qualquer tipo de autoritarismo científico ou necessidade de hierarquia do conhecimento para produzir ciência. Para Ferrer o pensar racional era importante para combater os dogmas clericais e conduzir o pensamento para práticas experimentais que verifiquem a verdade a partir da experiência de cada comunidade e cada pessoa. Ferrer combateu duramente qualquer tipo de salvacionismo religioso, político e científico, comenta:

> O ensino racional e científico deve persuadir os futuros homens e mulheres de que não devem esperar nada de nenhum ser privilegiado (fictício ou real); e que podem esperar tudo o que for racional de si mesmos e da solidariedade livremente organizada e aceita. (FERRER Y GUARDIA, 2014, p. 91)

O racionalismo de Ferrer estava debruçado em derrubar estátuas, ídolos e dogmatismos, podemos afirmar que a ciência de Ferrer vasculhava por uma verdade fundada na dúvida e no questionamento. Nenhuma autoridade poderia ser admitida, a luta e a chama que ardia as práticas da Escola Moderna convidam à uma prática de solidariedade diante do conhecimento, de uma prática investigativa comunitária e coletiva, em uma coletividade onde cada um pode expandir sua potência e liberdade ao infinito e deste modo a liberdade e potência deste grupo expandem também ao infinito. Continua seu argumento:

> Demonstrar às crianças que enquanto um homem depender de outro homem serão cometidos abusos e haverá tirania e escravidão, estudar as causas que mantêm a ignorância popular, conhecer a origem de todas as práticas rotineiras que dão vida ao atual regime insolidário, fixar a reflexão dos alunos sobre tudo que à vista nos é apresentado: tal deve ser o programa de nossas escolas racionalistas. Não percamos então tempo pedindo a outros o que corresponde a nós e nós mesmos podemos obter. (FERRER Y GUARDIA, 2014, p. 91)

Ferrer apostou junto com Proudhon na potência múltipla da coletividade e do povo, não como uma representação que deve ser barganhada por políticos, polícias, exércitos e industriais, e sim como potência de autogestão e autodeterminação. Somente através dessa força autogerida e autodeterminada a ciência poderia realizar sua forma de investigação e questionamento do mundo, independente de qualquer autoridade e lutando pela sua abolição.

EDUCAÇÃO–CLASSE–DOMINAÇÃO

A conversação em torno das estratégias de autogestão e autonomia são essenciais para discutir esta segunda série *educação–classe–dominação.* Em sua perspectiva, o anarquista francês, comenta sobre o povo:

> O Povo é um ser coletivo! Aqueles que o exploram desde tempos imemoriais e mantêm-no em servidão precipitam-se sobre essa coletividade de sua natureza para dela deduzir uma incapacidade legal que eterniza seu despotismo. Nós, ao contrário, extraímos da

coletividade do ser popular a prova de que ele é perfeita e superiormente capaz, de que ele pode tudo, e não necessita de ninguém. Trata-se apenas de colocar em ação suas faculdades. (PROUDHON, 2018, p. 77)

Povo abandona qualquer característica representativa e se torna potência de realização no mundo, talvez, como veremos adiante no texto, possa constituir agrupamentos federalizados de forma autônoma, podendo se realizar como grupos-sujeito, com escreveu Félix Guattari. Ainda com Guattari, grupos-sujeitos que inventam para si, através de agenciamentos coletivos, territórios existenciais com marcos referenciais próprios, produzindo auto-modelizações inventivas e insubmissas. Proudhon destaca em seu argumento como a educação e a aprendizagem se relacionam nesta equação:

Separar, como se faz hoje, o ensino da aprendizagem, e o que é ainda mais detestável, distinguir a educação profissional do exercício real, útil, sério, cotidiano, da profissão, é reproduzir, sob uma outra forma, a separação dos poderes e a distinção das classe, os dois instrumentos mais enérgicos da tirania governamental e da subalternização dos trabalhadores. Que os proletários pensem nisso! (PROUDHON, 2018, p. 80)

Para Ferrer a coeducação das classes sociais era uma premissa essencial para a prática insurgente da Escola Moderna. Uma coeducação que procurava qualquer tipo de apaziguamento ou conciliação da guerra de classe, acredita na importante potência da rebeldia, comenta o catalão:

A rebeldia é uma tendência niveladora, e portanto, racional, natural, e não quero dizer justa, porque a justiça anda desacreditada com suas más companhias: a lei e a religião. Direi bem claramente: os oprimidos, os espoliados, os explorados devem ser rebeldes, porque devem reclamar seus direitos até conseguir sua completa e perfeita participação no patrimônio universal. (FERRER Y GUARDIA, 2014, p. 51)

A educação racionalista de Ferrer propôs realizar no presente a utopia que os revolucionários de sua época estavam aguardando para depois da grande revolução. Gostaria de inventar no presente, na prática cotidiana a experiência comunitária e racionalista que aboliria quaisquer privilégios de qualquer classe. Acreditava que a rebeldia e o conflito entre as classes iria aparecer em sua "boa hora" (FERRER Y GUARDIA, 2014, p. 52), mas antes era preciso co-criar as crianças em um espaço de liberdade e igualdade de possibilidades, principalmente para abolir qualquer tentativa de reprodução de dominação das classes, podendo o filho de um industrial querer ser um artista como um filho de operário querer ser um poeta. Quando a rebeldia aparecer, que ela incendeie e transforme a sociedade que vivemos, varrendo consigo as classes e as dominações. Cada comunidade federada, apoiando essa argumentação em Proudhon, cada grupo-sujeito, apoiando essa argumentação em Guattari, poderá inventar e organizar para si suas formas de produção material e subjetiva, liberando das amarras da classe a destinação do pulso de vida, dos sujeitos e dos povos.

CIÊNCIA, AFETO, IMAGINAÇÃO E SONHO

Quando lemos sobre as práticas das escolas modernas, as narrativas de educadores e diretores sobre o cotidiano das escolas, os relatos das práticas nos Boletins a que temos acesso, fica evidente a presença da ciência e também a presença das relações afetivas — das práticas educacionais fundadas no afeto. Comenta Gallo (2014):

> Aí vemos uma significativa inovação de Ferrer, que a pedagogia moderna ainda não teve a coragem necessária para enfrentar, muito menos para incorporar: a afirmação de que aprendemos pelo afeto. Isto é, as crianças só aprendem quando são afetadas por aquilo que será aprendido, quando aquilo desperta nelas a curiosidade, o desejo de aprender. Por isso, ele afirma que embora o aprendizado seja um ato mental, racional, nada se aprende se antes não passar pelo coração, se não mobilizar o desejo. (2014, p. 13)

Diversas narrativas e práticas da Escola Moderna podem ser aproximadas dessa afirmação de Gallo, de que a educação de Ferrer é atravessada pelo desejo e pelo afeto. Destacamos apenas duas para este ensaio: as trocas de cartas entre duas escolas modernas e as viagens de campo como prática fundante.

A primeira experiência destacada aconteceu quando as crianças de duas escolas modernas diferentes (o Ateneu Operário de Badalona e a Escola Moderna de Barcelona) combinaram de ler o mesmo livro, *As aventuras de Nono* de Jean Grave e trocar experiências de leitura entre si, narrativa retratada no livro *A Escola Moderna* (2014). O desejo de trocar leitura com outras crianças de outra cidade, de outro universo comunitário, atiça o desejo para além da leitura em si do livro, da habilidade de ler, da habilidade do pensamento crítico; há um experiência afetiva de troca, intercâmbio, encontro com desconhecidos (literalmente) que faz pulsar o desejo nas crianças e nos educadores.

O convite foi feito através das seguintes palavras: "Queridos companheiros, Desejando nos relacionar com crianças de outras escolas para travar *amizades* e nos *instruirmos mutuamente,* dirigimo-nos a vocês para iniciar nossos propósitos" (FERRER Y GUARDIA, 2014, p. 135).

A carta segue e elabora o convite para uma leitura coletiva do livro *As aventuras de Nono* seguida de um troca de impressões em um encontro marcado em um parque para visitar a Coleção Zoológica. Belíssimo observar as palavras "amizade" e "instrução mútua" como os objetivos dessa experiência. A leitura, o passeio ao zoológico são disparadores de uma desejo de constituir um desejo outro, desejo de invenção de afinidades e de apoio mútuo diante do conhecimento, características essenciais para a ciência na perspectiva da educação racionalista.

A segunda experiência que gostaria de realçar são os estudos do meio, saídas para campo, aulas ao ar livre, em que se visitavam parques, sindicatos, atividades operárias, entre outros lugares. A experiência de saída da escola traz o mundo como território de afecção para as crianças, ir à campo para estudar como quem mergulha no campo de forças para as viver em seu corpo e a partir dessa experiência encarnada produzir conhecimentos, pesquisas, saberes, etc. Estimula-se muito mais o desejo de aprender sobre botânica ao observar as plantas e flores em um parque, ou observar animais silvestres e aprender sobre eles as características da biologia. O mesmo sobre as questões de economia, política, sociologia, quando se visita um sindicato revolucionário ou uma fábrica ocupada por trabalhadores. Sobre as viagem e a fagulha do desejo, comenta Ferrer:

> Para evitar semelhantes aberrações [conhecimento descolado do mundo] é importante proceder às excursões e às viagens com o mesmo cuidado com o método que o estudo comum para o ensino, mas é preciso evitar também todo pedantismo na direção das viagens, porque antes de tudo a criança deve encontrar neles sua alegria; o estudo deve se apresentar unicamente no momento psicológico, no instante preciso em que a visão e a descrição entrarem em cheio no cérebro para serem gravadas nele para sempre. Preparada desde modo, a criança se encontra já muito adiantada, ainda que não seja seguido do que se chama de um curso: *o entendimento se encontra aberto e tem o desejo de conhecimento.* (FERRER Y GUARDIA, 2014, p. 95)

Além do afeto, a ciência de Ferrer era uma ciência sem verdades únicas e sectárias, acreditava que a potência da ciência estava justamente em sua característica experimental e progressiva, onde ideias e pensamentos podem ser abandonados diante de novas experiências e novas investigações. A verdade evocada por Ferrer era uma verdade fundada na dúvida, na curiosidade, no incessante vasculhar pelo novo. Comenta Lacerda de Moura (2021), "O que ele [Ferrer] pretendia era libertar a própria criança de todas as cadeias, inclusive da cadeia mais forte do preconceito de estar de posse da verdade única. Não ensinou palavras..." (p. 54).

Maria Lacerda de Moura ao citar a educadora da Escuela Moderna de Barcelona Soledad Villafranca enfatiza que o ensino racionalista estava dedicado a ensinar todas as verdades experimentais, sendo elas o oposto (ou não) do que se acreditava antes da experiência acontecer. Escreve Lacerda de Moura (2021):

Há verdades experimentais, fatos comprovados e cujas causas, cujas simples explicações a ciência não descobriu. E não se pode negar fatos comprovados, embora não tenham sido decifrados, nem mesmo compreendidos pelos luminares da ciência humana oficial. [...] Como é mais nobre confessar o estado mental da ignorância diante dos fatos e colocar o ponto de interrogação inquieto e torturante, curioso diante de tais incógnitas! (P. 58)

Lacerda de Moura afirma ainda a importância de ao ensinar ciência, não se ensinar verdades únicas e absolutas, mas ensinar a observação, a experiência e o raciocínio, quase como um comunalismo dos processos de produção das verdades científicas, um ocupação da fábrica de produção de verdades em prol de conhecer os mecanismos de investigação diante das torturantes e necessárias dúvidas.

Comenta fartamente sobre a importância do sonho e de um certo tipo de metafísica:

A metafísica livre de peias religiosas, a metafísica que nada afirma é o poema e a terra da promissão dos nossos sonhos de cavaleiros andantes do infinito. A dúvida, a incerteza, o anseio de saber mais, a esperança de decifrar o indecifrável, a nostalgia através do tempo e para além do espaço, um poema, uma luz interior iluminando a consciência, a lei de causa e efeito no mundo moral, sonhar que a vida é eterna, fugir do *hoje, aqui e agora* é um deslumbramento de liberdade — para escalar o espaço e saltar por cima das misérias sociais. (LACERDA DE MOURA, 2021, p. 56)

Lacerda de Moura nos instiga a mergulhar em uma metafísica que não é religiosa, que não é uma "muleta para fracos e ignorantes" (LACERDA DE MOURA, 2021, p. 55). Uma metafísica nada transcendente, que apóia sua argumentação na materialidade do corpo e da experiência. Talvez, uma metafísica imanente conectada com os mistérios e dúvidas que a investigação científica se depara no seu percorrer. Podemos pensar em uma ciência encarnada. As potências do corpo na educação anarquista foram verticalmente desenvolvidas nos escritos de Maria Lacerda de Moura.

Nunca ninguém conseguiu matar no cérebro e no sentimento humano a tendência às cogitações metafísicas. De onde viemos? Para aonde vamos? Que significa o Universo? Por que razão rola os mundos em órbitas matemáticas através do espaço? Por que razão o átomo dos astros é perfeitamente idêntico ao átomo que circula no meu sangue? Por que razão o meu *plexus solar* ou cérebro abdominal é a antena poderosa de um rádio vivo que recebe do Cosmos as impressões e as transmite ao cérebro através de uma glândula que é toda luz? (LACERDA DE MOURA, 2021, p. 55)

É possível ler em sua argumentação no capítulo *A razão não tem o direito de sufocar o sonho* do livro *Ferrer, o clero romano e a educação laica* (2021) que a ciência proposta pelo racionalismo de Ferrer, aos olhos de Lacerda de Moura, acontece em um gesto que caminha um território, com um certo nomadismo orientado pelo desejo, para um *percorrer*. Um vagar, vestido de uma maquinaria inventada por essa ciência libertária, pela experiência do vivo, do mundo, dos afetos, das dúvidas, das inquietações.

Talvez possamos encontrar eco deste gesto no conceito-força, desenhado por Félix Guattari e Gilles Deleuze, *variação contínua* (DELEUZE e GUATTARI, 2012b, p. 167; 2012c, p. 57, 209; 2011, p. 95, 2014b, p. 60; 2012a, p. 110–111). Um gesto, uma maquinação que habita a ambiguidade e a multiplicidade sem um inteiro. Ao pensarem o espaço os filósofos franceses da segunda metade do século XX nos dão uma interessante definição de variação contínua, que pode ser pertinente para essa breve aproximação conceitual com Lacerda de Moura. Escrevem:

> O liso é a variação contínua, é o desenvolvimento contínuo da forma, é a fusão da harmonia e da melodia em favor de um desprendimento de valores propriamente rítmicos, o puro traçado de uma diagonal através da vertical e horizontal. (DELEUZE e GUATTARI, 2012a, p. 197)

Ao pensar a ciência, Lacerda de Moura propõe uma constante investigação inquietante diante da dúvida, com aglutinações de experiências e observações que se tornam verdades voláteis, dispostas a abandonar as antigas percepções e voltar a navegar a torturante investigação. *Um desenvolvimento contínuo da forma*, coloca-se em movimento de variação contínua para a prática das pesquisas do saber, do conhecer, do experimentar, do sentir.

As práticas educacionais anarquistas, propostas pelas Escolas Modernas e outras experiências de outras matizes e variações da educação libertária, operaram através de uma maquinaria científica anti-Estado. Uma ciência nômade que só é possível com a abolição da exploração das classes e da abolição dos Universais das ciências. Escapando das verdades paralisadas, estratificadas, entubadas em um respirador que a febre positivista instaurou. Lacerda de Moura escreve que Ferrer abolia qualquer cadeia física ou subjetiva, instigando uma incendiária proposta de investigação para a educação e para a ciência.

GRUPOS-SUJEITOS, AUTONOMIA E ECOSOFIA

Aqui há um movimento experimental de aproximação do pensamento de Félix Guattari com as práticas e pensamentos da educação libertária. Guattari dedicou sua vida a muitas paixões, entre elas a militância anticapitalista, nunca se definindo muito claramente em relação a uma corrente específica dos socialismos, foi um grande crítico dos marxismos das décadas de 60–80, aproximou-se com mais verticalidade dos Autonomistas italianos e colaborou com muitos movimentos anticapitalistas ao redor do mundo, do Brasil ao Japão. Longe de reivindicar um anarquismo no seu pensamento, acredito que alguns conceitos são muito úteis para atualizar algumas práticas anarquistas no presente e à luz das pesquisas no campo das subjetividades. Alguns conceitos que gostaria de abordar brevemente são os que ele chamou de *ecosofia*, *revolução molecular*, *grupo-sujeito* e *autonomia*.

Guattari (1981) definiu, em linhas gerais, a *revolução molecular* como algo que "consiste em produzir as condições não só de uma vida coletiva, mas também a encarnação da vida para si próprio, tanto no campo material como no campo subjetivo" (p. 54). Esse processo de singularização como encarnação da vida para si próprio não pode estar deslocado de uma prática comunitária e coletiva, aliás só é possível através de um processo em grupo, quando um grupo reivindica para si novas práticas sociais, culturais, tecnológicas, de forma independente das modelizações do capitalismo global integrado. Com o objetivo de produzir práticas de autonomia e liberdade. Escreve Guattari (1981):

> O que vai caracterizar um processo de singularização (que chamei durante certo período de grupo-sujeito) é que ele seja automodelador. Isto é, que ele capte os elementos da situação, que construa seus próprios tipos de referências práticas e teóricas, sem ficar nessa posição constante de dependência em relação ao poder global, em nível econômico, em nível do saber, em nível técnico, em nível das segregações, dos tipos de prestígio que são difundidos pelo capitalismo. A partir do momento em que os grupos adquirem essa liberdade de viver seus processos, eles passam a ter uma capacidade de ler sua própria situação e aquilo que se passa em torno deles. Essa capacidade é que vai lhes dar um mínimo de possibilidade de criação e permitir preservar exatamente esse caráter de autonomia tão importante. (P. 55)

Os grupos-sujeito desestabilizam qualquer sistema de relações sociais construído sobre a subjugação porque os seus objetivos são circunstanciais às relações sensíveis da ecologia mental, social e ambiental num momento específico. Os grupos assujeitados tendem a identificar grupos-sujeito com rebelião, contestação, desordem e caos porque tais grupos não operam por hierarquia, estatuto, lei, comando e obediência, ou pela imutável finalidade das negociações convenientes aos patrões. Nos grupos-sujeito, o que conta são os constantes acessos possíveis ao desejo como a produção de estratégias para enfrentar os grupos assujeitados de capitalistas, políticos, burocratas e gestores que desejam ser o Estado. "O grupo-sujeito, ou aquele que tem vocação para ser um, esforça-se por ter uma tomada de conduta, tenta elucidar o seu objetivo e, nesta ocasião, esconde os meios para o alcançar" (GUATTARI, 2004, p. 65). Se "a manutenção é a repetição e expressão de uma pulsão de morte", argumentou Guattari (2004, p. 67), a função social dos grupos assujeitados é funcionar como um feixe de força social que visa a manutenção e tudo o que ameaça a criação de novas experiências de subjetividades.

O que o Estado espera da escola como equipamento coletivo é que os seus grupos assujeitados expressem a repetição da sua política. A escola funciona como uma máquina para ritualizar incessantemente a entrada dos seus sujeitos em grupos assujeitados, porque tais grupos recebem do exterior, da hierarquia, dos papéis instituídos e dos fins prescritos uma espécie de espelho ao qual a forma de agir, comportar-se, pensar, desejar, em suma, de ser deve encaixar perfeitamente na subjugação Estatal e do Capitalismo Mundial Integrado (CMI).

As experiências criadas em torno das Escolas Modernas podem ser lidas por esta chave das práticas de autonomia de grupos-sujeito, que inventaram para si novas perspectivas e marcos referenciais sobre educação, ciência, escola, razão, metafísica, afeto, sociabilidade, trabalho, etc. Invenção que só foi possível através de um processo coletivo e comunitário em luta contra o sistema capitalista, através de associações com ligas de trabalhadores e sindicatos operários e outras organizações sociais que procuravam criar uma nova sociedade. Sem abandonar a importância da singularização diante de processos coletivos, pelo contrário acreditando que através das práticas coletivas as singularidades podem expandir ao infinito suas potências e ampliar a possibilidade de viver vidas múltiplas, como escreveu Ferrer (2014):

> Não tememos dizê-lo: queremos homens capazes de evoluir incessantemente, capazes de destruir, de renovar constantemente os meios de renovar a si mesmos, homens cuja independência intelectual seja a força suprema, que não se sujeitem a mais nada, dispostos sempre a aceitar o melhor, felizes pelo triunfo das ideias novas e que aspiram viver vidas múltiplas em uma única vida. (P. 77)

Ferrer estava interessado também nessa potência múltipla que a experiência do vivo, que a investigação no mundo que promove. Interessava-se por um *navegar* pelo conhecimento, que evoca o pesquisar, o aprender e o ensinar através de um movimento de *variação contínua* e das verdades voláteis. Guattari ao descrever os funcionamentos possíveis das máquinas de criação estética, máquinas de desejo e as máquinas científicas aponta para este movimento de expansão contínua das fronteiras da verdade e dos universais. Escreve Guattari:

> As máquinas de desejo, as máquinas de criação estética, pela mesma razão que as

> máquinas científicas, remanejam constantemente nossas fronteiras cósmicas. Por essa razão, elas devem tomar um lugar eminente no interior dos Agenciamentos de subjetivação, eles mesmos chamados a substituir nossas velhas máquinas sociais, incapazes de seguir a eflorescência de revoluções maquínicas que fazem explodir nosso tempo por todos os lados. (GUATTARI, 2012, p. 65)

Esta maquinaria inventada pela educação anarquista de Ferrer y Guardia, Lacerda de Moura, convoca a revirar constantemente os territórios que habitam as crenças, verdades, práticas, dogmas, costumes, para expandir as fronteiras cósmicas da percepção e da produção de conhecimento coletivo. Quando Guattari nomeia este movimento como *Agenciamento de subjetivação* está convocando não apenas sujeitos a experimentarem esse movimento de revolução maquínica, mas convoca algo que está para fora do sujeito, uma análise e prática através de *Agenciamentos coletivos de enunciação*, práticas insurgentes de grupos-sujeito contra qualquer aparelho e captura de Estado. Comenta Guattari (2012) sobre esse processo de subjetivação coletiva transpessoal: "[...] a subjetividade se faz coletiva, o que não significa que ela se torne por isso exclusivamente social. Com efeito, o termo *coletivo* deve ser entendido além do indivíduo, junto ao *socius*, assim como aquém da pessoa, junto a intensidades pré-verbais, derivando de uma lógica dos afetos mais do que de uma lógica de conjuntos bem circunscritos" (GUATTARI, 2021, p. 19).

Por se tratar de uma experiência de enunciação coletiva, a *ecosofia* está num processo constante de produção igualmente coletiva. As estratégias de produção subjetiva que emergem da ecosofia são, portanto, imanentes à conjugação de todo o desejo coletivo de dar visibilidade a outras vidas e relações humanas possíveis, a outros territórios existenciais que funcionam como enriquecimento e abertura à polivalência de experiências e afetos mútuos. É a luta da ecosofia contra toda a subjetividade monocultural.

Trazer a ecosofia para o campo da educação é assumir conjuntos diferentes daqueles que conectam a subjetividade ao padrão da produção capitalista. Por outras palavras, é necessário que os sujeitos tenham e alcancem experiências que lhes mostrem quão aberrante é a forma de extração de matérias-primas, de energia psíquica, de modos de pensar, e de formas de relações humanas que levam ao esgotamento da própria condição de vida.

Através da ecosofia, aprendemos a compor-nos como grupos-sujeito. Anti-Estado e anti-capitalista, a ecosofia reúne contingências de singularidades cuja manifestação pelos seus súditos ocorre no sentido de colapsar as manobras de todo o universalismo da monocultura capitalista.

CONSIDERAÇÕES FINAIS

Respire fundo. Volte a pôr os pés no chão. Pare de trabalhar tão arduamente como o capital exige. Esteja perto dos seus vizinhos. Construa campos de partilha existencial com a sua comunidade. Estreite a presença de canais de comunicação social na sua vida. Tente expandir as comunicações astrais. Resistam ao policiamento das ruas e das vidas. Ocupem as cidades com espaços coletivizados, parques, vidas infantis, agroflorestas. Deixem as cidades, deixem-nas seguir os fluxos de novos usos. Seguir os fluxos dos grupos-sujeito, abandonar a sujeição, deixar que o mato cubra as suas velhas faces.

Na filosofia e prática educativa é necessário fazer o mesmo: abandonar as velhas rotinas de avaliação periódica, deixar cair os sistemas de controle de assiduidade, abolir castigos e advertências, rasgar os folhetos que determinam o desenvolvimento biológico-psicológico das crianças. É necessário apostar no vago, no insano, no improvável, no inconcebível, no contraditório, e no invisível.

É urgente constituir uma ecosofia educativa para a invenção de novas formas de subjetividade em assembleia com práticas ecológicas, seja na permacultura ou no abandono do trabalho capitalista, seja inventando novos nomes para as coisas que ainda temos de inventar no futuro, nomes flexíveis e temporários, seja produzindo formas de dissenso e federalismo comunitário para a organização de diversas formas de vida em todo o mundo, etc.

É urgente uma insubmissão profunda no racionalismo libertário, não cedendo espaço para novas divindades como a Razão, a Classe, o Operário, etc. Lacerda de Moura e Ferrer apontavam para a abolição de qualquer cadeia de pensamento, de qualquer universal, de qualquer obediência a autoridades exteriores. Cada Escola Moderna, cada experiência educativa libertária fundada no racionalismo pedagógico pode inventar para si a própria prática e caminhos da produção de ciência, conhecimento, arte, etc.

Em qualquer caso, precisamos de revolucionar a filosofia da razão em busca de uma ecosofia da terra. Precisamos alimentar o racionalismo pedagógico e celebrar as Escolas Modernas como norte, deixando-se no caminho errar pelas veredas contingentes de cada experiência.

BIBLIOGRAFIA

DELEUZE, Gilles; GUATTARI, Félix. *Mil platôs: capitalismo e esquizofrenia 2*, v. 1. Tradução de Ana Lúcia de Oliveira, Aurélio Guerra Neto e Célia Pinto Costa. São Paulo: Editora 34, 2014b.

______. *Mil platôs: capitalismo e esquizofrenia 2*, v. 2. Tradução de Ana Lúcia de Oliveira. São Paulo: Editora 34, 2011.

______.*Mil platôs: capitalismo e esquizofrenia 2*, v. 3. Tradução de Aurélio Guerra Neto, Ana Lúcia de Oliveira, Lúcia Claudia e Suely Rolnik. São Paulo: Editora 34, 2012a.

______.*Mil platôs: capitalismo e esquizofrenia 2*, v. 4. Tradução de Suely Rolnik. São Paulo: Editora 34, 2012b.

______.*Mil platôs: capitalismo e esquizofrenia 2*, v. 5. Tradução de Peter Pál Pelbart e Janice Caiafa. São Paulo: Editora 34, 2012c.

FERRER Y GUARDIA, Francisco. *A Escola Moderna*. Tradução de Camilo Alvares. Prefácio de Silvio Gallo. São Paulo: Biblioteca Terra Livre, 2014.

GALLO, Silvio. *Pedagogia libertária: anarquistas, anarquismos e educação*. São Paulo: Imaginário, 2007.

GUATTARI, Félix. *Psicanálise e transversalidade: ensaios de análise institucional.* Editora Ideias e Letras; 2004.

______. *Revolução molecular.* Tradução de Suely Rolnik. São Paulo: Brasiliense, 1981.

______. *Caosmose — um novo paradigma estético.* Tradução de Ana Lúcia de Oliveira e Lúcia Claudia Leão. São Paulo: Editora 34, 2012.

LACERDA DE MOURA, Maria. *Ferrer, o clero romano e a educação laica.* São Paulo: Centro de Cultura Social, 2021.

PROUDHON, Pierre-Joseph. *O pensamento de Proudhon em educação.* Tradução de Plínio Augusto Coelho. São Paulo: Intermezzo Editorial, 2018.

Educação e arquivos anarquistas

LUIZA UEHARA

No ano de 1934, Sébastien Faure lançou o primeiro volume da Enciclopédia Anarquista e destacou na introdução:

> A *Enciclopédia anarquista* não é uma empreitada comercial, é uma obra de *educação libertária*. Aqueles que a redigem e aqueles que a publicam não têm em vista senão a satisfação, que colocam acima de tudo, de difundir em toda parte os sentimentos que os animam e para os quais consagraram a sua vida. (FAURE, 1926–1934, p. 4)

A *Enciclopédia anarquista* reuniu libertários da época para escrever sobre determinados temas caros à prática. Eram anarquistas das mais variadas vertentes, de coletivistas à individualistas como Émile Armand. A enciclopédia também foi traduzida para o espanhol com o dinheiro obtido de assaltos a bancos realizados por Buenaventura Durrutti e Francisco Ascaso.

No modo de fazer libertário, essa prática de educação anarquista não pretendia elaborar um manual nem mesmo proclamar um "verdadeiro anarquismo", nem apresentar uma versão acabada de enciclopédia, mas mostrava os anarquistas em suas diferenças e na luta contra a autoridade centralizada. Os verbetes pretendiam demolir a pretensa ideia de invariância entre os libertários.

Sébastien Faure escancarava nas primeiras linhas do verbete anarquismo, de sua autoria, que os anarquistas são múltiplos:

> Não há nem pode haver, credo ou catecismo libertários. Podem, pois, existir, e existem, diferentes tipos de anarquistas, mas todos com um traço comum, que os separa de todos os outros tipos humanos. Este traço comum é a negação do princípio de autoridade na organização social e a aversão a todas as limitações que derivam das instituições baseadas neste princípio. Assim, é anarquista todo aquele que nega a autoridade e a combate. (FAURE, 1926–1934, p. 216)

A *Enciclopédia anarquista* sinaliza como a educação libertária não está restrita a um espaço. Educação libertária não é construir um prédio, não é separar as crianças em salas de acordo com gênero, idade ou capacidade de internalização de conteúdos, não é uma árvore. A educação libertária está na modificação de si que acontece em meio aos enfrentamentos.

A educação anarquista também está presente nos arquivos libertários onde encontram-se registros de lutas e histórias de vidas que transformaram suas vidas em combates. Entre documentos, muitas vezes propositalmente esquecidos, encontram-se a existência dos que também confrontaram tecnologias políticas de formação e adestramento como a pedagogia, a escola e a prisão.

Apresenta-se aqui, a urgência dos arquivos anarquistas enquanto uma prática da educação libertária e como as lutas contidas ali não estão guardadas para serem mais um item na prateleira de uma biblioteca que almeja o sonho iluminista de abarcar todo o conhecimento do mundo. Retomar essas lutas, sem saudosismos, é lidar com a própria prática libertária do presente. Também não se trata de entender os registros que ali se encontram como a produção de uma vanguarda que poderia guiar alguém a partir da superação da velha distinção entre trabalho manual e intelectual, mas preocupar-se com prática libertária atual, enfrentando no agora a urgência da prática libertária diante da predominância do trabalho intelectual.

Segundo Passetti (2004), a partir dos estudos de Michel Foucault referentes às sociedades disciplinares e dos apontamentos de Gilles Deleuze sobre a emergência das sociedades de controle, o trabalho manual sob comando do trabalho intelectual preponderou nas disciplinas do trabalho. Assim, os que tinham acesso à instrução e iam para o confinamento escolar, tinham como destino tornarem-se administradores das fábricas. Enquanto para aqueles que trabalhavam desde novos, restava apenas continuar suas vidas na miséria e trabalhando nas fábricas.

Entretanto, já nas recentes sociedades de controle, o trabalho intelectual de planejamento, de estudo nos investimentos na empresa e em si mesmo, dissolveu o predomínio do trabalho manual.

Há uma disseminação do trabalho intelectual com a convocação constante à participação democrática na gestão de seus programas e no aprimoramento de currículos enquanto investimentos no empreendedorismo de si do capital humano. Portanto, preocupar-se com a prática libertária hoje e revisitar os escritos em arquivos sobre educação não é buscar a saída, ou a verdadeira resistência, mas compreendê-las como componentes de *heterotopias anarquistas* diante de uma outra configuração de forças.

Esses espaços disponibilizam relatos de lutas, documentos esquecidos, sinais de existência, marcas de desentendimentos e pistas pelos cantos do planeta. Como afirmou certa vez Christian Ferrer (2004), anarquista na Argentina, libertários não deixaram rastros para serem seguidos, mas deixaram suas marcas e ebulições que agitaram e desacomodaram seu tempo. Passetti (2013) em

"Da vida dos arquivos anarquistas contemporâneos no Brasil" ao acompanhar as indicações de Michel Foucault, sugere os arquivos anarquistas enquanto *arquivo monumento*. Esses estão interessados e mobilizados pela luta social e na produção dos enunciados e não pretendem abarcar o máximo da produção a partir do Estado Nacional, como procede a Biblioteca do Congresso dos EUA, ou até mesmo a produção do planeta inteiro, como se pretende o Google.

A formatação de um *arquivo monumento* está vinculado à arqueologia foucaultiana: um arquivo com diferentes entradas e que produz diferentes análises, superando o arbitrário ponto de origem. Foucault (2008) aponta os arquivos a partir de duas perspectivas, enquanto *documentos* e *monumentos*. O primeiro tipo é algo imóvel, parte de um passado institucionalizado; os *arquivos monumentos*, por sua vez, estão sempre em construção, passíveis de inúmeras incursões e marcados pela historicidade. Na perspectiva arqueológica, no *arquivo monumento* há uma busca que vai ao subsolo para desconstruir os *efeitos de superficialidade*, ou seja, provocar uma série de rupturas sem a pretensão de escrever uma história global ou delimitar o que seria a exatidão dos fatos. Assim, compreendem-se os arquivos anarquistas como arquivos monumentos, sempre vivos, acessados pelos efeitos das lutas.

O arquivo anarquista é também uma heterotopia por guardar uma série de documentos esquecidos e/ ou combatidos por qualquer historiografia oficial. A existência dos materiais também não precisa de autorização ou momento oportuno, pois foram produzidos em meio a luta e em seu meio são ampliados e amplificados. O arquivo enquanto heterotopia retoma as experiências e existências, possibilitando traçar as atualidades de enunciados.

Foucault em *O corpo utópico* (2013), mostra que o arquivo em geral como as bibliotecas são *heterotopias* ao pretenderem encerrar todos os tempos em um lugar. Entretanto, as bibliotecas desse tipo são *heterotopias* distintas de um *arquivo monumento*, como o arquivo anarquista. Neste não está em jogo estancar a história dos libertários em sua totalidade, ou atestar qual o verdadeiro documento que demarca o ponto de origem de um acontecimento, nem encaixar ou encaixotar, pois o *arquivo monumento* está em constante construção e no qual se tem diferentes entradas e incursões.

Nos arquivos, a educação libertária está presente tanto na construção dos espaços, como se faz presente nas ações, nos registros, nas discussões, nas conferências, nos encontros, nas reuniões, nas palestras, nas aulas, nas sessões de cinema etc.

Nessas experiências, "Os anarquistas desde o início foram internacionalistas e arquivaram documentações como registros de lutas, produções de suas práticas, vestígios de sua existência, com as diferentes marcas de todos os lugares, construindo os *seus* espaços de arquivamentos" (PASSETTI, 2013, p. 56); arquivos compostos de memórias das lutas com seus enunciados no presente, não se restringiram a momentos no passado e, simultaneamente, não estão à espera do futuro ou um retorno a um passado ilustre.

> A vida dos anarquistas em suas formas inovadoras e permanentes traz as memórias de suas existências e também das suas resistências nas diferentes épocas. A lembrança oral, os documentos de época, os registros de lutas diárias estão ladeados de inovações trazidas nos costumes como o amor livre, a escola sem distinção de sexo e baseada no talento de cada um; o jeito de alfabetizar crianças e adultos, segundos suas predisposições intelectuais; o fortalecimento de uma imprensa própria; suas deliciosas festas, suas contestadoras peças teatrais encenadas por trabalhadores e trabalhadoras, suas refeições coletivas... (PASSETTI e AUGUSTO, 2008, p. 13)

CIRA BRASIL

A prática de educação libertária não está restrita a uma chamada fase escolar da vida; ela atravessa os interessados na luta. Dessa maneira, alfabetizar um trabalhador anarquista no começo do século XX, por exemplo, não era aumentar uma competência em seu currículo, mas era um meio para que tomasse conhecimento das relações de força em que estava inserido, lendo a própria imprensa libertária. São práticas apartadas da extração da obediência e da promoção de alguma habilidade enquanto força de trabalho ou capital humano.

São nos arquivos que se encontram os registros das preocupações dos anarquistas com a invenção de costumes antiautoritários para educar uma criança, jovem ou adulto para que não se reproduzir relações de obediência, apartando-se, também, da vontade de mandar. O revisor do periódico libertário *A Plebe*, o português Adelino de Pinho, era um autodidata que se dedicou a alfabetizar crianças e adultos, combatendo o analfabetismo em um período no qual mais de 90% da população não sabia ler e escrever. Na década de 1930, enfim, Adelino de Pinho foi proibido de lecionar pela ditadura de Getúlio Vargas.

Registros como esse e das Escolas Modernas em São Paulo, da Universidade Popular de Ensino Livre no Rio de Janeiro, dos Centros de Cultura, dos Ateneus e tantos outros espaços mostram como os libertários sempre estiveram atentos à educação. As experiências de educação libertária enfrentavam diretamente o esquadrinhamento do espaço disciplinar da escola confessional ou estatal.

Nesses espaços, pessoas eram educadas para uma vida apartada de hierarquias e do regime do castigo; estava em jogo inventar costumes libertários, fomentar uma cultura libertária

O espaço do arquivo anarquista, digital ou físico. Abriga esses embates, lutas e experiências. Um desses espaços foi o C.I.R.A. Brasil. O anarquista Pietro Ferrua (1930–2021), ao retomar as investidas para a construção de um C.I.R.A. (do francês: Centro de pesquisas anarquistas — no Brasil) no ano de 1967, conta como durante a ditadura civil-militar, os anarquistas lutavam pela preservação dos documentos e a importância da existência de arquivos. O C.I.R.A. fora fundado 10 anos antes, em Genebra, na Suíça, por Ferrua em companhia de um exilado da Bulgária e de André Bösiger (FERRUA, 2009b). Entretanto, em 1961, depois de expulso do país, o arquivo passou a ser coordenado por Marie-Christine Mikhaïlo, quando ela se mudou para Lausanne (1964), e depois por sua filha Marianne Enckell (FERRUA, 2009a).

Em 1965, por iniciativa do René Bianco, uma sede do C.I.R.A. foi inaugurada em Marselha. Essa sede do C.I.R.A. e a outras que despontam pelo planeta não são filiais, nem dependem da sede em Lausanne. Por vezes, estabelecem contato para a troca de materiais, informações, além de auxiliarem uma à outra, quando necessário. Instigam a *cultura libertária* enquanto associações interessadas em afirmar práticas anarquistas, engendrar outras relações contra hierarquias e criar costumes livres no combate às novas tecnologias de poder.

No Brasil, o C.I.R.A. estabeleceu contato com inúmeras associações e com anarquistas. Para não perder os arquivos diante das perseguições, muitos foram copiados com vistas à preservação. Diante da ditadura civil-militar, seus integrantes não conseguiram levar adiante a proposta de construção de uma editora, mas auxiliaram Roberto das Neves, na editora Germinal, abertamente anarquista. Realizaram traduções, como a da carta de Daniel Guérin em solidariedade a Octavio Alberola, ameaçado de expulsão na Bélgica e deram entrevistas para alguns jornais. Em longo artigo de Pietro Ferrua publicado na revista *Verve* editada pelo Nu-Sol (FERRUA, 2010, 2009a, 2009b), foram reproduzidos os documentos do C.I.R.A.-Brasil, possibilitando a qualquer um verificar a produção intensa, apesar da breve existência do arquivo.

O C.I.R.A. Brasil coordenou palestras, contando com a presença de anarquistas de vários cantos do planeta, como os dos grupos não seria Comunidad del Sur, Solidaridad e Federação Anarquista Uruguaia. Também anarquistas daqui foram à Suíça para conhecer o C.I.R.A. Lausanne. Foi o caso de Roberto das Neves, que relatou, entusiasticamente, notícias do outro lado do Atlântico (FERRUA, 2009a).

Diante das perseguições, a seção no Brasil manteve-se relacionada à Suíça e à França e seguiu na tentativa de acumular materiais. As ações do C.I.R.A.-Brasil foram interrompidas em 1969, quando seus integrantes foram presos pela ditadura e libertos alguns dias depois: todos foram denunciados e somente absolvidos em 1971 (FERRUA, 2009a, 2010).

Os espaços anarquistas são alvos de constantes perseguições. A redação dos jornais anarquistas eram alvos constantes de ações policiais, acirradas após a greve de 1917. Já em 1919, bombas explodiram em uma casa levando à morte de Jose⊠ Alves, Belarmino Fernandes e Joaquim dos Santos Silva. Segundo o laudo policial, eram anarquistas que fabricavam explosivos. O jornal *A Plebe* contestou e informou: os policiais lançaram a bomba. Seguiram-se mais perseguições com o encerramento das escolas modernas nos bairros operários de São Paulo.

As perseguições na década de 1920, com o governo de Arthur Bernardes e a instauração do estado de sítio, fomentou o envio de anarquistas para o campo de concentração na Clevelândia e a expulsão de estrangeiros do Brasil. Em 1924, já era fundado o Departamento de Ordem Pública e Social, responsável, entre outras perseguições, pela invasão da redação do jornal *A Plebe*, na década de 1930. Na mesma ocasião o Editorial Sementeira que traduzia e publicava vários livros foi destruído, junto com os escritos de Sébastien Faure, Maria Lacerda de Moura, Florentino de Carvalho, Pierre-Joseph Proudhon e Errico Malatesta. A invasão à casa de Benedito Romano e à Federação Operária de São Paulo também teve como alvo apreender as obras de anarquistas e traduções realizadas.

Quando do seu fechamento, o arquivo do C.I.R.A. Brasil não era maior que uma centena de livros remetidos para a sede do C.I.R.A. na Suíça. O acervo de Edgard Leuenroth, morto em 1968, inicialmente a ser doado ao C.I.R.A., por conta das perseguições, a doação nunca foi concretizada, e, finalmente, o material foi cedido à Unicamp (FERRUA, 2009a, 2009b).

Por meio da experiência no Brasil, constata-se que um arquivo anarquista é construção de outras relações enquanto associação voltada também à memória. É uma entre as inúmeras práticas que afirmam uma luta por uma vida livre e a invenção de outros costumes, em um outro modo de fazer, autogestionário, como foram os centros de cultura, a editoria dos periódicos, as experiências de educação libertária, os espaços para ensinar esperanto e assim se comunicar com os anarquistas do outro lado do planeta etc.

Hoje, também, lidamos com os arquivos diante do fluxo computo-informacional nas sociedades de controle. Apesar de estarem dispostos de certa maneira na internet, não são bancos de dados digitais com seus processamentos para localização e categorização de tudo. Os arquivos são acessados de acordo com o interesse e a vitalidade da luta anarquista. Simultaneamente, ali não se pretende que se tenha a totalidade da história, mas sobressai a atualidade das lutas.

Os arquivos anarquistas não são um banco de dados com a acumulação de informações sobre um sujeito individual ou coletivo, nem fazem parte do recente artifício *big data*, que pretende cruzar os inúmeros bancos de dados aos quais estamos inseridos para assim prever e controlar o futuro de cada um. Um arquivo anarquista tampouco é um amontoado de papéis disponível para alimentar as traças e ácaros, mas é onde estão alguns registros de vidas que não temeram encarar seus tempos por mais terríveis que fossem.

Um banco ou base de dados, a partir das considerações de Gilles Deleuze (1992), são armazenamentos de registros de movimentações financeiras, de pessoas, de lugares e até de planetas. Seus dados entrecruzam-se para identificar em meio ao fluxo alguém ou uma ação. Assim, dizem respeito ao *divíduo* na sociedade de controle que produz ininterruptamente dados em seus registros por meio de *smartphones*, redes sociais, computadores, *tablets*, senhas etc. Esse *divíduo* não é o indivíduo em meio a uma massa da vigilância descontínua das sociedades disciplinares em que seus registros eram marcados nas instituições — escola, fábrica e escritórios, hospital, prisão, manicômio... —, mas um incessante monitoramento com a produção ininterrupta de dados, como localização, dados bancários, estado civil e até mesmo íris.

Apesar da configuração hierarquizada e centralizada na internet por meio de servidores e provedores, fortaleceram-se algumas redes anarquistas, com a possibilidade de comunicação rápida, acesso a um documento, recebimento de um material com agilidade e entrar em contato com outros pesquisadores. A internet ainda possibilita que arquivistas possam digitalizar materiais e disponibilizá-los online. São efeitos nas e das lutas anarquistas mais do que a tentativa de encerrar suas práticas em um banco de dados, destino geral do arquivamento de documentos convencional.

Assim, um arquivo, bem como a educação anarquista não é construir um prédio. Textos, excertos, notas, rascunhos, cartas, filmes entre tantos outros objetos são registros que potencializam e atiçam o combate no agora. Encarar o fluxo computo-informacional e a sua constante produção de bancos de dados é um desafio que se coloca aos anarquistas hoje. Estamos diante de uma nova configuração de forças em que a educação é sinônimo de investimento em si mesmo na aquisição de outras habilidades para encontrar o melhor emprego no futuro.

No fluxo computo-informacional é preciso estar atento aos oportunistas de plantão e os corriqueiros. A memória anarquista não é um dado disponível a ser processado. A produção anarquista é um efeito das lutas em que cada libertário estava inserido e a preservação da memória própria está no modo próprio de fazer anarquista hoje.

Um arquivo anarquista, como a educação anarquista, são práticas de *ação direta*, recusam a mediação, a autorização e não estão em busca do estabelecimento da verdade ou da História da Anarquia. Nestes espaços, vemos, lemos e respiramos as lutas pela ampliação dos percursos de liberdades travadas por libertários. Ali estão relatos de vida cotidiana, dos prazeres nas invenções de novos costumes, registros de festas e bailes, e marcas de perseguições, prisões, expurgos e deportações. Esses registros são partes da luta pela vida livre. Atentar-se aos arquivos e para as insurreições libertárias é estabelecer conversações com libertários que colocaram suas vidas em risco no passado e potencializar o combate no agora para encarar o nosso tempo e suas modulações retóricas.

BIBLIOGRAFIA

CATTALO, Pedro. "Subsídios para a história do movimento social no Brasil". *Verve*, pp. 11–48. São Paulo: 2011.

FAURE, Sébastien. *L'Encyclopedie anarchiste*. Paris: Ed. La Librarie Intenationale, v. 1. 1926–1934. Disponível para download online.

FERRUA, Pietro. "A breve existência da seção brasileira do centro internacional de pesquisas sobre anarquismo" [3ª e última parte]. *Verve*, n. 17, pp. 137–141. São Paulo: 2010.

______. "A breve existência da seção brasileira do centro internacional de pesquisas sobre anarquismo" [1ª parte]. *Verve*, n. 15, pp. 130–198. São Paulo: 2009.

______. "A breve existência da seção brasileira do centro internacional de pesquisas sobre anarquismo" [2ª parte]. *Verve*, n. 16, pp. 85–140. São Paulo: 2009.

FOUCAULT, Michel. *O corpo utópico*. Tradução de Salma Tannus Muchail. São Paulo: n-1 Edições, 2013.

NU-SOL. "Estalar anarquismos". *Verve*, n. 21, pp. 16–22. São Paulo: 2012.

PASSETTI, Edson. "Da vida dos arquivos anarquistas no Brasil". Revista Ecopolítica, n. 6, Maio–Agosto de 2013, pp. 54–81. São Paulo: 2013. Disponível online.

______; AUGUSTO, Acácio. *Anarquismos e educação*. Belo Horizonte: Autêntica, 2008.

Dissidências no teatro e na educação

O teatro anarquista como autoformação

RENATO MENDES

A IDEIA ANARQUISTA DE EDUCAÇÃO PARA ALÉM DA ESCOLA

A ideia e as práticas constituídas em relação com o anarquismo surgem logo no princípio do movimento, ainda não no início do que temos como primeira onda do movimento anarquista. Temos uma diferente ou mais enfática preocupação observada em experiências libertárias do que a maioria dos outros movimentos sociais então nascentes na virada do século XIX para o século XX.

Importantes insurreições libertárias em educação se consolidaram clássicas como a Escola Moderna, A Colmeia e o Orfanato de Saint Puis, mas de forma alguma tais levantes se limitaram a elas. Com toda sua importância, não nos demoraremos nelas, mas na experiência formativa supra escolar. Em verdade, a ideia de educação anarquista extrapola o ambiente escolar, mesmo quando experienciada na escola. A escola anarquista tem como sua ideia primeva aprender a natureza em natureza e a comunidade em comunidade. Desse modo, a escola anarquista é aquela escola que explode os muros da escola — às vezes literalmente — e desbrava o campo, aprende na prática coletiva. Assim, tudo é uma atividade formativa quando se pensa em cultura libertária. Todas as experiências do sujeito são, para usar um termo moderno, uma prática subjetivante.

Práticas culturais comunitárias como imprensa, bailes operários e o teatro — aqui principalmente — eram pensadas em suas dimensões constitutivas do sujeito. A cultura anarquista pensa a educação para uma vida que exerça a liberdade no tempo presente; que pelo seu viver, atente contra a sanha do Estado, da Igreja e do Capital; que de alguma forma arda com o calor de uma obra de arte, que chamusque o velho mundo e, com a sua chama, abra caminho para possibilidade de mundos novos.

Naquilo que anarquistas dessa primeira onda chamaram de teatro social, temos um interessante demonstrador dessa força geradora que era explorada pelos meios culturais populares muito além da propaganda — mas também propaganda. No teatro, a gama libertária desenvolvia os meios de organização da vida coletiva, e formas de criar modos lúdicos de convívio e visão de mundo. Isso pelo exercício do teatro. Não só, mas também e principalmente.

No seio das vilas operárias, anarquistas e não-anarquistas desenvolviam formas de arte que consideravam, sobretudo no que se refere à arte da cena, uma possibilidade de habitar o mundo de forma poética e transgressora. Se a pedagogia libertária é aquela que visa "criar um indivíduo 'desajustado' para os padrões sociais capitalistas" (GALLO, 2015, p. 25), funcional e produtiva, o teatro libertário era tanto uma demonstração de que tal sujeito é possível, quanto um laboratório para a sua criação. Em um jogo de palavras, podemos afirmar que o teatro social é o teatro dos atores e das atrizes antissociais.

A história de tais práticas habita alguma documentação da imprensa operária, não farta, pois muito foi destruído ou não preservado de propósito, mas ainda assim um material robusto. Neste, vemos como anarquistas encaravam naquela época a forma de se fazer teatro, antecipando princípios da performance, da vida como obra de arte, e de conceitos bastante modernos de intervenção no mundo por meio do terrorismo poético. Evitando o risco de um anacronismo, afirmamos aqui apenas que há uma primeira emergência do que deveria ser no entendimento da vida em comunidade em si não como uma produção, mas criação artística.

Os temas dos enredos de seus espetáculos, redundavam, geralmente, sobre a emancipação frente a relações de opressão. Mas o que aqui propomos discutir é o externo do texto e da propaganda, ou mesmo da encenação. É da realidade do cotidiano, do convívio entre subjetividades, que a arte se alimenta e em que ela encontra seu sentido. Numa concepção singular, ainda que harmoniosa com as demais anarquistas, o russo Piotr Kropotkin propõe ao artista ser pescador, camponês, operário, sujeito, para então ser artista:

> É preciso, ao voltar do trabalho, ver o sol poente, ter sido camponês com os camponeses e camponesas, ter estado no mar com os pescadores, ter lutado com as ondas, afrontando a tempestade e ter sentido, depois de levantar uma rede sem nada, a decepção de voltar para casa com as mãos vazias. É preciso ter sentido *viver* a máquina para

> saber o que é a força do homem e traduzi-la em uma obra de arte [...]. [Tais obras] Farão parte de um todo vivo, que sem elas não existiria, como elas não existiram sem ele. (KROPOTKIN, 2011, p. 80)

Enquanto forma artística, o teatro não se encaixa na literatura, embora desde Aristóteles, uma certa aristocracia tenha reivindicado uma hierarquia do texto teatral sobre os atores e o momento do acontecimento, sendo o artista do palco, apenas um reprodutor da grande obra. Tem-se, na teoria, o encerramento do teatro na reprodução do texto dramático. A essa visão aristotélica, falta o princípio da teatralidade, do instante, o que, dentre as particularidades de cada forma de arte, torna o teatro único no sentido de não produzir objeto e, assim, não permitir a posse. Por mais que se possa limitar o acesso a um espetáculo pela violência do ingresso, uma peça não é quadro, escultura ou disco, que se possa carregar, acumular ou possuir. Uma peça é uma peça de tempo, dura a sua hora no palco, seja este um tablado, a rua ou a praça, e depois não se escuta mais a sua voz. Anarquistas propuseram que essa voz ecoe e invada os espaços de convívio, ocupe as relações e reverbere ética e socialmente.

Pode-se identificar, ou ao menos supor, um princípio anárquico nesta qualidade do instante que caracteriza a arte cênica. Sendo o teatro um instante, permite-se olhar qualquer instante como teatro, como cena, não no sentido de representar ou mimetizar, mas no de encarar e dialogar de forma poética com a situação, com o encontro com o outro, realizar o jogo. A comunidade, em relação de parceria e até amizade com seus membros que ocupavam os espaços de cena, intervinha, interrompia espetáculos, pedia, e até exigia, a repetição de cenas em especial, vaiava personagens antagônicas, de maneira que esta se colocava como parte constitutiva do teatro, não apenas sua contempladora.

As peças integravam um evento de sociabilidade maior, as chamadas veladas operárias, perseguidas pela polícia a mando do Estado e do clero. O ambiente desses festivais é parte constitutiva da peça teatral, e não apenas o seu contexto. Pessoas passaram a noite bebendo e dançando, bem como praticando sua vida em comunidade no mesmo chão em que minutos antes assistiam ou representavam sua teatralidade. Atores, atrizes, figurinistas, equipe cenotécnica, eram em seu todo de moradores e moradoras das vilas operárias. Com as técnicas que possuíam para aplicarem de maneira alienada na linha de produção de seus empregos de ordem capitalística, exerciam agora um ato criativo e coletivo, uma ensinando o outro, desalienando as técnicas de artesania e formando-se umas aos outros de maneira politécnica. Podiam os sujeitos conceberem a sua técnica laboral em serviço de uma criação coletiva, que é a arte teatral.

Ao se organizarem em grupos de teatro amadores — ou "filodramáticos", como geralmente preferiam —, produzindo as suas peças, ensaiando, confeccionando seu material de cena, convivendo, já existia uma cisão com a linha de produção capitalista e, portanto, uma forma de resistência e de organização dentro daquilo que concebiam como revolucionária. Tanto quanto os espetáculos eventualmente prefiguravam a sociedade transformada, a organização dos grupos apontava no tempo presente como as organizações sociais, em todas as instâncias, deveriam se dar, sem hierarquias, autogeridas e premidas de sua força criadora por meio da ação direta. Assim, grupos teatrais eram parte das frentes de organização pela transformação da sociedade, não apenas o entretenimento ou extravasamento de uma vida política-social dura. O teatro filodramático indicava que essa vida política-social deveria ser, em si, um gesto poético. Não à toa, é comum, ao pesquisar-se nomes de algum destaque na história da luta anarquista no solo sobre o qual se construiu o Brasil, encontrar a atividade teatral como parte significativa de para onde direcionavam seus esforços, preocupações e libido. O ator Domingos Passos, as atrizes Maria Antônia e Maria Angelina Soares, a autora e diretora Maria Lacerda de Moura, os autores portugueses Neno Vasco e Mota Assunção, o ator e autor Zenon de Almeida, eram algumas dessas figuras que não dissociavam sua luta social do gesto de sua vida cotidiana ou de sua criação poética teatral.

O EDUCADOR LIBERTÁRIO E O ATOR ANARQUISTA: JOGO DE CENA COM ROMUALDO FIGUEIREDO

Na concepção anarquista, uma vez que todas as atividades sociais dos sujeitos são de algum modo formativas, e que as práticas culturais e artísticas não estão dissociadas do cotidiano, o teatro não deixa de ser, em nenhum instante, educação. No entanto, é importante destacar que a qualidade formativa do teatro se dá por este ser arte, e não por ser formativo. Diversas pesquisas sobre o teatro didático e o didatismo do teatro apontam que "O valor educacional presente nessas práticas, ressalte-se, precisa ser compreendido a partir do relevante caráter pedagógico intrínseco à própria experiência teatral [...], seu principal vigor pedagógico está no caráter artístico que lhe é inerente" (DESGRANGES, 2006, p. 91). Na crítica historiográfica da experiência do teatro social, comumente, são encontradas menções ao caráter formativo de suas obras tão somente voltadas para a propaganda de ideias revolucionárias. Talvez, por influência de outros afluentes da luta social pelos quais naveguem tais historiadoras, não atentem para as ondas revoltas do anarquismo, que tenciona a posição de educador frente ao aprendiz tanto quanto a de artista junto ao público.

Quanto à ideia de propaganda, na cultura libertária, da imprensa independente ao teatro social, esta se dá não como essência mas como consequência de seu exercício. De maneira alguma uma consequência acidental ou indesejada, mas ainda assim, um desdobramento daquilo que há como objetivo fundamental: o escândalo. É possível comparar a ideia clássica de agitação e propaganda dos movimentos sociais-culturais com um escrito do anarquista Florentino de Carvalho, em um dos primeiros jornais livres a contraporem a ideia de Brasil em seu próprio interior, intitulado *Germinal*. Em um editorial, Carvalho atestará que o objetivo da cultura anarquista é, antes de tudo, escandalizar:

> Quando dizemos escândalo queremos precisamente exprimir admiração ou espanto que causam os princípios ou práticas hostis ao ambiente estabelecido [...]. O mundo marcha à força de escândalos, e a humanidade só concebe uma ideia ou um ato depois de ter se escandalizada. (CARVALHO, 2009, p. 223–224)

Onde movimentos centralistas buscam agitar e propagar, anarquistas insistem em provocar admiração e espanto, insuflando revoltas locais, subjetivas, tão múltiplas quanto àqueles a quem atinge. A educação anarquista, esta que se dá pelo exercício cotidiano da cultura libertária seria aquela que busca essa construção de um sujeito perpetuamente insurgente. Carvalho determina: "Tratemos, por todos os meios, de escandalizar a todo o mundo, em todo o momento e lugar [...]. Escandalizemos a todo o transe. Quando tivermos escandalizado o mundo, ele será nosso" (CARVALHO, 2009, p. 225). Arte, nessa concepção anarquista é, portanto, a conquista diária e inegociável dos espaços ingovernáveis, um "tudo nosso", um "nós por nós", abolindo pelo ato a propriedade e a moral.

O próprio processo de criação teatral ensina, e aqui podemos nos aportar num sujeito personagem que a história do anarquismo nos oferece. Sem recairmos em um personalismo, que descaracterizaria qualquer perspectiva anárquica, é possível encontrar nas palavras e experiências de Romualdo Figueiredo, ecos da experiência formativa anarquista com o teatro. Português radicado no brasil, o artista dramático profissional, tomava a cena tanto nos palcos oficiais do entretenimento da alta classe quanto dos salões operários e, mais importante, suas salas de ensaio. Figueiredo demonstrava em suas colunas na imprensa operária uma preocupação bastante rara, senão inédita, para o período nascente do século XX: insistia ele na criação de um sindicato de artistas, *sujeitificando* os "trabalhadores da cena" de seu labor e aproximando-os das questões sociais; bem como convocava os filhos e filhas da classe trabalhadora a tomarem as embrionárias escolas de teatro que no Rio de Janeiro e em São Paulo se fundavam, assim conduzindo justamente as pessoas diretamente perpassadas pela opressão em suas formas mais cruas pudessem tornar suas relações de cena e vida um ato poético de afronta, desbunde alegre e raiva revolucionária.

Nos escritos de figueiredo que chegaram aos nossos tempos, é possível ver como, para anarquistas do período, a relação cenológica era diretamente relacionada à dinâmica pedagógica, bem como no cotidiano, ou vida social de seus sujeitos:

> O teatro é elemento da vida social de um povo, influencia na razão de ser das sociedades e, concomitantemente fotografa o estado adiantado da sua civilização. Como o professor comunica aos discípulos as invenções dos sábios, o ator transmite às camadas populares a vida das sociedades, o jogo das paixões, as determinantes psicológicas dos caracteres. Como o professor, ele educa igualmente, notando-se que mais influência direta exerce no povo porque mais cala no íntimo das multidões. (FIGUEIREDO, In: VARGAS, 1980, p. 158–159)

Uma primeira leitura pode nos conduzir a entender que Figueiredo pretendia um artista que anunciasse o novo mundo, as novas ideias, que conduziriam o povo, até então ignorante, a um caminho melhor para si e para a humanidade. Essa concepção, da arte da cena como uma propaganda tão somente, do palco como palanque, do artista como vanguardista, no entanto, não se sustenta na teoria e muito menos nas práticas anarquistas. Pensando junto às propostas pedagógicas anarquistas, em que o educador é um parceiro na descoberta do saber, convive e experiência juntamente da natureza em natureza e da comunidade em comunidade, podemos perceber que essa relação artística proposta tende muito mais a abolir a dimensão do palco, e que o jogo de cena entre artistas do corpo ensina na medida em que mostra possível o encarar poético das relações intersubjetivas. Se a escola anarquista explode os muros das escolas, o teatro anarquista deveria, na mesma medida, explodir os limites éticos e estéticos do edifício teatral. Galpões, salões sindicais, as praças e ruas, se tornavam espaço de cena para as representações filodramáticas, o que permite ressignificar o corpo da cidade, o espaço de passagem, trabalho e mesmo organização, estabelecendo sua qualidade estética, sem perder, muito pelo contrário, sua potencialidade política-social.

Cabe pensar o espaço físico ocupado pelas greves gerais, num cenário social em que estas eram verdadeiros campos de guerrilha urbana. Mesmo em combate aberto com o braço repressor do Estado, e comprometidas em multidão com a marcha e a reivindicação das liberdades sociais, as pessoas envolvidas nas práticas estéticas anárquicas representavam cenas curtas e ecoavam cânticos libertários, como bardos, ou tambores de batalha, que exercem uma luta no campo plástico-visual dela própria.

Podemos nos atrever a pensar a arte teatral anarquista como um indício da morte do teatro enquanto área ou segmento, e o contágio de sua substância para todas as demais relações. A abolição da violência capitalista que exige uma vida feia, na qual há espaços e momentos de beleza, limitados àqueles que puderem pagar. As galerias, as casas de show, os anfiteatros encarceram a beleza do dia-a-dia. Beleza aqui não deve ser entendida apenas como o sublime, mas como o jogo de visualidades, sonoridades e sensibilidades — mesmo as brutais — que fazem a vida valer à pena se chamar vida. Segue-se, portanto, numa linha de pensamento-ação que poetiza a luta que é a formação de uma subjetividade diária e coletiva, comunitária, coerente com a concepção anarquista de liberdade como prática social, que se exerce no presente e se estende na capacidade do próximo de exercê-la, sempre em oposição à liberdade liberal, propriedade particular, que se limita na do próximo, e por isso estaria condenada a combatê-la.

PELA ESCOLA AMADORA

Ainda, sobre a experiência teatral filodramática de anarquistas sobre o solo marcado pela chaga colonial brasileira, um detalhe curioso e que aponta para uma prática teatral em harmonia com o gesto poético da vida diária, é a existência de escolas e cursos de teatro amador dentro dos espaços de sociabilidade e organização libertários. Algumas delas, no Rio de Janeiro e em São Paulo, tinham nas irmãs Soares suas principais formadoras, ainda que poucos profissionais, como Figueiredo ou a atriz e diretora Itália Fausta também somassem suas forças nesse exercício de desprofissionalização.

Ao pensarmos essas escolas e, mais ainda, seus processos formativos, podemos observar que nelas não se produzia especialistas, atores e atrizes profissionais, trabalhadores da linha de produção de entretenimento dos grandes salões da arte oficial. Seu público, fundamentalmente filhos e filhas da classe trabalhadora, reivindicavam o amadorismo e assim aprendiam a aplicar suas técnicas laborais a serviço de uma criação coletiva, e formavam-se uns aos outros, de maneira a estabelecer uma educação integral, desenvolvendo corpo, intelecto e ética. Educar-se como artista amador, filodrama, agir por vocação, interesse, tesão, amor. Fazer tudo com amor, inclusive o amor. Tomar dessa libido poética as forças para enfrentar as relações laborais da ordem vigente e aprender a exercer até mesmo a revolta e o ódio como ações poéticas, destruir construindo, abolindo o mundo velho sendo um esboço de mundo novo.

Para além do tripé da educação integral, uma pedagogia libertária, essa que se exerce por todos os meios, inclusive o da escola, fundamenta e desenvolve uma educação estética do sujeito. Novamente, não no sentido de apresentar e impor um olhar qualitativo sobre as belas-artes e o sublime. Mas no sentido de treinar, exercer e subjetivar-se de maneira teatralizada. Os encontros do cotidiano como contracena; o dia-a-dia como cenário, espaço de autorepresentação; a *mise en scéne* do cotidiano exercida pela fala, pelo gesto e pela ação dos sujeitos da cena. Assim, o anarquismo nos convida a encenar, interpretar e escrever o mundo em que vivemos, vivendo enredos, performando vidas.

BIBLIOGRAFIA

CAFEZEIRO, Edwaldo; GADELHA, Carmem. *História do teatro brasileiro: um percurso de Anchieta a Nelson Rodrigues.* Rio de Janeiro: Editora UFRJ/ EDUERJ/ FUNARTE, 1996.

CARVALHO, Florentino de. "Dois Escritos da imprensa anarquista em São Paulo". In: *Verve: revista do Nu-Sol (Núcleo de Sociabilidade Libertárias) n. 15.* Programa de Estudos Pós-Graduados em Ciências Sociais PUC-SP, p. 222–228. São Paulo: 2009.

DESGRAGES, Flávio. *A pedagogia do teatro: provocação e dialogismo.* São Paulo: Editora Hucitec/ Edições Mandaracu, 2006.

GALLO, Silvio. *Pedagogia libertária: anarquistas, anarquismos e educação.* São Paulo: Intermezzo, 2015.

KROPOTKIN, Piotr Alexeyevich. *A conquistas do pão.* Tradução: Cesar Falcão. Rio de Janeiro: Achiamé, 2011.

RODRIGUES, Edgar. *O anarquismo na escola, no teatro, na poesia.* Rio de Janeiro: Achiamé, 1992.

VARGAS, Maria Thereza (coord). *Teatro operário na cidade de São Paulo: Pesquisa 7.* São Paulo: Secretária Municipal da Cultura, Departamento de Informação e Documentação Artísticas, Centro de Pesquisas de Arte Brasileira, 1980.

Política e participação como contenção das revoltas

O «estallido social» no Chile e a constituinte contra-insurgente

ACÁCIO AUGUSTO

> Quando o momento do mundo pelo avesso chegou
> e que é ser louco perguntar porque nos assassinam,
> é evidente que passamos por loucos por qualquer bobagem. [...]
> Positivamente, tudo que é interessante se passa na sombra.
> Nada se sabe da verdadeira história dos homens. [...]
> Apavorados com a guerra,
> enlouquecíamos num outro gênero:
> o do medo. O avesso e o direito da guerra.
>
> LOUIS-FERDINAND CÉLINE,
> *Viagem ao fim da noite*, 1952

As revoltas de rua que ocorrem de maneira intermitente em várias cidades do planeta desde o início deste século disparam uma tensão entre *nova política* e *antipolítica.* Na América do Sul, essas revoltas, em um primeiro momento, foram contidas por governos autodenominados progressistas envoltos em uma retórica de oposição aos blocos econômicos entre países do norte e do sul do hemisfério e ao neoliberalismo entendido como domínio do Mercado global (comandado por países do norte) sobre os Estados nacionais em desenvolvimento (países do sul). Entretanto, houve escapes, pois as novas ondas de revoltas ao norte, a partir de 2008, repercutiram ao sul sob os governos progressistas orientados pelo que pode ser chamado de racionalidade neoliberal inclusiva, pois operou por meio de políticas compensatória e sistemas de direitos de minorias. No atual momento, 2021, as revoltas mais regulares e com elementos da *antipolítica* em recusa à *nova política* (de esquerda e de direita) ocorrem, desde o final de 2019, no Chile, a partir de sua capital Santiago. Há registros de manifestações de rua em outros países da América do Sul, como a Colômbia e o Peru, mas os atos de rua e enfrentamentos diretos em território chileno colocam essa tensão de maneira mais evidente, além de possuírem uma presença proeminente de grupos e associações anarquistas nas mobilizações.

Como pensar essas revoltas de rua descontínuas e seus efeitos nos governos de Estado e na criação de novas institucionalidades locais e planetárias? Como detalhar, por meio de uma análise libertária, o que sempre é caracterizado como "um *surto* de revolta"[1] que abre caminho para processos constituintes ou outras formas de arranjos políticos orquestrados pelas elites locais, especialmente na América do Sul no século XXI, fazendo um caminho da rua para o Estado? Este texto faz uma analítica sobre como o processo da nova Constituinte chilena denota uma ofensiva da política e da participação como forma de contenção das revoltas soltas pelas ruas em meio aos embates ainda em curso. O objetivo é descrever, para além das ações repressivas, a *nova política* e a convocação à participação como tecnologia de contra-insurgência tomando o caso chileno como campo de problematização.

A LUTA, A VIOLÊNCIA POLICIAL E A DINÂMICA DAS RUAS

Os protestos de rua na capital chilena Santiago se iniciaram em 18 de outubro de 2019, uma sexta-feira, com estudantes fazendo *catracaços*[2] em estações do metrô e depredando prédios do governo em repúdio ao aumento das passagens. No dia seguinte, o ministro do Interior do presidente Sebastian Piñera, Andrés Chadwick, acionou a Lei 12.927 — o código de Segurança do Estado — que prevê sanções excepcionais para quem praticar depredações.

O acionamento da lei entregou para o General Javier Iturriaga a chefia da Defesa Nacional durante o estado de emergência, inicialmente previsto para

1. "Surto" é uma das traduções possíveis para o termo castelhano *estallido*, muito empregado pela imprensa e por analistas políticos para caracterizar a atual sequência de revoltas de rua no Chile, como a corrente designação "estallido social".

2. O *catracaço* é uma tática específica de manifestação muito utilizada por movimentos que questionam as tarifas de transporte coletivo. Consiste em pular as catracas de acesso nas estações de metrô e trem em grupos de 5 a 10 pessoas, de uma só vez, dificultando a intervenção dos agentes de segurança. No Brasil essa tática se popularizou nas manifestações do Movimento Passe Livre, desde o começo desse século.

durar 15 dias. No mesmo dia 19 de outubro, Piñera, que na noite anterior se encontrava em uma pizzaria de Santiago comemorando o aniversário da neta, revogou o aumento da passagem, prometeu rever o aumento de 10% na conta de luz e anunciou um possível aumento das aposentadorias, fatores apontados como os motes dos protestos. No anúncio da revogação, declarou: "escutei com humildade a voz de meus compatriotas e não terei medo de seguir escutando essa voz".

O acionamento da lei de segurança nacional e o emprego violento da repressão com suas armas ditas não-letais dos carabineiros chilenos, o anúncio de atendimento por parte do governo de algumas reivindicações dos manifestantes e a declaração de humildade e atenção por parte do chefe de governo aos seus compatriotas é um roteiro conhecido de como as democracias ocidentais do pós Segunda Guerra Mundial respondem às revoltas de rua que enfrentam forças do governo, do acontecimento 1968 aos dias de hoje.

No entanto, essas medidas governamentais, somadas à declaração de humildade obsequiosa de Piñera, não foram capazes de esvaziar as ruas e colocar um fim nos protestos. Ao contrário, as manifestações se alastraram por todo país e o saldo de um final de semana sob toque de recolher foi de duas centenas de pessoas detidas e mais de duas dezenas de pessoas mortas, a maioria por espancamento policial. Não houve acatamento do toque de recolher por parte dos manifestantes e as manifestações se intensificaram em resposta à declaração de estado de sítio e à violência da polícia.

Umas das mortes em meio aos protestos foi a de uma criança de 4 anos atropelada por um motorista que jogou o carro contra a manifestação que ocorria em San Pedro de la Paz, em Concepción. Foi o ato de um sujeito agindo de forma complementar e cidadã às investidas violentas dos carabineiros, a polícia ostensiva do Chile. A resposta de adesão por parte de pessoas não envolvidas inicialmente nos protestos, após violenta intervenção policial, também faz parte do roteiro dos embates de rua desse início de século XXI. Esse balé do enfrentamento entre forças policiais e manifestantes, num jogo de tensão e distensão que faz o volume das ruas crescer, foi observado em grandes manifestações de rua em todo planeta como *Junho de 2013*, no Brasil, e os *Gilets Jaunes*, na França.

Apesar de guardar semelhança com outras mobilizações do começo desse século e em todo planeta, as manifestações de rua iniciadas em outubro de 2019 no Chile não foram uma "ação isolada", tampouco "um ato espontaneísta de jovens revoltados" ou apenas um "surto de revolta". As associações estudantis dão dor de cabeça aos governantes e aos *Carabinieros* chilenos desde, ao menos 2006, com a chamada "revolta dos pinguins" por parte de estudantes secundaristas e de 2011 com as mobilizações dos estudantes universitários contra as cobranças de mensalidade no início do primeiro ano do governo de Sebastian Piñera. Essas são apenas duas ocasiões, 2006 e 2011, nas quais o volume da revolta nas ruas foi tamanho que era impossível ignorá-lo dentro e fora do Chile. Tanto foi assim que quase dez anos depois, a Revolta do Pinguins[3] repercutiu no movimento de estudantes secundaristas no Brasil, com as ocupações de escolas entre 2015 e 2016.

Por sua vez, as mobilizações dos estudantes universitários chilenos, em 2011,[4] foram associadas aos simultâneos protestos que ocorriam em Nova Iorque, conhecido como Occupy Wall Street (OWS), também mobilizado a partir de jovens universitários endividados com os créditos estudantis. Na Espanha, estourava a ocupação da Praça Puerta Del Sol, dando forma à mobilização conhecida como Los Indignados. Mobilizações similares, mesmo que em volume menor, também foram registradas em outros países no mesmo ano, como o Brasil. Além disso, houve os confrontos de rua ao norte do continente africano conhecido como Primavera Árabe, que mesmo tento características diversas das mobilizações nos EUA e na Espanha e com formas e motivações específicas do contexto local, também foram associados como parte de uma onda global de manifestações de rua e insatisfação diante dos governos locais e dos efeitos planetários da crise econômica de 2008.

Todas essas mobilizações, que tiveram também o Chile como arena, levaram para as ruas a tensão entre *nova política* e *antipolítica*. Após uma década da onda de manifestações que se seguiram a crise de 2008 é possível anotar que a combinação entre violenta repressão das forças de segurança (produzindo centenas de presos, mortos e feridos) com anúncios de uma nova política e medidas governamentais de participação democrática (ainda que sob disputa do que isso significa), são a forma de regulação das ruas, uma maneira de fazerem com que seus participantes se voltem para o Estado e mesmo entrem na disputa pelo seu governo por meio do pleito representativo regular. Essa dinâmica entre rua e *nova política*, não foi capaz de conter as expressões *antipolíticas*, em grande mediada associadas aos anarquismos e às táticas de confronto contra as forças de segurança, como a tática *Black Bloc* e, no atual *estallido* chileno, as práticas que compõem o que passou a ser chamado de *primera linea*.

3. Sobre a Revolta dos Pinguins no Chile, ver o documentário "A rebelião dos pinguins". Direção: Carlos Pronzato, 2007, 40 m.

4. Sobre as manifestações de 2011 no Chile, ver Vladimir Hernández. "Chile enfrenta onda de manifestações e greves". In: BBC News, 15 de julho de 2011. Disponível online.

Mesmo associadas aos movimentos de rua em todo planeta, as cordilheiras, hoje dominadas pelo Estado chileno, ardem há muito tempo. Seja pelo fogo da luta Mapuche local, seja por uma série de ações diretas incendiárias e explosivas perpetradas por associações anarquistas insurrecionais e anônimas. Como a ação de julho de 2019, que colocou plaquetas-bomba na 54ª Delegacia de Huechuraba e no escritório de Rodrigo Hinzpeter, um dos fundadores da Renovación Nacional. Hinzpeter foi Ministro do Interior e da Segurança Pública entre 2010 e 2011, tornou-se, em seguida, ministro da Defesa Nacional do Chile, cargo que ocupou até 2014. Nesses cargos se empenhou em perseguir estudantes mobilizados nas ruas, grupos mapuche que agiam em defesa de suas terras e anarquistas que militavam por meio de ações específicas ou associados às lutas mapuche e estudantil, todos eles classificados como perigosos terroristas pelas forças governamentais e suas polícias e pela a imprensa local e internacional.[5]

A situação hoje no Chile é muito interessante para se pensar não apenas a anarquia contemporânea no continente sul-americano, mas sobretudo para notar como as revoltas de rua colocam uma tensão entre *nova política* e *antipolítica* (AUGUSTO, 2020) na qual a "convocação à participação", como colocado por Edson Passetti (2003), opera uma tática contra-insurgente articulada com a mobilização dos aparatos de segurança e decretos de emergência. Formam uma dinâmica de protestos e ações de rua, violência de Estado e formas democráticas de governar que oporem um governo de crise e colocam impasses constantes às forças que resistem ao capitalismo e ao Estado. Perto de completar dois anos dos levantes, a assembleia constituinte está eleita e empossada sob a promessa de enterrar os elementos da ditadura de 1973, sob o comando do General Augusto Pinochet, que ainda persistem no Estado chileno, especialmente a Constituição ainda em vigor aprovado em um plebiscito de 11 de setembro de 1980 e vigente, em regime transitório, a partir de 11 de março de 1981, sendo estabelecida em sua forma plena em 11 de março de 1990. O atual processo constituinte foi iniciado em novembro de 2019. Aclamado pelas forças progressistas locais e de todo continente, a viabilidade do atual processo constituinte só foi possível após negociações e acordos com as forças da direita local, inclusive grupos orgulhosamente pinochetistas, e o amplo leque das forças ditas progressistas. Simultâneo a esse processo de negociações e acordos para a formação da constituinte, centenas de pessoas foram presas. Contam-se

5. Sobre esses casos, ver o site da *Facção Fictícia*. "Chile: O Fogo que Arde Desde a Cordilheira", 10 de agosto de 2020. Disponível online.

dezenas de mortos e, apesar do acordo político em torno de uma nova constituição, disparou-se uma ostensiva perseguição policial e judiciária aos que participaram dos *estallidos sociais*, especialmente os anarquistas. Um dos casos mais notórios, ligado diretamente aos anarquistas, aparece na campanha para a libertação dos amigos anarquistas Mónica Caballero e Francisco Solar,[6] porém a perseguição a todas as pessoas identificadas como participantes da *primera linea* foi geral, irrestrita e segue em curso sem que a constituinte indique uma possível anistia. A revolta tinha que cessar e agora as reivindicações estavam na mesa de negociações que compõe a nova constituinte.

A anarquia e a antipolítica operam duplamente em situações como a atual onda de manifestações de rua no Chile: em um sentido, elas agem como elemento analisador das novas tecnologias de governo das ruas que combinam brutal violência de Estado, acionada pelas polícias repressivas antimotins e sua regular letalidade dita não-letal, com formas democráticas de incorporação de demandas dos protestos de rua. Em outro sentido, anarquia e antipolítica são elementos instabilizadores do roteiro desse balé das ruas que hoje compõe as tecnologias de governo e capturam as resistências democraticamente por meio de recursos participativos, seja com a criação de amplas campanhas eleitorais em torno de figuras populares ou novas coalizações partidárias que se anunciam como portadoras de uma nova política, seja, como no caso chileno, com a criação de processos constituintes que prometem incorporar as demandas e reivindicações em favor de uma nova plataforma política para processar, dentro do sistema, o que forças inovadoras levaram para as ruas.

ANARQUIA CONTEMPORÂNEA: ANTI (NOVA) POLÍTICA

Podemos localizar a emergência da anarquia contemporânea entre as revoltas do *acontecimento 1968* e as mobilizações de rua do *movimento antiglobalização*. Neste último, as táticas de enfrentamento de rua que rasgavam anonimamente e de negro a multidão colorida e carnavalizada do *altermundialismo*, expressaram uma forma da revolta antipolítica contra o desejo de uma "cidadania global" no final do século passado. Essa multidão se apresentava como uma nova política, de produção biopolítica com vocação e ideal franciscanos e marxistas (NEGRI & HARDT, 2001). Ela buscava se desvincular das ações dos blocos negros de

6. Sobre a campanha, ver o site da *Edições Insurrectas*. "Território dominado pelo Estado Chileno". Disponível online.

rua, acusando-os de ser coisa de anarquistas niilistas que apenas agiam para destruição e nada tinham de propositivo a apresentar na construção de uma nova ordem global que fosse democrática, multitudinária, participativa, cidadã e constituinte.

Em pouco tempo, essa proposta *altermundialista* ganhou contornos institucionais, aninhando-se de forma modular em governos do continente sul-americano, que para alguns analistas políticos era um programa que seguia a cartilha da "razão populista", de Ernesto Laclau (2013). Alguns desses governos, em parte vindos das ruas, se tornaram constituintes e ficaram conhecidos como integrantes de um onda rosa ao sul da linha do equador, forma de caracterizar algumas gestões governamentais com certa preocupação de inclusão dos mais pobres e representação de minorias históricas, como indígenas e camponeses.[7] Essas plataformas político-eleitorais que se tornaram governos ao sul inspiraram uma *nova política* na Europa, encarnadas em partidos como o Podemos, na Espanha, e a Syriza na Grécia. Esses autointitulados *partidos-movimento* também podem ser vistos como reação às formas de enfrentamento *antipolítico* presentes no dezembro grego de 2008 e nas franjas do que ficou conhecido como *Los Indignados*, na Espanha de 2011.

Hoje, quem se apresenta como *nova política*, ao sul e ao norte do planeta, são movimentos conservadores, ou mesmo abertamente fascistas (sob a insígnia de *alt-right*), que reagem a onda anterior da nova política à esquerda, ganhando governos também com o uso das ruas e das formas de participação democrática ou ditas populistas, com volumoso acionamento das plataformas de redes sociais digitais. Há uma constante nesse processo pendular em torno do governo do Estado, com a atualização contínua do que se chama, há mais de duas décadas, de "crise da democracia", uma crise que, no século XXI, se tornou a própria forma de governar e meio de mobilizar para a participação política e, eventualmente, para o sacrifício.

O elemento permanente, neste balé pendular, é a *política*: a renovação das imagens de representação, a mobilização das redes sociais digitais como meio de representação individualizada vinculada a grupos de interesse e o apreço à democracia (mesmo que haja divergências sobre o que ela significa). São

7. No caso do Brasil, por uma série de fatores, não houve uma mobilização constituinte formal, um dos principais motivos era o entendimento de que a Constituição Federal de 1988, nascida dos acordos para a chamada redemocratização do país, já contemplava os diretos sociais e possuía mecanismos de participação, bastava aplicá-la plenamente.

elementos acionados sempre que se anuncia uma revolta de rua, trata-se da via política, participativa e não-repressiva de contenção do que pode ser uma revolta generalizada.

Quando o ingovernável toma as ruas de uma cidade esses elementos são acionados e novos-velhos arranjos são estabelecidos como a sequência "natural" ao emprego de dura repressão por parte dos aparatos de segurança, em alguns casos, como o Chile hoje, com processos constituintes iniciados e associados aos elementos de pacificação pela política.[8] Foi assim no Brasil de 2013 também, embora não se acionasse um elemento de nova constituinte, ainda que propostas como essa tenham sido especuladas em meio aos protestos na época, o que começou pelo fogo da revolta e parecia anunciar um impasse, acabou em pacificação política, acionamento do judiciário e "novos atores" políticos na disputa eleitoral.

Vendo esse roteiro se repetir, com diferentes modulações nas ruas e na política do único país do continente que não faz fronteira com o Brasil, seria pertinente retomar algumas considerações da analítica *foucaultiana*, de uma perspectiva anarquista, para se pensar a política ou a recorrente expressão *nova política* como uma tecnologia contra-insurgente nas atuais *democracias securitárias* (AUGUSTO & WILKE, 2019). Essa conformação das democracias hoje, ao tomarem como alvo as irrupções urbanas de revoltas antipolíticas que, se não são declaradamente anarquistas, coincidem com as formas da *cultura libertária* (PASSETTI & AUGUSTO, 2008), explicitam como as medidas de segurança e ataques violentos aos manifestantes se combinam com formas ampliadas de participação e tecnologias políticas de monitoramento das condutas. Essa configuração, chamada aqui de contra-insurgência, é possível na medida em que hoje não se trata propriamente de compreender as relações de poder em sua chave jurídica e/ ou guerreira. O governo, para além de sua configuração

8. Um exemplo de como funciona essa via pode ser encontrado no comentário do antropólogo Salvador Schavelzon (2019), feito em dezembro 2019, no jornal *El País*, a partir dos protestos de rua que acabavam de ser deflagrados no Equador, no Chile, na Bolívia, na Colômbia e no Peru. O autor de um longo estudo sobre o processo constitucional e *plurinacional* boliviano, disparado após intensas manifestações indígenas que ficaram conhecidas como Guerra da Água, via nas manifestações desses países da América do Sul um impasse que, diferente de 20 anos atrás, não encontrava conformações partidárias e/ ou populistas. Passados dois anos do início dos protestos nesses países, e ainda que tudo se encontre em aberto, o processo constitucional chileno baseado em um sistema de representação de minorias compartimentalizadas e proporcionais, indica um caminho de conformação pela política de pacificação das ruas e contenção da revolta, que, de fato, dispensa a razão populista dos progressistas e as composições partidárias, mas soluciona o que Schavelzon via como impasse.

institucional, opera na composição, forjada não sem embates com as forças de segurança, de certa relação entre governantes e governados. Essa relação, por vezes, é rompida pelo confronto de rua e em resposta a esse confronto os acordos políticos visam produzir novas conformações de governo de Estado voltadas à participação ou capazes de processar as reivindicações de ativistas, como a instalação de uma assembleia constituinte ou a criação de arenas de participação institucionais ou não.

Há um deslocamento na analítica das relações de poder, indicado por Foucault, que se inscreve no campo do *agonismo* entre as práticas de governo e as resistências, na relação governo e verdade como constitutivas do sujeito como sujeito governado. No texto em que propõe o termo *agonismo*, Foucault afirma que o objetivo de seu trabalho não foi elaborar os fundamentos de uma análise do poder, mas "criar uma história dos diferentes modos pelos quais, em nossa cultura, os seres humanos tornaram-se sujeitos" (FOUCAULT, 1995, p. 231).

Há nessa formulação a proposição de ler as relações de poder não como a oposição entre termos e forças, mas como analítica das práticas de governo enquanto ação sobre ações: governo como condução de condutas.

> Governar, neste sentido, é estruturar o eventual campo de ação dos outros. O modo de relação próprio ao poder não deveria, portanto, ser buscado do lado da violência e da luta, nem do lado do contrato e da aliança voluntária (que não podem ser mais do que instrumentos); porém, do lado deste modo de ação singular — nem guerreiro nem jurídico — que é o governo. (Idem, p. 244)

Para que haja governo é preciso que haja liberdade e que nas relações de poder se conforme uma certa maneira de exercer a liberdade que não exclui o confronto violento e, tampouco, a intervenção repressiva de forças de segurança do Estado (polícia e exército) ou medidas jurídicas (regulares ou de exceção).

Nesse sentido, poder e liberdade não se opõem, pois "a relação de poder e a insubmissão da liberdade não podem, então, ser separadas" (*Ibidem*), nesse jogo instala-se a política como tecnologia de governo e seu campo de disputas, as forças que desestabilizam esse jogo, portanto, são antipolíticas[9] na medida

9. Especialmente a partir de 2015, no Brasil, quando se configura um campo de extrema-direita em meio as manifestações que pediam o impedimento da governante do turno, a maioria das análises jornalísticas e acadêmicas situaram os políticos e movimentos desse campo no que chamam de antipolítica, devido à sua "retórica anti-establichment". Um exemplo dessa forma de análise está em Solano; Ortellado e Moretto (2017), que viram nas manifestações em favor da operação Lava Jato no Brasil a formação de uma "identidade conservadora não neoliberal, punitiva, que toma forma num populismo antipetista e antipolítico" (Idem: 45). Essa é uma leitura que aparece em outros lugares do planeta, como nos EUA. Após a eleição do republicano

em que recusam o jogo como uma todo, seja ele institucional ou de reativação das tecnologias de condução das condutas entre governados como as assembleias locais e de bairro, como está ocorrendo no Chile. O *agonismo* como chave analítica ao invés do antagonismo (forças opostas). A antipolítica vista pelo agonismo das forças não se coloca como oposição ou disputa, mas força desestabilizadora, como uma potência de destruição e não de competição entre adversários políticos ou inimigos de guerra. Esse neologismo usado por Foucault é derivado do grego e designa, literalmente, "um combate": "um combate físico no qual os opositores desenvolvem uma estratégia de reação e de injúrias mútuas, como se estivessem em uma sessão de luta" (Idem, p. 245). Esse embate físico direto, no caso das manifestações de rua, se dá, de forma assimétrica e sem reconhecimento formal, entre as forças antipolíticas das ruas e os agentes das forças de segurança (policiais, militares, paramilitares e cidadãos-polícia), estejam elas agindo oficial ou extraoficialmente.

Foucault ressalta, no agonismo, o caráter de disputa e de jogo, sem com isso excluir ou pressupor o uso da violência, da submissão consentida ou a institucionalização da relação de governo. Trata-se de ressaltar o inconclusivo das lutas que nunca encontram um termo estável e, se o encontram, é de maneira temporária e precária, como objeto de uma inversão estratégica que funda novos combates. O *agonismo* não se confunde com a institucionalização democrática. Esse emprego do agonismo colocado pela politóloga Chantal Mouffe (2005), diverso do colocado por Foucault, apenas serve para designar a democracia como um jogo entre adversários que reconhecem seus limites nas regras de antagonismos oposicionistas plurais, reconhecendo paixões e conflitos que aninam esse jogo. Não há limites institucionais ou de reconhecimento mútuo nas relações entre governados, quando existem, são demarcados pelas relações de poder e estratégias de confronto, ou seja, pela luta que não exclui a violência,

Donald Trump ele também foi caracterizado como expressão da antipolítica que opera um processo de desdemocratização ligado ao que seria uma face autoritária (e antipolítica) do neoliberalismo. Um exemplo dessa leitura desde os EUA, mas que repercute em outros cantos do planeta onde essas forças fascistas, também chamadas de *alt-right*, pode ser encontrada em Brown (2019, especialmente em 67–107). Nada mais equivocado, embora não seja o objetivo deste artigo. É evidente que os movimentos alocados em torno do termo *alt-right* se inscrevem perfeitamente na disputa política, o que torna, no mínimo, um contrassenso classificá-las como antipolítica. Para ficar apenas nos dois exemplos dessa nota, seus candidatos ganharam eleições regulares e democráticas nos EUA (2016) e no Brasil (2018). A antipolítica descrita aqui é um elemento de recusa da disputa; além de provocar a desestabilização da política, ela acorda os desavisados e reinscreve as resistências no campo do combate físico e/ ou da recusa da política, não visa pacificação, tampouco recomposição participativa constituinte.

a institucionalização e/ ou a submissão voluntária como componentes do jogo. A chave *foucaultiana* se mostra mais interessante para uma análise dos embates que envolvem os anarquistas na América do Sul. Primeiro, por tomar a política e o político como tecnologias de governo, além e aquém de seu enquadramento formal ou teórico; segundo, por se mostrar, aos propósitos explícitos aqui, uma chave atenta às capturas democráticas e às formas positivadas de contenção das manifestações de rua que buscam inscrevê-las numa forma de liberdade regulada por meio de medidas repressivas securitárias; por fim, ao focar essas manifestações de rua, em especial as que se formam no pós crise de 2008, fica evidente como a revolta antipolítica da anarquia contemporânea recoloca o campo de embate contra a moderação característica da disputa democrática.

Tomar o *agonismo* na história das lutas é considerar, nesses embates, nesses jogos, nessas disputas que atravessam as relações de poder e as estratégias de confronto, que a política se inscreve como ato de dominação e estratégia de governo, não necessariamente vinculada à dominação do Estado. Este, modernamente, não prescinde do encadeamento recíproco destas disputas como maneira de reinscrever em seu campo específico de governo o jogo dos antagonismos. Entretanto, hoje em dia há uma disposição em se manter moderadamente conformado na participação democrática, na conquistas de direitos sociais e/ ou difusos ou no "reconhecimento de pautas" (pelo Estado e pelo Mercado), tornando as estratégias de luta e as resistências apenas palavras de um jogo retórico. Por isso a propõe-se pensar as lutas na América do Sul tomando como foco somente a revolta que se coloca como atitude *antipolítica da cultura libertária* no continente sul-americano.

PARA ALÉM DE UM «ESTALLIDO» E CAPTURA DEMOCRÁTICA

O que foi nomeado como *estallido social* insurgindo no Chile anterior à declaração da pandemia pela OMS é, indubitavelmente, um foco de revolta antipolítica e com ações abertamente anarquistas, nas manifestações de rua e no cotidiano de associações e experiências muito heterogêneas — de editoras e grupos de estudos às bandas de ação insurrecionalistas.[10]

10. Neste século o Chile é o país da América do Sul no qual há uma maior regularidade de ações de sabotagens aos prédios do governo e postos policiais, às redes de comunicação e logística, ações pela libertação de militantes anarquistas e introdução de táticas de enfrentamento em manifestações. Essas ações nem sempre são reivindicadas e são, em geral, atribuídas a

O ajuntamento de forças para a formação de uma assembleia constituinte, nascido do acordo firmado em novembro de 2019 entre direita (nova e velha), a esquerda (nova e velha), a democracia cristã e os independentes que se inscreveram na disputa política por meio da participação nas manifestações e nas assembleias de bairro, é a resposta política estratégica ao que o toque de recolher e a violência dos carabineiros não puderam conter.

Essa governamentalização das ruas no Chile pode ser captada na figura e nas palavras da ativista mapuche e professora de linguística Elisa Lóncon (2021), quando fala em "refundar o Chile", mais democrático e participativo. Isso aparece em seu pronunciamento como Presidente da Convenção Constitucional, momento no qual submete a bandeira do povo mapuche ao Estado chileno em nome de uma *plurinacionalidade* que a enrola na bandeira do Estado chileno, como visto em imagens que circularam pela internet e freneticamente compartilhada nas redes sociais digitais.[11]

Guardadas as diferenças e graus desses processos, isso nada mais é que uma modulação alternativa da "agenda social de unidade nacional" proposta pelo chefe de governo atual Sebastián Piñera, pois, ao fim e ao cabo, busca a pacificação dos confrontos e inscrição do agonismo das forças em um campo de governo e de direitos constitucionais. No caso da Convenção Constitucional e das palavras de Lóncon, com mais eficiência que os *Carabineros* e a humildade obsequiosa de Piñera, pois funda uma relação de governo pelos governados com expressão jurídico-política, renovação das formas de representação política pelos dispositivos paritários de direito de minorias e monitoramento das contestações pelas assembleia de bairro que rementem ao centro da assembleia geral. Para além dos objetivos desse artigo, a Convenção Constitucional chilena pode ser lida como uma inovadora experiência de modulação democrática que, pela convocação participação, busca modular os protestos de rua para que fluam em direção ao Estado e suas formas jurídicas. Em meio a tanto pluralismo que converge ao centro, dois alvos são comuns à polícia e ao processo de participação constituinte: as ações de sabotagem perpetradas por grupos

associações que se definem como anarquistas insurrecionalistas, muito próximas das práticas de associações como a Conspirações da Células de Fogo (CCF), atuante na Grécia, ou como as ações de sabotagem dos anarquistas italianos do movimento NO-TAV, em 2005.

11. Para ler o discurso na íntegra, ver Elisa Loncón. "Discurso completo de Elisa Loncón, mulher mapuche, presidente da Convenção Constitucional", 16 de julho de 2021. Transcrição disponível online no site do Instituto Humanitas Unisinos.

anarquistas anônimos e as ações radicais de retomada terras por parte de grupos mapuche que estão presentes em todos Chile e para além das fronteiras nacionais e de sua suposta liderança fantasmagórica na Constituinte.

Da perspectiva anarquista, a luta e as formas que se dão as lutas e práticas de liberdade são mais decisivas que os objetivos e estratégias em geral atribuídos a posteriori, buscando dar direção aos muitos embates de rua e motins deflagrados em diversos cantos do planeta neste século. Para que essa convocação à participação não cumpra função de contra-insurgência, é preciso ser antiestratégico, não temer o confuso e o caótico e fazer da luta não um meio a ser mobilizado pela política e por objetivos políticos, mas da luta como revolta que dá forma de vida à antipolítica, sem pacificação possível, sem mesa de negociação, sem cristalizações instituintes ou constituintes. Do contrário, o embate na rua, termina numa assembleia que irá redigir uma constituição, peça jurídica que por mais plural e diversa que seja visa conter a expansão da vida e as formas de luta pela vida, pela terra e pela liberdade.

Desta perceptiva anarquista é possível notar como as características contemporâneas das manifestações de rua nessas duas décadas de século XX, ainda que atravessadas pela revolta e com presença regular dos anarquistas, encontram-se por demais marcadas pelo jogo e pelas estratégias de dominação e governo das condutas modulado, algo que aparece de forma proeminente no Chile. Elas estão se tornando mais um dos elementos das relações entre os governados que se expressa como ativismo político que se pretende autônomo, democrático e participativo, elementos mobilizados para a renovação da representação e apontados como horizonte utópico de solução para a propalada crise da democracia.

Apenas a revolta, que atravessa essas manifestações, pode desvencilhar a rua desse jogo. Da perspectiva das lutas anarquistas, só interessa o que, no interior desses embates de rua, se refere menos à soberania e mais aos combates contra os governos, suas formas e suas polícias na sociedade de controle, o que nos leva a percebe-las como elementos de lutas anarquistas no presentes que atravessam essas manifestações sem necessariamente somar-se à elas. A revolta ativa o ingovernável na medida em que se apresenta como possibilidade de escape às formas da governamentalidade neoliberal que habitam modulações de condução de condutas à esquerda e à direita e que o caso chileno mostra que hoje elas se entrelaçam também nas manifestações de rua que, num primeiro momento, para estar apartadas das disputas políticas e da busca por representação.

Nesse sentido, aproximo esses confrontos de rua tocados por anarquistas, como a parte do *estallido chileno* que não se rende às assembleias, às caraterísticas que Foucault descreve a *parresía*:

Quem recorria à *parresía* [estava exposto] a certo número de riscos e perigos: o ódio da gente do povo, o ódio dos *adýnatoi* (dos impotentes); a zombaria dos *sophoi* (dos sábios); e, enfim, a rivalidade e a inveja dos que se ocupam da cidade. [...] Por conseguinte que podemos resumir isso tudo dizendo que a *parresía* é algo que vai caracterizar muito menos um estatuto, uma posição estática, um caráter classificatório de certos indivíduos na cidade, do que uma dinâmica, um movimento que além do pertencimento puro e simples ao corpo dos cidadãos, coloca o indivíduo numa posição de superioridade, posição de superioridade na qual ele vai poder se ocupar da cidade na forma e pelo exercício do discurso verdadeiro. (Idem, p. 146)

Foucault aqui se refere a uma forma específica de exercício de *parresía* na democracia ateniense, destacada por Políbio, como o que ultrapassa o estatuto cidadão de *isegoria*, como liberdade para expressar.

Por isso vejo essas parte que se dispões ao confronto, em meio às manifestações de rua no Chile, como uma a expressão derradeira de um ato de revolta e não pode estar (ou não está) vinculada ao início de um processo revolucionário, tampouco de uma assembleia constituinte. Essa dimensão da revolta nas ruas faz-se pela decisão de uma pessoa ou de uma pequena associação de pessoas que, por exemplo, formam uma *primera linea* para permitir que a manifestação avance, mesmo diante de um corpo de policiais mais armados, mais organizados e politicamente autorizado a exercer a violência, no limite, letal. Essas ações realizam-se como a expressão brutal de uma verdade intolerável, que se enuncia para fora e para dentro das manifestações, a parte que não cabe nas assembleias e na constituinte. Trata-se daquilo que é insuportável à política, seja ela autoritária ou democrática e participativa.

Com essa atitude, essas ações colocam a nu e desafiam a expressão terminal e violenta do governo das condutas na era moderna: a ativação, por cima ou por baixo, dos controles policiais e da aplicação das penalizações. "Para que haja *parresía* é preciso que, dizendo a verdade, se abra, se instaure e se enfrente o risco de ferir o outro, de irritá-lo, de deixá-lo com raiva e de suscitar de sua parte algumas condutas que podem ir até a mais extrema violência. É portanto a verdade, no risco da violência" (FOUCAULT, 2011, p. 12). Uma sabotagem ou o enfrentamento perpetrado pela *primera linea* é essa verdade que se expõe sob o risco de ser atingido pelos *Carabineros*, algo que assembleia alguma é capaz de governar.

A concertação constituinte hoje no Chile é a reposta a esse ato de verdade escandalosa exposta pela ação da *primera linea* nos protestos de rua ou pelo efeito das plaquetas-bomba nos prédios que usam para manter Mónica e Franscisco presos. Mas há uma novidade, em termos de relações de poder: se nos anos 1960–1970, a contra-insurgência era um conjunto de técnicas e procedimentos de guerra que os militares do continente aprenderam com os oficiais franceses, hoje a contra-insurgência é política democrática que, combinado com o massacre perpetrados pelas forças de segurança, faz e refaz as relações entre governantes e governados. A anarquia é doença dessas relações e a saúde dos insubmissos que preferem o risco da morte à certeza de obedecer. A política é a morte em vida do pastorado laico, democrático e participativo, sejam com seus mitos ou seus totens de representação indenitária; a antipolítica é luta pela vida de cada um por cada um, a afirmação da vida, mesmo sob o risco da morte.

BIBLIOGRAFIA

AUGUSTO, Acácio. "Política e antipolítica na América do Sul: o movimento antiglobalização e os governos do Sul". In: ODDONE, Bruno; MEDINA, Posse. *Aportes al pensamiento anarquistas y la filosofia contemporanea.* Montevideo: 2020, p. 177–193.

______; WILKE, Helena. "Racionalidade neoliberal e segurança: embates entre democracia securitária e anarquia". In: RAGO, Margareth; PELEGRINI, Maurício. *Neoliberalismo, feminismos e contracondutas. Perspectivas foucaultianas.* São Paulo: Intermeios, 2019, p. 225–245.

BROWN, Wendy. "Nas ruínas do neoliberalismo: a ascensão da política antidemocrática no ocidente". Tradução: Mario A. Marino e Eduardo Altheman C. Santos. São Paulo: Editora Filosófica Politeia, 2019.

MOUFFE, Chantal. *Por um modelo agonístico de democracia.* In: *Revista de Sociologia e Política,* n. 25, , p. 165–175, 2006. Disponível online.

FOUCAULT, Michel. *A Coragem da Verdade. O governo de si e dos outros, II.* Tradução: Eduardo Brandão. São Paulo: Martins Fontes, 2011.

______. "O sujeito e o poder". In: DREYFUS, Hubert; RABINOW, Paul. *Michel Foucault. Uma trajetória filosófica.* Tradução: Vera Portocarrero. Rio de Janeiro: Record, 2001.

GALLEGO, Ester Solano; ORTELLADO, Pablo; MORRETTO, Márcio. "Guerras culturais e populismo antipetista nas manifestações por apoio à operação Lava jato e contra a reforma da previdência". In: *Em Debate: Periódico de opinião pública e conjuntura política,* Ano 9, n. 2, p. 35–45. Belo Horizonte: 2017.

LACLAU, Ernesto. *A razão populista.* Tradução: Carlos Eugênio Marcondes de Moura. São Paulo: Três Estrelas, 2013.

PASSETTI, Edson. et. al. *Ecopolítica.* São Paulo: Hedra, 2019.

______. *Anarquismos e sociedade de controle.* São Paulo: Editora Corteza, 2003.

______; AUGUSTO, Acácio. *Anarquismos e educação.* Belo Horizonte: Editora Autêntica, 2008.

SCHAVELZON, Salvador. "A razão das ruas e o impasse na América Latina". In: *El País Brasil*, 7 de setembro. Disponível online.

Levantes contrassistêmicos atuais

Entre a destituição e a constituição

CAMILA JOURDAN

INSURREIÇÕES QUE CRESCEM NA FALÊNCIA DA REPRESENTAÇÃO

Existe uma história das revoluções, levantes e insurreições populares que é a história de suas capturas, de suas cooptações, de suas transformações em novas constituintes. Trata-se de um legado da Revolução Francesa ou, por meio desta, um legado da modernidade. Sabe-se que a noção de poder constituinte funda-se na noção de representação: o processo padrão pelo qual seria transferido o poder do povo para uma instituição que passa a representá-lo, duplo movimento no qual alguém abre mão do exercício direto do poder na medida em que legitima o que é assim constituído enquanto transcendência. Neste momento, instauram-se as dualidades conhecidas, de um lado poder constituído, de outro lado, poder constituinte. Até então violência revolucionária dos ingovernáveis, a partir de então, violência legítima dos governos que esconde este ato fundador como um ato de violência. E aquilo que ganha o caráter de forma transcendente sempre deixa como resto o que não cabe na sua forma, o resto então aniquilável.

> Geração após geração, o Estado soube cooptar, em sua grande sabedoria, aqueles que se revelaram dispostos a se deixar comprar, e massacrar quem se fazia irredutível. Não é causalidade que tantos antigos cabeças de movimentos estudantis tenham acedido de modo tão natural a postos ministeriais. (COMITÊ INVISÍVEL, 2017, p. 90–91)

A história dos oprimidos nos ensina que existiram insurreições destituintes e revoluções constituintes, que acabaram por se tornar aquilo mesmo contra o qual se levantaram, a história das sucessivas traições sofridas pelos revolucionários. As revoluções que se tornaram novas constituintes nos ensinam também sobre as múltiplas formas de capturas pelo *transcendente*. Satisfazer-se o desejo de uma mudança radical por um símile dessa transformação que mantém tudo no mesmo lugar. Vender uma imagem palatável da luta revolucionária em camisetas e séries de TV, mas nem sem antes massacrar o que não poderia ser vendido. Anunciar um cartaz de guerrilheira para eleger uma política neoliberal. Muitos são os caminhos pelos quais as resistências são transformadas em mercadorias, após o que havia de inegociável ser perseguido e morto. Por outro lado, as revoltas são capazes de instaurar um *comum não representacional*, imanente, que escapa, e que é condição para produção criativa de formas de vida, isto é, de um viver no qual a política não é uma instância externa constituída e correspondente.

> Pode-se amar uma cidade — aí se lê — podem-se reconhecer suas casas e suas ruas nas mais remotas ou mais caras memórias; mas apenas na hora da revolta a cidade é sentida verdadeiramente como própria cidade: própria, pois, ao mesmo tempo do eu e dos outros; própria, pois, campo de uma batalha escolhida e que a coletividade escolheu; própria, pois, espaço circunscrito em que o tempo histórico é suspenso e que todo ato vale por si mesmo, em suas consequências absolutamente imediatas. Apropriamo-nos de uma cidade fugindo e avançando no alternar-se dos ataques, muito mais do que brincando como crianças por suas ruas, ou por elas passeando mais tarde com uma moça. Na hora da revolta, não se está mais só na cidade. (JESI, 2018, p. 72)

Ocorre que não estamos mais nos tempos das grandes revoluções unificadoras da representação e dos novos pactos sociais. Não estamos mais no mecanismo contratualista de reprodução da vida, senão que estamos na falha da representação elevada à enésima potência, pela qual esta toma vida própria enquanto representação vazia de si, no espetáculo autorrefente. As revoluções moleculares que tomam agora o mundo respondem, neste momento, às tecnologias distintas das modernas no que se refere ao controle, ao estado policial e à necropolítica. Da mesma maneira que, se o próprio estado se torna difuso e se capilariza nos mecanismos cibernéticos, os levantes contrassistêmicos se intensificam e se radicalizam como resistências não tão facilmente redutíveis aos mecanismos de captura. "A partir da revolução francesa a tradição política da modernidade concebeu mudanças radicais sobre a forma de um processo revolucionário que age enquanto *pouvoir constituante*, o "poder constituinte" de uma nova ordem institucional. Creio que temos de abandonar este paradigma e procurar pensar algo como uma *puissance destituante*, uma "potência destituinte", que não possa ser capturada na espiral de segurança" (AGAMBEM, 2013, S/ P).

Neste sentido, tais levantes são muito mais destituintes do que constituintes, isto é, operam uma rota de fuga, uma deserção das relações estabelecidas como normais e como únicas possíveis. Vimos bem o que aconteceu com *Syriza* e o *Podemos* na história recente, como a entrada na instituição é uma perda de potência, e pode significar uma transformação naquilo mesmo que se pretendia combater. Mais do que isso, ser gerente do capitalismo no século XXI não significa habitar um centro de poder. Vemos que a política da representação é cada vez mais uma política do espetáculo. Esperamos pelo próximo escândalo midiático tal como pelas próximas eleições. E esses escândalos não abalam a ordem vigente porque a constituem enquanto estado de exceção permanente e gestão por meio das crises. Por isso, ao lado do abalo na política da representação, o planeta e as populações seguem sendo cada vez massacrados pelas instituições financeiras. Por outro lado, vemos uma política radical que se faz para além da via institucional e apesar dela. Os levantes contrassistêmicos operam transformações nos jogos de força que ultrapassam em muito as eleições seguintes. O que se pode buscar não é tanto um novo contrato social quanto uma nova composição estratégica de mundos. De fato, estas lutas são elas mesmas herdeiras dos movimentos sociais das décadas de 60 e 70, nos quais podemos rastrear recusas à esquerda tradicional e partidária, que se enraízam em uma ruptura com o modelo de socialismo de Estado. A resposta, a reação conservadora, constituiu mesmo o que chamamos hoje sociedade de controle, enquanto refinamento das tecnologias de poder disciplinar, que capturaram e capitalizaram de maneira espetacular as lutas minoritárias e insurgentes. Mas depois disso ainda, as lutas minoritárias não significaram fundamentalmente um fortalecimento da direita, ao contrário, elas foram retomadas no levante Zapatista, em 1994, quando já nos diziam que outro mundo não seria mais possível, e foi possível ainda mudar o mundo sem tomar poder. Isso nos mostra que o significado delas não havia morrido e vai muito além das consequências imediatas.

Trata-se de uma história longa, e muito além de disputas eleitorais e constituintes, que animam as lutas diretas que foram modificando, minando, não sem respostas protofascistas, é claro, o cerne dessa sociedade. Lutas que sofreram e sofrem duras repressão, perseguição, morte, criminalização, fabricação de inimigos categorizados como terroristas, contra os quais os Estados travam verdadeiras guerras internas, e que foram inúmeras vezes acusadas de ajudarem a direita por não se reduzirem às disputas eleitorais e não visarem um objetivo institucional. Mas que se estendem no tempo, perpassam fronteiras; são retomadas, não começaram hoje, não acabarão amanhã.

As transformações reais, profundas, de uma sociedade se dão de baixo para cima, no âmbito dos valores e no âmbito das práticas, sem separar os meios dos fins almejados, mas são muitas vezes invisibilizadas porque não ocupam o lugar de poder, e não se envolvem diretamente nos parlamentos e nos cargos. São lutas locais, pontuais, mas que vão do singular para o geral e que também respondem às reações dos poderes constituídos: ocupas; revolta dos pinguins; 2013; vidas negras importam; pequenos e grandes motins antipolícia, não são lutas terminadas, tratam-se de batalhas em curso, e as trocas de gerentes dos poderes constituídos respondem a elas, mas não são seu foco central. "Neste sentido, um *acontecimento* pode ser contrariado, reprimido, recuperado, traído, mas ele não deixa de comportar algo que não pode ser ultrapassado. São os renegados que dizem: isso está ultrapassado. Mas o próprio *acontecimento*, por mais antigo que seja, não se deixa ultrapassar: ele é abertura de possível" (DELEUZE; GUATTARI, 2015, p. 119).

Os acontecimentos singulares podem destituir universais. Porque também faz tempo sabemos que a história não é um conjunto de fatos neutros a serem contados por um sujeito fora do tempo, a história é ela mesma composta por discursos, pelos jogos de força em movimento. No negar, da destituição, uma instância valorativa é abandonada, ao mesmo tempo em que algo é afirmado de maneira não externa. Destituir é tirar da transcendência o que havia sido colocado ali como eterno, não é possível constituir um comum imanente sem, ao mesmo tempo, destituir a transcendência, sem fazer retornar para o concreto o que havia sido investido de poderes abstratos. Trata-se de um 'negativo' que é também internamente afirmativo e, exatamente por isso, estabelece a possibilidade da criação de formas imanentes. Uma ação com fim em si mesmo, um comunismo que se vive na própria luta, e não que é objeto de um processo independente.

> Em geral, em nossa cultura o homem tem sido pensado sempre com a articulação e a conjunção dos princípios opostos: uma alma e um corpo, a linguagem e a vida, nesse caso um elemento político e um elemento vivente. Devemos, ao contrário, aprender a pensar o homem como aquele que resulta da desconexão desses dois elementos e investigar não o mistério metafísico da conjunção, mas o mistério prático e político da separação. (AGAMBEN. In: COSTA, 2006, S/ P)

As dicotomias da modernidade estão solapadas e, de um modo tal, que não há um caminho de volta do poder constituído para o poder constituinte, tomados como esferas independentes e correspondentes. Nesta fratura, as estratégias de dominação se tornam totalizantes, mas o lado de fora desta totalização é o irrepresentável. Se hoje as dicotomias modernas são solapadas, têm suas fronteiras fluidificadas, não é porque a vida voltou a ocupar um lugar central de *fim em si*, muito ao contrário, ela se tornou uma sombra da representação totalitária. A intensificação do controle do tempo nos inseriu em um totalitarismo das mediações imortais, das representações tomando vida própria. Escapar a isso só pode ser uma recusa ao paradigma da representação, um movimento de destituição que afirme a vida com sentido imanente.

Sabemos que essa relação jamais se estabeleceu senão pela falha, que transforma o suposto representado em resto, já que a unidade organizativa e cognitiva só poderia vir por meio da representação. Uma ontologia dualista que retira o valor inerente à própria vida, colocando peso nos polos abstratos das dualidades: a política; a teoria; a mente; o âmbito público; etc. Assim, valoriza-se a mediação, nunca a ação direta, a relação externa transcendente, nunca o internamente relacionado. Filhos dessa ontologia são todos os epistemicídios dos povos originários e das cosmovisões que não cabem nessas dualidades, e também todo o ódio ao feminino e às práticas de cuidado coletivo. O anarquismo é uma concepção de realidade que se opõe fundamentalmente a esta ontologia. Neste sentido, o que há de anarquismo no levantes contrassistêmicos que crescem hoje pelo mundo é o quanto são capazes de operar destituições de dualidades próprias à política da representação.

> Para o anarquista, não há qualquer diferença entre o que fazemos e o que pensamos; há sim uma contínua inversão de teoria em ação e de ação em teoria. É isso que torna o anarquista diferente de qualquer pessoa que tenha outro conceito de vida e que cristaliza este conceito numa prática política, em teoria política. (BONANNO, 2006, p. 04)

DESTITUIR UNIVERSAIS É CRIAR SENTIDOS

Quando falamos do paradigma de modernidade caindo por terra, é importante salientar que falamos também de uma abordagem semântica e epistêmica dualista, fundada em dualidades estruturais significados/ significantes. Isso nos diz muito sobre os movimentos atuais que derrubam monumentos. Se a linguagem fosse só composta por signos estruturados na dualidade bem-comportada de um sistema homogêneo dual língua-fala, queimar um significante não abalaria em nada um significado instituído. Mas se as governanças correm para reformar o significante, e os discursos se apressam em criminalizar *uma minoria de vândalos* como ilegítimos é para suprimir o caráter necessariamente coletivo dessa enunciação, é porque de modo não dito reconhecem que a linguagem é ação, e por isso precisam tentar manter o lugar do universal como imortal inabalável, porque sabem que a linguagem é antes de tudo *ação direta criação/ destruição*, e não mediação representante.

> Os amantes de significante conservam como modelo implícito uma situação demasiado simples: a palavra e a coisa. Extraem da palavra o significante, e da coisa o

significado adequado à palavra, portanto submetido ao significante. Instalam-se assim numa esfera interior homogênea à linguagem. Tomemos de empréstimo a Foucault uma análise exemplar que diz respeito à linguística, tanto mais que não parece: ou seja, uma coisa como a prisão. A prisão é uma forma, a *forma-prisão*, uma forma de conteúdo num estrato em relação com outras formas de conteúdo (escola, quartel, asilo, fábrica). Ora, esta coisa ou esta forma não remetem à palavra *prisão*, mas a palavras e conceitos diversos, tais como *delinquente, delinquência*, que exprimem uma nova maneira de classificar, enunciar, traduzir e mesmo praticar atos criminosos. *Delinquência* é a forma de expressão em pressuposição recíproca com a forma de conteúdo *prisão*. Não é absolutamente um significante, mesmo jurídico, cujo significado seria a prisão. Minimizaríamos, assim, toda análise. A forma de expressão, aliás, não se reduz a palavras, mas sim a um conjunto de enunciados que surgem no campo social considerado estrato (é isto um regime de signos). (DELEUZE; GUATTARI, 1995, p. 83)

Incendiar estátuas de escravocratas é jogar por terra simbolicamente um regime por meio de uma voz coletiva que afirma que a escravidão é intolerável juntamente a tudo que ela estabelece enquanto sistema de valores, não é uma ato que ecoa para o passado, mas que se dirige ao presente, contra a escravidão que é continuada em nossos dias, nos trabalhos precarizado dos entregadores de aplicativos; no trabalho doméstico invisível das mulheres; na *mais valia* nossa de cada dia; em cada terra indígena devastada; em cada corpo trans violado; nos processos de destruição acelerada que correm hoje como se não houvesse, e por conta dos quais talvez não haja, amanhã.

Queimar estátuas é uma voz coletiva, de toda aquela vida tratada como resto aniquilável, revindicando em ato a destituição do que a mantém neste lugar, revindicando-se como um outro espaço de comunidade, como uma *forma de vida* com sentido imanente. É dar voz àqueles e àquelas sistematicamente silenciadas, prática profana que atenta contra o até então colocado como sagrado, o pano de fundo para que tantas pessoas se tornem invisíveis. E, neste sentido, também prática ética-estética, pois, quando tantos morrem sem direito ao básico, poderes correm para socorrer estátuas mais rápido do que para comprar respiradores ou vacinas. E, neste contexto, vemos que a destituição simbólica atua em direção ao alargamento das fronteiras do mundo, em seus limites, por um pouco mais de possível, para a modificação de valores, tudo aquilo que só pode ser *mostrado* na linguagem e que, portanto, atua como imagem, como figura.

Se erguer estátuas tem sempre uma dimensão metafórica, porque ergue uma imagem que institui um universal, destruí-las não pode deixar de carregar um movimento poético de translação, pois consiste em retornar o significado para o âmbito do destrutível, queimável, deitado por terra, novamente como *mais um* na batalha. Trata-se de dizer que a guerra ainda não foi vencida, porque ainda estamos em campo, porque ainda tem jogo para ser jogado.

> Ao redor do mundo, vimos flamejar em um céu de fogo a bandeira Mapuche, erguida por manifestantes que tomaram o monumento a Colombo durante levantes que arrancaram do Chile a constituição da ditadura de Augusto Pinochet. [...] Estes gestos embaçam a fronteira entre o estético e o político ao fixarem, em sua fugidia imobilidade, o choque temporal entre monumentos duradouros que insistem em celebrar as figuras que se colocaram como vencedoras e triunfais na história e as ações revolucionárias dos vencidos, que se insurgem contra o apagamento e o silenciamento de suas narrativas. (MONTEIRO, 2021, p. 33)

Como analisa Juliana Monteiro, as vezes dizemos 'não' e este é um movimento afirmativo de criação, um ato de derrubada, de revolta, de destituição já nele mesmo criativo. A derrubada de monumentos expressa isso de maneira particularmente evidente e abre a dimensão semântica da revolta. Afirmar o que não aceitamos é sempre estabelecer já um âmbito inegociável, um valor tomado como necessário. E há sem dúvida uma dimensão ética nas revoltas contemporâneas, quando, diante de um risco incontornável, uma coletividade responde que a morte de alguns não será mais aceitável.

> O movimento com que um só homem, um grupo, uma minoria ou todo um povo diz: *Não obedeço mais*, e joga na cara de um poder que ele considera injusto o risco de sua vida — esse movimento me parece irredutível. Porque nenhum poder é capaz de torná-lo absolutamente impossível: Varsóvia terá sempre seu gueto sublevado e seus esgotos povoados de insurrectos. E porque o homem que se rebela é em definitivo sem explicação, é preciso um dilaceramento que interrompa o fio da história e suas longas cadeias de razões, para que um homem possa, *realmente*, preferir o risco da morte à certeza de ter de obedecer. (FOUCAULT, 1979, p. 1)

O LEVANTE DE OUTUBRO NO CHILE

Neste caminho, podemos analisar o processo atual no Chile, não como um caso isolado, mas no que ele nos ensina sobre o momento presente destituinte. De modo evidente, no período pandêmico, a vida no Estado mostrou, em toda a América Latina, os limites do pacto social, sua incapacidade de fornecer o mínimo. A situação sanitária da Covid19 radicalizou a função de morte do Estado. Por isso tantas pessoas preferiram enfrentar o vírus protestando contra seus governos e exigindo direito a uma vida digna, que podemos compreender em máximo grau como significando direito a constituir-se enquanto forma de vida.

Quando o levante de outubro de 2019 foi deflagrado no Chile ele não foi nem totalmente sem condições anteriores, nem condicionado pelo que o antecedeu, foi em certa medida espontâneo porque não foi previsto ou planejado por alguma força política particular, mas possuía raízes profundas na sociedade chilena e nas lutas populares dos anos anteriores. Iniciado desde a revolta dos pinguins em 2006, passando pelos protestos feministas de 2017; continuando nas retomadas de territórios Mapuches; na organização de assembleias populares; formação de conselhos; ocupações de praças, podemos dizer que o Chile vive um processo de insurreição contra a precarização da vida, que se intensificou em 2019 e permaneceu durante a pandemia.

Tratou-se de um *acontecimento* com grande apoio da sociedade, com ampla participação e aprovação, porque se insurgiu contra condições neoliberais que atingem muitas parcelas da sociedade chilena, particularmente a questão da previdência privada, que deixa a economia chilena totalmente nas mãos do sistema financeiro, e que apresenta-se como pauta transversal concreta, capaz de mobilizar profissionais liberais; trabalhadores de setores díspares e donas de casa. A impossibilidade de uma aposentadoria não miserável apresenta-se como simbólica porque é uma pauta que toma a vida como menos importante que a economia e o trabalho. De forma geral, a constituição vigente no Chile, desde o período ditatorial de Pinochet, é uma grande afirmação da propriedade privada em detrimento das necessidades da vida, de modo tão particularmente profunda que até mesmo a água é considerada como um bem privado em sua fonte. De acordo com Paula Magnolia, no momento do levante de 2019, haviam cinco grandes temas mobilizando a sociedade chilena: a pauta feminista; a questão da previdência social; a luta da educação; a questão ambiental e a resistência Mapuche. A constituição de Pinochet, ainda vigente, operava uma grande barreira limitativa para todas essas pautas e, de tal maneira, que:

> a constituição dos anos 80 concretiza a ditadura como permanecendo ainda hoje, era preciso, antes de qualquer coisa, tirar essa constituição do caminho, poderíamos não estar certos ou discordar sobre qual caminho seguir, mas mesmos os movimentos autônomos concordavam que era totalmente necessário destituir a constituição vigente.

O acordo pela paz, de 15 de novembro, firmado pelos partidos para acabar com o levante popular em favor do plebiscito constitucional não conseguiu tirar as pessoas das ruas no Chile. A revolta no Chile se estendeu no tempo e continuou mesmo com a pandemia da Covid-19. Outro fator muito próprio do fenômeno chileno: o período pandêmico serviu como fator organizador para autoproteção e a pandemia foi tratada de modo comunitário pelas assembleias territoriais, e não como fator principalmente atomizante da sociedade.

Agora, o que dizer da convenção constitucional, que se difere de uma assembleia constituinte justamente por ter sua forma limitada pelo congresso atual chileno no que se refere a poder modificar convenções ou tratados internacionais? Os movimentos anarquistas e autônomos tinham como certo que não seria uma constituição capaz de modificar profundamente a vida. Mas a convenção constitucional no Chile não é o cume ou o final deste processo insurrecionário, mas é ultrapassada por ele em significado. Quando a assembleia constituinte foi votada o estado atual do Chile já havia sido destituído pelas ruas. E aqui gostaríamos de avançar algumas reflexões, seguindo as análises compartilhadas por Paula Magnolia, sobre o Chile insurrecionário no que se refere à especificidade desta experiência para se pensar o momento presente:

1. Mais de 160 assembleias ou comitês territoriais foram criados no país todo, o que significa dizer que as pessoas queriam se organizar politicamente, mas, mais do que isso, elas não queria se organizar pelo modo da política representacional. A organização em assembleias ou comitês de base têm raízes na história do Chile. Podemos pensar aqui nos antecedentes que a organização social de base popular legou à sociedade chilena desde os tempos de Salvador Allende. E aqui nunca é demais dizer que quando uma sociedade se organiza de baixo para cima, e em rede ou federação, mesmo com massacres, torturas, assassinatos, perseguições políticas, essa memória social não é facilmente banida porque ela é transferida para outra geração, cria-se uma cultura da comuna que será sempre aflorada em momentos críticos. E essa organização profunda, que também nos pode legar a revolta, enquanto constituição de um *comum*, não pode ser soterrada facilmente. Cumpre notar ainda que também por meio de assembleias horizontais foi organizada a revolta estudantil "dos pinguins", em 2006.

2. Entretanto, não se trataram agora, como nos tempos de Allende, de cordões industriais de trabalhadores ou profissões, mais ou menos organizados por sindicatos ou espaços de trabalho. Tratam-se agora de 'assembleias territoriais', que quebraram inclusive com as divisões distritais oficiais dos espaços urbanos, ou seja, criaram uma nova apropriação

do espaço juntamente com uma outra temporalidade. Não é o trabalho, mas a maneira de viver, o como as pessoas se relacionam, as necessidades dos territórios o que está no cerne desta organização. Dizer que não se tratam fundamentalmente de organizações de trabalhadores significa também romper com certas chaves clássicas para pensarmos a organização da luta social. Desta feita, estamos diante de cordões de apoio mútuo, voltados primariamente à assistência local. Não são as demandas do trabalho (e não que elas estejam totalmente ausentes), mas demandas sobre o modo de viver, sobre a cultura, a maneira de organizar a vida em meio à pandemia, a pauta da infância pensada como componente político, a questão dos cuidados e da saúde coletiva, tudo aquilo que era jogado pra fora como lixo na política da representação é o que agora toma a linha de frente dos combates. Não por acaso a luta feminista, assembleias apenas de mulheres e o cuidado das crianças bem como a saúde comunitário estiveram e ainda estão tão presentes. Paula reforça este ponto quando afirma:

> Eu ia para o trabalho e ninguém queria falar sobre política, mas quando chegava na praça, as mesmas pessoas estavam totalmente engajadas, elas se sentiam unidas ali por demandas concretas comuns, por poderem ver que seus problemas eram partilhados coletivamente, este era um modo de não estar mais sozinho, e de voltar a *ser-um-com-outros*.

Obviamente, a chamada pela constituinte enquanto o término da insurreição possui um claro e conhecido sentido: transformar uma revolta que se afirma pela dignidade em um movimento antes de tudo contra a constituição de Pinochet. Exatamente por isso muitas assembleias territoriais não toparam participar do processo. Tratar-se-ia de tomar o aspecto abrangente que simboliza a demanda por uma forma de vida outra que não a do capital por algo que pode ser fornecido e capturado pelas estruturas vigentes. Transfere-se o que não poderia ser dado sem mudanças profundas para o que pode acalmar, ser comemorado até, em todo caso, regrado, limitado, como uma vitória pontual porém controlável. Ganhamos representações quase sempre para perdermos a vida concreta. E conhecemos bem a fórmula porque ela é antiga: tirar o foco de um movimento insurrecional que poderia provocar mudanças profundas para um processo eleitoral e, assim, trazer para dentro, tornar objeto de negociação, o que seria inegociável. Ao final, perdemos os dedos achando que nos restariam alguns anéis, pena que não temos mais o que fazer com eles.

Se as revoluções são sistematicamente traídas talvez seja isso obra da fatalidade; mas talvez seja o sinal de que há na nossa ideia de revolução alguns vícios escondidos que a condenam a tal destino. Um desses vícios reside no fato de ainda pensarmos muito frequentemente a revolução como uma dialética entre o constituinte e o constituído. Ainda acreditamos na fábula de que todo o poder constituído se enraíza num poder constituinte, de que o Estado emana da nação, como o monarca absoluto de Deus, de que existe permanentemente sob a constituição em vigor uma outra constituição, uma ordem ao mesmo tempo subjacente e transcendente, quase sempre muda, mas que pode surgir a qualquer instante tal como um relâmpago. Queremos acreditar que basta que *o povo* se junte, se possível frente ao parlamento, e grite *vocês não nos representam!* para que pela sua simples epifania o poder constituinte expulse magicamente os poderes constituídos. Esta ficção do poder constituinte serve apenas, na verdade, para mascarar a origem propriamente política, fortuita, o golpe de força pela qual todo o poder se institui. Aqueles que tomam o poder retroprojetam sobre a totalidade social que doravante controlam a origem da sua autoridade e, dessa forma, fazem-na legitimamente calar em seu próprio nome. Assim se realiza, a intervalos regulares, a façanha de disparar sobre o povo em nome do povo. O poder constituinte é o traje de toureiro de que se reveste a origem sempre sórdida do poder, é o véu que hipnotiza e faz com que todos acreditem que o poder constituído é muito mais do que realmente é. (COMITÊ INVISÍVEL, 2016, p. 58–59)

Porém, no Chile, durante o plebiscito, as assembleias de bairro cumpriram um papel fundamental para descentralizar todo o processo, referendando princípios antirrepresentativos que deveriam ser contemplados, tais como autodeterminação dos povos e democracia direta. As assembleias territoriais juntaram pessoas em uma perspectiva horizontal, auto-organizativa e *não-representativa*. Muitas optaram por não tomar parte no processo constituinte, mas a *lista del pueblo*, que elegeu uma maioria de delegados independentes para a constituinte, vem diretamente das assembleias territoriais e respondem às suas demandas, mantendo-se uma espécie de organização de baixo para cima. Quando ocorreu o encontro das assembleias, em fevereiro de 2020, a pauta da constituinte foi apenas mais uma entre outras.

No que se refere ao processo eleitoral pela formação da comissão constituinte, apesar da baixa participação para a formação da convenção, o que por si só já demonstra a perda de confiança nas vias eleitorais e institucionais, vimos não apenas que a direita sofreu uma imensa e clara derrota, mas também como a maioria foi conquistada justamente por um bloco político múltiplo de independentes oriundos do levante popular de 2019. Uma eleição antirrepresentativa para uma constituição-destituinte. Nenhum partido político conseguiu maioria na convenção constituinte e nenhum, portanto, ganhou direito de veto. Um recado claro da revolta para política institucional. A convenção, assim, é constitucional, mas rejeita ela mesma a noção de representação como central. Nenhum partido político conseguiu se firmar como dominante, pois todos foram desacreditados pela revolta popular. Afinal, na hora que as ruas estão em chamas, não se pode mais brincar de representação. E não é isso o que mais temem as forças políticas que pretendem instrumentalizar como objeto de troca as justas rebeliões? Não foi para evitar isso que sempre estiveram dispostas a fecharem acordos até mesmo com as forças mais reacionárias ou aprovar legislações de exceção? Ora, foi por meio da revolta das ruas que tanto a direita quanto a esquerda institucional se mostraram igualmente distantes das demandas sociais. Isso é uma verdade sobre o Chile, mas que o ultrapassa. Mesmo a chamado "nova esquerda", que surgiu pretendendo representar a revolta estudantil de 2011, e chegou a eleger parlamentares com este discurso, se mostrou claramente apartada, condenando as ações de rua radicais da insurreição popular. A representação foi assim destituída belamente pela revolta.

Comentando a situação atual no Chile, alguns intelectuais chegam a dizer que só existem dois partidos: o partido da ordem imperial, com suas facções conservadoras e progressistas; e o partido revolucionário outubrista, que não é de fato nenhum partido, pois não ocupa a função de representação ou pretende conferir unidade ao múltiplo. Por tudo isso, podemos considerar que não é a convenção constituinte no Chile que suga a força da insurreição para esvaziá-la no que ela tem de irredutível participação direta, mas que o jogo de forças está mais vivo do que nunca, porque em muitos sentidos é a força da insurreição capaz de sugar a convenção constituinte para esvaziá-la em sua função representativa. Se a representação não é capaz de fornecer a dignidade buscada, estar ali só faz sentido para subverter e destituir a própria representação. O diagnóstico pode ser apressado, mas gostaríamos de deixar em aberto a possibilidade de uma *convenção destituinte*, muito singular, e que só se afirma neste próprio jogo de forças descrito no qual o princípio representativo é abandonado pelas forças antirrepresentacionais. Como encontramos em Crimethinc:

> Essa luta determinará se a revolta chilena será para viver a vida com dignidade ou perpetuar os arranjos institucionais que nos alienam de nossas experiências, nossas histórias e uns dos outros. Apesar das formas como a suspensão dos protestos tornou a comunidade da revolta invisível, vemos sua presença em todos os lugares ... Os movimentos nas ruas têm um papel maior do que apenas *proteger marchas de rua* ou pressionar qualquer funcionário público que passe pelas portas giratórias da governança do estado. Servem para criar as condições para que outras ideias se consolidem, para que outras possibilidades se enraízem (CRIMITHINC).

O que podemos ver, a partir do Chile, é como a revolta não possibilita, ou é possibilitada por, mecanismos organizativos externos, mas cria e aprofunda ela mesma uma série de formas de organização de baixo para cima: tais como redes, coletivos, conselhos, cozinhas coletivas, que ultrapassam e não dependem de nenhum processo constituinte, sendo por seu lado mais fortes que este. Neste sentido, as lutas internas aos movimentos sociais para garantir a autonomia e o princípio da ação direta são extremamente importantes. As assembleias e territórios retomados, as organizações e conselhos de bases seguem ativos para além do processo institucional, inclusive limitando este com a participação direta, e, desta forma, o processo constituinte não serve para substituí-los ou representá-los. Esta participação direta é a força da insurreição permanente no Chile que nos ensina muito sobre o momento presente.

Mesmo com todas as tentativas de capturas e de apropriação por meio da diante da revolta com a convenção constitucional, é sempre apesar do processo constituinte e não por causa dele que podemos ver o Chile se auto-organizando, e assim podemos também afirmar em que medida os próprios mecanismos institucionais não são sagrados. Importa saber que a criminalização do movimento social autônomo, e uma política de segurança que persegue, tortura e assassina os inimigos do estado, é o principal meio de deter aqueles e aquelas que se apresentam como ingovernáveis. Neste sentido, o que escapa à representação e não cabe na via institucional segue eliminável. Por isso exigir a liberdade dos presos da revolta não é um detalhe, mas a manutenção viva da sua própria condição, para que a possibilidade da destituição siga aberta. Por isso os coletivos autônomos e anarquistas têm salientado que nenhum processo democrático poderá ocorrer sem que sejam reparadas as violações de direitos pela repressão. No aparato policial e judicial mora o coração da ditadura, muito mais do que na constituição.

Podemos esperar que a convenção se torne uma continuação da revolta, e não o seu final, assumindo assim uma dimensão fundamentalmente destituinte e criadora de sentidos. Isso certamente só será possível se não perdermos o foco na política para além da representação, ensinamento que é também Mapuche. Afinal, os Mapuches desenvolvem uma antipolítica da ação direta durante décadas, como forma de autodefesa contra a violência estatal, e são uma lição em ato sobre o que não esperar da política institucional. Sem dúvida a história chilena nos deixa um grande legado acerca dos limites da via reformista, por meio do que ocorreu com Salvador Allende. Aqueles que não caem na provocação de se tornar governo sabem que adotar uma política fundamentalmente institucional é apenas o outro lado da moeda do processo histórico que permite às instituições que tomarem vida própria.

Entre a constituição e destituição não há síntese dialética possível no momento presente, mas uma tensão constante. O 'não' afirmativo da revolta é criador não por algo que virá após ele, apaziguando contradições em uma transcendência unitária então constituída, mas no seu próprio destituir da estrutura dual representativa. Um se voltar para a vida, pois é no seio de uma insurreição continuada que podemos ver os elementos presentes para uma *política que vem*.

BIBLIOGRAFIA

AGAMBEN, Giorgio. *Por uma teoria do poder destituinte.* Palestra pública proferida em Atenas, 2013. Disponível online.

BONANNO, Alfredo. *A tensão anarquista.* Tradução e edição: Raividições, 2006.

COMITÊ INVISÍVEL. *Motim e destituição agora.* Tradução: Vinicius Honesko. São Paulo: n-1 Edições, 2017.

______. *Aos nossos amigos: Crise e insurreição.* Tradução: Edições Antipáticas. São Paulo: n-1 Edições, 2016.

COSTA, Flávia. Entrevista com Giorgio Agamben, 2006. Disponível online.

CRIMITHINC. *Chile: A batata quente muda de mãos — mas o que a vitória eleitoral da esquerda significa para os movimentos autônomos?* Disponível online.

DELEUZE, Gilles; GUATTARI, Félix. *Mil platôs: capitalismo e esquizofrenia*, v. 1. Tradução: Aurélio Guerra Neto e Célia Pinto Costa. Rio de Janeiro: Editora 34, 1995.

______; GUATTARI, Félix. "Maio de 68 não ocorreu". In: *Revista Trágica: estudos de filosofia da imanência*, 1º quadrimestre de 2015, v. 8, n. 1, p. 119–121.

FOUCAULT, Michel. "É inútil revoltar-se?". In: *Le Monde*, n. 10.661, 1979, p. 1–2. Disponível online.

JESI, Furio. *Spartakus: Simbologia da revolta.* Tradução: Vinícius Nicastro Honesko. São Paulo: n-1 Edições, 2018.

MONTEIRO, Juliana. "Quando se diz *não*". In: *Revista Cult*, 2020: *Uma revisão.* Edições 261. São Paulo: Bregantini, 2021, p. 32–35.

Contra as pacificações, contra a metrópole[1]

THAIANE MENDONÇA

PARTE I

No Brasil, o termo "pacificação" voltou a fazer parte da discussão política em razão da criação, em 2008 e em 2010, respectivamente, das Unidades de Polícia Pacificadora (UPPs) e das Forças de Pacificação do Exército Brasileiro, ambos projetos de segurança pública focados no Rio de Janeiro. O termo, contudo, não é novidade do século XXI e menos ainda do território chamado Brasil. "Pacificação" fez referência principalmente ao processo de conquista, catequização e dizimação dos povos originários do continente sul-americano desde a época dos "descobrimentos". Além disso, costuma fazer referência também ao combate contra grupos que são considerados ameaçadores da "boa ordem" e da "integridade" nacionais, termos que são propositalmente vagos e que podem ser mobilizados politicamente de acordo com o contexto.

Apontar a longevidade do conceito no território não significa dizer que este permanece imutável ou que é operado da mesma forma nas diversas subdivisões do continente. Significa, contudo, apontar que há procedências específicas e elementos que se repetem e se atualizam de acordo com o contexto sócio-político e histórico que são relevantes para a compreensão das violências e das lutas do presente. A partir das indicações metodológicas da genealogia do poder, propostas por Michel Foucault, discute-se o que significam essas práticas de pacificação, como estão relacionadas a um modo específico de habitar na contemporaneidade e como estes aspectos conversam com a crítica anarquista ao habitar a cidade. Uma análise genealógica da pacificação corresponde a uma busca pelas procedências, (des) continuidades e emergências das formas

1. Agradeço aos queridos Acácio Augusto, Mariana Janot e Stefano Dazzi pelas conversas e comentários durante a escrita. Agradeço também à Fundação de Amparo à Pesquisa do Estado de São Paulo (FAPESP) pelo financiamento do projeto de doutorado 2018/09477-8 que permite minha dedicação integral à pesquisa. Sem eles, este texto não existiria.

de violência, implícita ou explícita, que operam de modo a manter um modelo de organização social que beneficia a instituição estatal e as dinâmicas do neoliberalismo.

O argumento aqui proposto é o de que compreender as pacificações como modo de governo na contemporaneidade auxilia na compreensão de novas lutas e novos modos de existir e se constituir como sujeito nos dias de hoje. Entender a metrópole como espaço por excelência das pacificações é uma forma de compreender de que modo as tecnologias de segurança e de controle estão a todo momento sendo utilizadas de como a pacificar aqueles sujeitos e comportamentos desviantes. Aponta-se com isso a dificuldade de se pensar um modo de vida outro que não leve em consideração repensar a metrópole e suas diversas configurações contemporâneas, como já fora apontado por uma vasta tradição anarquista, notadamente nas ideias sobre ecologia social como trabalhadas por Murray Bookchin. Aponta-se, contudo, que não é a intenção aqui discutir uma "redenção da cidade", como às vezes é evocado por Bookchin (1992), mas propriamente uma discussão sobre como repensar a cidade é necessário, já que hoje em dia são os espaços por excelência da guerra, das pacificações e do controle.

Considerando o exposto, pretende-se fazer alguns apontamentos sobre a possibilidade de se pensar a luta contra o Estado e as hierarquias que o sustentam a partir da ideia de luta contra as pacificações e, por consequência, contra a metrópole. Para tanto, o texto está dividido em duas partes, além desta introdução. Em um primeiro momento, discute-se o que se entende aqui por pacificação e como estas práticas podem ser compreendidas como um modo de governo específico da contemporaneidade. Em um segundo momento, aponta-se o modo como as pacificações se apresentam na metrópole e como a crítica anarquista já discutia a necessidade de se repensar a metrópole/ cidade a partir de suas hierarquias.

PARTE II

"Pacificação" é um termo de longa história tanto no continente sul-americano como no resto do mundo, com diversas emergências específicas interessantes de serem observadas. Jean-François Klein (2016) afirma que "pacificação" vem do latim *pacificatio* e significa uma reconciliação, um retorno à paz. *Pacificatio*, por sua vez, advém de *pacificatum*, que significa "pacificador" e era comumente atribuído aos magistrados romanos comandantes de legiões. À época, pacificar os bárbaros era considerado um trabalho nobre, uma nobre missão de imposição de normas sociais, religiosas, econômicas, políticas, militares e culturais aos povos que poderiam ou ser uma ameaça para a integridade da república ou poderiam ser aculturados e úteis para a manutenção da grandeza da república.

É notável que "paz" não significava necessariamente a ausência ou término de um conflito, mas sim a imposição de toda uma construção ética-social-política que era tida como superior à da comunidade que deveria ser pacificada. Era, portanto, uma missão civilizatória. Não está no escopo deste texto fazer uma discussão aprofundada de todos os aspectos e emergências relacionados à pacificação. Contudo, é necessário destacar as permanências de suas práticas que podem auxiliar na compreensão das dinâmicas de segurança e resistências na contemporaneidade.

De modo geral, portanto, a finalidade última da pacificação é a de, em nome do direito, garantir a submissão e conquistar o apoio da população local (podendo ser um povo estrangeiro ou mesmo grupos divergentes dentro sob o signo da mesma nacionalidade) a um poder específico através da força armada e de políticas de cunho social e/ ou político. Assim, os "pacificadores" tinham como missão "levar a paz da civilização" aos povos considerados inferiores/ selvagens/ bárbaros. Essa paz civilizada, contudo, não significa necessariamente garantir a ausência do conflito em determinado território, mas sim a imposição de normas culturais, sociais, religiosas, econômicas, militares e políticas dos pacificadores para os povos considerados inferiores e menos civilizados e, portanto, ameaçadores da ordem e passíveis de serem pacificados.

Um dos usos mais conhecido de "pacificação" é para se referir aos contextos coloniais, tanto das experiências de colonização nas Américas nos séculos XV e XVI, como nas experiências da chamada "colonização tardia" na África e na Ásia, durante o século XIX. Nestes contextos, o ordenamento e o modo de vida do colonizador eram impostos sobre estes territórios sob a justificativa moral de estarem cumprindo uma "missão" de levar a civilização para estes povos que eram considerados menos desenvolvidos, já que diferentes dos ideais de civilização branca ocidental. Este era, afinal, o "fardo do homem branco", como descrito no poema de 1899 de Rudyard Kipling, "*White Men's Burden*" (literalmente "o fardo do homem branco", em tradução livre).

Nas palavras do autor, que era defensor das práticas coloniais, as guerras de conquistas coloniais eram "selvagens guerras de paz" contra povos que eram "semi-demônio, semi-criança". A descrição destes povos como "semi-demônio, semi-criança" precisa muito bem características importantes das práticas de pacificação: "semi-demônio", logo precisam ser controlados através do uso da força; e "semi-criança", logo não são pessoas completas, estão em processo de construção e, portanto, precisam de tutores superiores (adultos/ civilizados) para assisti-las no caminho considerado moralmente bom e desejável. O fardo do homem branco seria justamente a ideia de que eram responsáveis por levar os padrões de ordem e progresso da civilização branca européia/ ocidental, que eram supostamente superiores aos costumes e tradições dos outros povos "bárbaros", a todos os lugares do planeta.

As ações de violência junto com as de assistência e cuidado relacionadas à imagem simultânea de incapazes e ameaçadores podem ainda ser resumidas pelas ideias de tutela e de controle, como apontado por Oliveira (2014) ao tratar do contexto de colonização brasileiro. A tutela como forma de dominação compreende justamente essa mescla de práticas de coerção e de assistência que, no limite, procuravam eliminar hábitos, práticas e costumes tradicionais dos povos visados, imprimindo-lhes um novo *ethos* e um novo ordenamento ético, político e social baseados nos valores da "superior" civilização ocidental do colonizador. O controle se apresenta no sentido de condução das condutas para direções úteis para as dinâmicas do capitalismo, à época das colônias ainda em consolidação, intrínseco à ideia e às instituições políticas da civilização ocidental.

Além disso, um aspecto central da pacificação era o argumento de que tal procedimento era necessário para garantir o *desenvolvimento* e a *segurança* das populações-alvo. A partir disto é possível compreender como pacificar e tutelar eram vistos como uma missão moral ou um fardo do homem branco de levar o progresso da civilização branca ocidental para garantir a segurança, o "melhor viver", daquelas populações. Nota-se, aqui, a importância da "boa ordem", do "bom desenvolvimento" e da "boa segurança" que, no limite, dizem respeito à ordem, ao desenvolvimento e à segurança que garantam a perpetuação das dinâmicas capitalistas ocidentais. Precisamente, segundo McMichael (2017, p. 119), a garantia da segurança e da "boa ordem" geralmente são "eufemismos para a proteção da propriedade privada, circulação de *commodity* e acumulação".

Assim, ao longo da história, foram formuladas táticas, tecnologias, discursos, estruturas e instituições com vistas a pacificar as populações dentro de determinados territórios. Interessa, portanto, compreender o modo como este dispositivo é constantemente atualizado no modo de governo contemporâneo. Uma dessas atualizações foi a produção de uma doutrina militar específica, a contrainsurgência, para a contenção de desordens do âmbito interno ao domínio do Estado, durante o período das guerras de independência na África e na Ásia em meados do século XX (SHY e COLLIER, 2003). Tais operações, em geral, empreendidas pelas forças armadas dos Estados europeus, tinham como ponto central o foco em operações ditas de *polícia*, por entender que se tratavam de conter desordens e levantes intra-estatais, de ordem interna. Aqui é interessante notar o uso da polícia como tática e/ ou instituição intimamente relacionada com as práticas de pacificação.

As operações empreendidas pelos militares eram consideradas "de polícia" principalmente por ocorrerem em um ambiente diferente daquele da chamada guerra clássica: as cidades. O diagnóstico que faziam os militares-autores da contrainsurgência como Roger Trinquier (1961) e David Galula (1964)[2] era de que a guerra havia mudado, seu teatro de operações agora eram os espaços urbanos e seu combate se dava contra inimigos misturados à população local.[3] Essa mudança fazia com que as táticas e operações militares clássicas, como aquelas empreendidas durante as grandes guerras, não fossem mais eficientes. Assim, as operações policiais passaram a fazer parte do leque de táticas militares possíveis para o combate do "inimigo interno", camuflado em meio à população urbana.

As táticas de contrainsurgência foram amplamente utilizadas durante as guerras de independência em África e na Ásia durante o século. As operações ocorriam em territórios que possuíam grupos locais que contestavam o poder e o domínio das metrópoles europeias e reivindicavam a independência política de seus territórios. As metrópoles, por sua vez, compreendiam que estes faziam parte de seu território e que, por isso, deveriam ser pacificados a fim de permanecerem sob o domínio e a imposição do ordenamento de seus governos no continente europeu. Casos emblemáticos do que ficou conhecido também como "guerrilha urbana" foram a guerra de independência da Argélia (1954–1962) e a guerra de independência do Vietnã (1955–1975).[4]

A "receita" da contrainsurgência parte do diagnóstico sobre a guerra mo-

2. Trinquier e Galula foram aqui destacados por serem considerados referências na produção de trabalhos sobre doutrina de contrainsurgência. Da produção dos autores destacam-se o "Guerra Moderna" de Roger Trinquier e os "*Pacification in Algeria*" (1961) e o "*Counterinsurgency Warfare: theory and practice*" (1964).

3. É importante ressaltar que as "pequenas guerras", as guerrilhas, como às vezes são chamados esses conflitos irregulares não são um fenômeno novo na história. Contudo, é apenas durante o século XX que uma doutrina específica para o seu combate é produzida.

4. Além da guerra contra os Estados Unidos apontada neste texto, é notável também a Guerra da Indochina (1946–1954) contra a França, que teve grande importância para a produção da doutrina de contrainsurgência francesa. Tal doutrina, produzida em meados do século XX, foi exportada para diversos países, inclusive para o Brasil.

derna.[5] Para autores como Galula e Trinquier, a guerra moderna é permeada por táticas de guerrilha, diferente das táticas usadas pelos exércitos nacionais nas guerras clássicas. Por isso, seu combate exige um sistema interligado de ações nos campos *político, econômico, psicológico* e *militar*. As forças armadas, portanto, não seriam mais atores decisivos por si só, já que sua importância é limitada por fatores que não são evidentes ou facilmente controlados e que ultrapassam o escopo de seu treinamento clássico. Por isso é necessária a formulação de uma nova doutrina que considerasse esses fatores de modo a adaptar a atuação das forças armadas para lidar com os "novos" problemas advindos das "novas" táticas.

De modo geral, seguindo o que é exposto nos trabalhos de Galula e Trinquier, as táticas de contrainsurgência podem se resumidas da seguinte forma:

1. Operações de inteligência, para identificar os integrantes dos grupos inimigos ou criminosos, suas relações e estratégias;

2. Operações de polícia incluindo incursões, vasculhamentos e revistas, interrogatórios, controle do direito de ir e vir da população e estabelecimento de toques de recolher;

3. Estabelecimento de Pontos Fortes, locais estratégicos controlados militarmente dentro do território inimigo para observação e planejamento geral das operações;

4. Atenção e atendimento na medida do possível das demandas da população por infraestrutura, saúde e educação, por exemplo, a fim de garantir seu apoio para os agentes da contrainsurgência;

5. Uso mínimo da força sempre que possível.

O período das guerras de independência e a produção de doutrinas de guerra específicas para o combate nas cidades são de grande relevância para a compreensão da pacificação contemporânea. Durante aquele período, as táticas de pacificação empregadas para conquistar e garantir "corações e mentes"[6] da

5. Como são chamados esses conflitos em meio urbano que se utilizam de táticas de guerrilha no trabalho de Roger Trinquier.

6. Esta é uma expressão comum quando se fala em práticas de pacificação e guerras de conquista. Ela é geralmente creditada ao general francês Hubert Lyautey (1854–1934), que atuou no conflito entre os franceses e os vietnamitas na Indochina entre 1894 e 1897. Em 1965, Lyndon Johson, então presidente dos Estados Unidos, disse em um discurso que a vitória do país sobre o Vietnã dependeria dos "corações e mentes" dos vietnamitas (Olson, 1999, pp. 225).

população local foram transformadas em normas, tornaram-se uma série de táticas, quase como uma receita a ser seguida, e informaram o treinamento de diversas forças armadas para o combate em meio urbano (DUARTE-PLON, 2016). A partir disso, é possível compreender como a cidade passa a ser o *locus* da guerra por excelência, já que os conflitos clássicos perdem paulatinamente a importância ao longo da Guerra Fria, período durante o qual os conflitos internos aos Estados ficam cada vez mais evidenciado em razão mesmo da dinâmica entre as grandes potências em conflito.

Cabe mencionar, ainda que brevemente, que as operações de pacificação e contrainsurgência costumam ser colocadas em contraposição a outro uso contemporâneo do termo "pacificação": as operações de construção/ manutenção/ imposição da paz da Organização das Nações Unidas (ONU). Friis (2010) aponta que há uma zona nebulosa entre as operações de contrainsurgência clássicas e as operações de paz da ONU e que a principal diferença entre ambas se dá pelo discurso preocupado com a garantia e proteção dos Direitos Humanos. Para a ONU, as operações de paz, geralmente focadas no meio urbano de países da periferia do capitalismo (comumente chamados "Estados falidos"), são justificadas pela necessidade de se garantir a vigência dos Direitos Humanos nos Estados-alvo, que costumam ser considerados ou negligentes e perpetradores eles mesmos das violências contra a população ou incapazes de solucionar conflitos armados entre grupos políticos ou criminosos dentro do próprio território.

Especificamente sobre as operações de paz, é interessante observar que a crítica contemporânea compreende que a "imposição da paz" por parte das Nações Unidas diz respeito a um tipo muito específico de paz: a paz liberal (NEOCLEUS, 2011; MCMICHAEL, 2017; SIMAN e SANTOS, 2018; MENDONÇA, 2020). Muito semelhante aos primeiros usos do termo pacificação, as operações de paz da ONU operam também a partir de um viés marcadamente civilizatório, ou seja, a partir da compreensão que há um modelo "mais desenvolvido" ou "melhor" de sociedade, o modelo liberal, que deveria ser imposto aos "Estados falidos", incapazes de conformar com a boa ordem do sistema internacional e que, no limite, podem representar uma ameaça às dinâmicas desse sistema.

A partir do exposto, é possível considerar dois aspectos centrais das práticas de pacificação contemporâneas:

1. As práticas de pacificação tornaram-se ao longo do século XX também uma doutrina militar específica que informa tanto o treinamento quanto a produção de tecnologias políticas e computo-informacionais que con-

sideram, além do aspecto militar, o aspecto policial, psicológico, social e econômico daqueles que podem ser considerados uma ameaça à boa ordem, sejam eles indivíduos, grupos ou mesmo Estados nacionais;

2. O movimento de passagem da guerra para as cidades faz com que estas se tornem o ambiente por excelência dessas novas táticas e tecnologias, de modo que uma compreensão das cidades a partir da ótica da pacificação se faz necessária para também compreender as dinâmicas das resistências contemporâneas.

Para uma interpretação plausível sobre as cidades e o modo como a sua gestão está relacionada às práticas de pacificação, é possível se apropriar das discussões de Michel Foucault em seu *Segurança, território e população* que dizem respeito ao poder de polícia e a ideia de urbanização. A partir das indicações do autor, compreende-se que a construção das cidades e das metrópoles ativaram, durante os séculos XVII e XVIII um poder de polícia responsável pela construção e manutenção de uma "boa ordem". É nesse sentido que se pretende argumentar como o espaço urbano é hoje o espaço por excelência da pacificação que atualiza constantemente práticas coloniais, de polícia e de controle no modo de governo contemporâneo.

PARTE III

Em *Segurança, território e população,* Foucault discute a racionalidade específica que orienta o governo das populações, a partir do que considera ser uma das possibilidades de compreensão da gênese do Estado moderno/ contemporâneo. Ao fim do curso, o autor aponta que a polícia dos séculos XVII e XVIII se estabelece como instituição responsável pela manutenção da boa ordem dos territórios e se ocupava de domínios específicos:

> A religião, os costumes, a saúde e os meios de subsistência, a tranquilidade pública, o cuidado com os edifícios, as praças e os caminhos, as ciências e as artes liberais, o comércio, as manufaturas e as artes mecânicas, os empregados domésticos e os operários, o teatro e os jogos, enfim, o cuidado e a disciplina dos pobres. (FOUCAULT, 2008, p. 450)

Em suma, todos os aspectos da vida humana em comunidade. Mais do que isso, Foucault observa que estes objetos da polícia neste momento da história europeia são "essencialmente objetos que poderiam ser chamados de urbanos. Urbanos no sentido de que alguns desses objetos, só existem na cidade e porque existe uma cidade" (*Idem*, p. 451). Foucault identifica então que a polícia foi pensada essencialmente para lidar com os problemas advindos da "urbanização do território", principalmente ao considerar sua existência como forma de garantir a circulação e os fluxos, em especial os mercantis, nos espaços urbanos que se consolidavam no período na Europa. Desse modo, Foucault entende que "no sentido estrito dos termos, policiar e urbanizar é a mesma coisa" (FOUCAULT, 2008, p. 455).

Para o autor, essa governamentalidade do Estado de polícia é paulatinamente substituída por uma nova racionalidade centrada na economia política, que gere e não mais regulamenta, e que "altera inteiramente" a noção de polícia, de forma que apenas seu sentido "puramente negativo" e repressivo seja evidenciado na contemporaneidade (*Idem*, p. 476). Ainda assim, é possível estabelecer pontes entre essa racionalidade do Estado de polícia e as práticas de pacificação dos Estados contemporâneos, especialmente a partir dos espaços urbanos e das chamadas "novas guerras" e "novas ameaças", como apontado na seção anterior. A identificação de ameaças para dentro das fronteiras nacionais em meio à "população comum" justifica uma série de medidas de segurança amparadas na lógica da contrainsurgência que, no limite, implicam uma constante e crescente militarização dos espaços urbanos contemporâneos.

Sobre este fenômeno, Stephen Graham (2017, p. 68) aponta que muito do planejamento contemporâneo das cidades envolve níveis de violência semelhantes à guerra, mesmo em tempos de paz. Para o autor, esta violência é visível especialmente em casos de "renovação", "revitalização" ou "gentrificação" dos espaços urbanos. Tais processos costumam envolver agências para o planejamento do *desenvolvimento* da cidade que atuam juntamente com agentes de segurança e agentes do mercado imobiliário para garantir a "higienização" de determinados espaços da cidade de modo a torná-los espaços limpos, modernos e úteis para o processo de acumulação neoliberal.

No "novo urbanismo militar", modo como Graham (2017) se refere aos processos de urbanização contemporâneos, todo ser humano pode ser considerado um inimigo em potencial, um criminoso, um terrorista, um baderneiro ameaçador da ordem que precisa ser preservada a todo custo. As táticas empregadas para a manutenção dessa ordem costumam ser aquelas de pacificação e de contrainsurgência, bem como políticas de controle mesmo do corpo biológico das populações (AGAMBEM, 2007; 2014). A zona nebulosa existente entre os binômios civil/ militar e privado/ público, que antes se pretendiam âmbitos separados e determinados, fica cada vez mais densa e indistinguível.

Como exemplos das dinâmicas desse novo urbanismo militar, destaca-se o caso da região conhecida como Cracolândia na cidade de São Paulo, SP. A Cracolândia, chamada assim no senso comum e também pelo discurso veiculado por políticos e pela mídia, é um território na cidade conhecido pelo "fluxo", o intenso tráfico e consumo de drogas a céu aberto, e pela alta concentração de pessoas em situação de rua na região. Ali operam uma série de medidas de controles relacionadas a esse novo urbanismo militar: a construção dos corpos que circulam na região como categorias sociais indesejáveis, criminosos em potencial e uma ameaça à boa ordem da cidade devido à reprovação da degradação moral e improdutividade desses sujeitos usuários de drogas; constantes ações policiais violentas para pacificar a região e presença ostensiva de forças de segurança; remoções de seus habitantes de longa data para dar lugar a empreendimentos de empresas como a Porto Seguro,[7] parte do projeto de gentrificação da área central da cidade de São Paulo; projetos do governo de vigilância comunitária, como o "Vizinhança Solidária", que se utiliza das câmeras de segurança de empresas privadas e estimulam a denúncia e o controle entre habitantes do mesmo bairro; e projetos de acolhimento e cuidado dos usuários de modo a torná-los indivíduos dóceis e produtivos para serem reinseridos nas dinâmicas neoliberais da cidade.[8] Enfim, a observação da miríade de táticas utilizadas para a manutenção da ordem na região à luz do que foi discutido até o momento sobre práticas de pacificação permite observar que "a genealogia de qualquer dos dispositivos de controle que se proliferam e se instalam em cada canto sob a metrópole traz à luz a crueza da estratégia policial, colonial, contrainsurgente que ela contém desde o seu nascimento" (CONSELHO NOTURNO,[9]

Sobre os espaços urbanos e as pacificações, chama a atenção ainda o fato de que:

> a metrópole e os estilos de vida que excreta e fagocita podem ser vistos como um lento deslizar da espécie em direção a uma autorregulação sincronizada de seus corpos, em direção a uma atenuação das suas formas de vida até torná-las completamente compatíveis com a eficácia e a produtividade capitalistas, como uma demonstração de que a dominação pode operar sem necessidade de dominadores (*Idem*, p. 33).

Apreende-se disso que falar em "cidade" ou "metrópole" não é apenas fazer

7. "Doria planeja reformar e modernizar região da cracolândia: continuarão nela seus moradores?". In: *El País Brasil*, 15 de julho de 2017. Disponível online.
8. "Nova política de drogas exclui redução de danos". In: Folha de S. Paulo, 12 de abril de 2019. Disponível online.
9. Como explicam na edição publicada em português, o Conselho Noturno "não é um autor, coletivo ou organização", seus membros situam-se no México e possuem intervenções que consideram como "ocasionais" (CONSELHO NOTURNO, 2019, p. 79).

referência a um espaço geográfico localizado, mas sim a todo esse modo de viver vigiado, que produz subjetividades voltadas para serem úteis aos fluxos de produção e consumo neoliberais. Nesse contexto, o que se poderia chamar de campo não representa uma oposição ao que seria a metrópole: "tanto um quanto o outro se tornam, antes de tudo, funções epifenomênicas da metrópole, submetidas aos seus processos constantes de reformatação" (*Idem*, p. 57). Parafraseando Giorgio Agamben ao tratar da necessidade de se reconhecer os estados de exceção das variadas formas como se apresentam atualmente, o Conselho Noturno aponta ainda que a metrópole como "localização deslocante" é o que se precisa aprender a reconhecer "através de todas suas metamorfoses" (*Idem*, p. 54).

Com isto, o que se aponta aqui como metrópole é esta localização deslocante dentro da qual se ativam uma série de tecnologias e dispositivos de pacificação. Diz-se de pacificação pois são dispositivos baseados na construção de uma alteridade que a todo momento identifica uma alguma categoria social como ameaçadora da ordem, ameaças que podem aparecer das mais variadas formas, que precisa ser controlada ou *civilizada*.

A partir da justificativa da necessidade de se manter a segurança para garantir o desenvolvimento e o progresso das metrópoles interligadas, assume-se esse outro modo de governar da contemporaneidade baseado nas práticas e táticas de pacificação. Assim sendo, cabe argumentar que a desativação desses dispositivos de pacificação passa pela luta *contra* a metrópole e pela desativação do seu modo de habitar específico. São essas reflexões que encontram procedências no pensamento anarquista.

PARTE IV

Nos escritos anarquistas é possível encontrar discussões sobre o modo capitalista de produção e a forma como este afeta a vida dos sujeitos, a natureza e a relação entre ambos. Longe de reivindicar um retorno a um momento no qual o ser humano vivia em meio à natureza de forma a emular as práticas primitivas, é interessante pensar as discussões que apontam um outro modo possível de vida na contemporaneidade. Dentre estes, de acordo com Acácio Augusto (2012), destacam-se as contribuições de Murray Bookchin e sua discussão sobre uma ecologia social.

Para além de pensar a necessidade de garantir a segurança da humanidade por medo de alguma catástrofe ecológica, a ecologia social é uma crítica radical ao sistema capitalista e ao modo de vida específico deste modelo de produção.

Significa dizer que pensar a ecologia é justamente pensar modos outros de viver para além de apenas garantir um sentimento de segurança, de não sentir medo da próxima catástrofe ecológica iminente, preocupação com uma mudança de cunho ético e social e não apenas econômico.

Nesse sentido, o autor propõe a ideia de municipalismo libertário, justamente uma forma de se questionar um *modo de governo* específico, o do Estado, em prol de organizações relacionadas à cidade "não como *urbe,* mas como *citè* ou *polis*" (AUGUSTO, 2012, p. 88). Justamente por isso Bookchin não compreendia a cidade como um problema em si mesmo, já que a entendia como um espaço que poderia emular, em certa medida, as antigas cidades gregas. Para o autor, o problema era a *urbanização*, esta sim representava um empecilho para a vida adequada na cidade e o declínio do que considera ser cidadania. A *polis*, para ele, seria ainda esse espaço com possibilidade para maior autonomia e liberdade de política local, já que seria uma associação ética espontânea entre indivíduos, dispostos mesmo a maior participação na vida pública (BOOKCHIN, 1992).

Apesar das críticas possíveis para as proposições de Bookchin, é interessante notar como o autor aponta para a necessidade de se repensar a cidade também por esta estar intimamente relacionada ao modo de produção e de viver da fábrica que encontra eco na ideia da metrópole como fábrica total trazida contemporaneamente pelo conselho noturno (2019, p. 47). A ideia de metrópole como fábrica total representa levar em consideração o proletário não apenas como força de trabalho, mas também "como consumidor consciente, ideologizado" (*Idem,* p. 49). Além de consumidor da metrópole, o proletário, atravessado por questões de gênero, raça e classe social, é também ameaça em potencial, o que implica na vigilância e controle constantes dos aparatos de segurança e manutenção da ordem. Tudo isso para que o espaço da metrópole esteja permanentemente pacificado de modo que as engrenagens dessa fábrica total possam manter-se em bom funcionamento.

Assim, hoje mais do que nunca, parece fazer sentido pensar a luta contra a autoridade e hierarquias estabelecidas pelos Estados contemporâneos pela ótica de uma luta *contra* a metrópole, *contra* a cidade. Metrópole e cidade aqui compreendidos como este espaço no qual são ativados uma série de dispositivos de pacificação para a produção de dóceis e a eliminação daqueles que não podem ser docilizados. Desativar, portanto, os dispositivos de pacificação e as tecnologias de controle significa desativar toda uma forma de habitar contemporânea que coloca os sujeitos como semi-demônios, semi-crianças, ameaças em potencial ou vulneráveis que precisam da tutela do Estado. Pensar um modo outro de viver e se organizar politicamente passa necessariamente pelo repensar da metrópole.

BIBLIOGRAFIA

AGAMBEN, Giorgio. *Homo sacer: poder soberano e a vida nua*, ed. 2. Belo Horizonte: UFMG, 2007.

______. "Como as obsessão por segurança muda a democracia". *Le Monde Diplomatique Brasil*, ed. 78, 2014. Disponível online.

AUGUSTO, Acácio. "Municipalismo libertário, ecologia social e resistências". In: *Ecopolítica*, n. 2, 2012.

BOOKCHIN, Murray. *Urbanization without cities: the rise and decline of citizenship*. Montreal/ Nova Iorque: Black and Rose Books, 1992.

CONSELHO NOTURNO. *Um habitar mais forte que a metrópole*. São Paulo: Glac Edições, 2019.

FOUCAULT, Michel. *Segurança, território e população*. Tradução de Eduardo Brandão. São Paulo: Martins Fontes, 2008.

______. *Microfísica do poder*, ed. 3. Revisão técnica de Roberto Machado. Rio de Janeiro/ São Paulo: Editora Paz & Terra, 2017.

DUARTE-PLON, Leneide. *A tortura como arma de guerra — da Argélia ao Brasil: como os militares franceses exportaram os esquadrões da morte e o terrorismo de Estado*. Rio de Janeiro: Civilização Brasileira. 2016.

FRIIS, Karsten. "Peacekeeping and Counter-insurgency — Two of a Kind?". *International Peacekeeping*, n. 17, v. 1, pp. 49–66, 2010. Disponível online.

GALULA, David. *Counter-insurgency Warfare: theory and practice*. Londres: Frederix A. Praeger, 1964.

GRAHAM, Stephen. *Cidades sitiadas: novo urbanismo militar*. São Paulo: Boitempo, 2017.

KLEIN, Jean-François. "La 'pacification', un processus impérial". *Encyclopédie pour une Histoire Nouvelle de l'Europe*, 2016. Disponível online.

MCMICHAEL, Christopher. "Pacification and police: A critique of the police militarization thesis". *Capital & Class*, v. 41, n. 1, 2017, p. 115–132.

MENDONÇA, Thaiane. "O nexo entre segurança e desenvolvimento: uma análise sobre pacificação e políticas excepcionais de segurança no combate ao crime organizado no Rio de Janeiro". *Revista Monções*, v. 9, n. 17, 2020.

NEOCLEOUS, Mark. "A Brighter and Nicer New Life": Security as Pacification. *Social & Legal Studies*, v. 20, n. 2, 2011, pp. 191–208.

OLIVEIRA, João Pacheco de. "Pacificação e tutela militar na gestão de populações e territórios". *Revista Mana*, v. 20, n. 1. Rio de Janeiro. 2014, p. 125–161.

OLSON, James S. *Historical Dictionary of the 1960s*. Westport, EUA: Greenport Press. 1999.

SHY, John; COLLIER, Thomas W. "Guerra Revolucionária". In: PARET, Peter (org.) *Construtores da Estratégia Moderna*, Tomo 2. Rio de Janeiro: Bibliex, 2003.

SIMAN, Maíra; SANTOS, Victória. "Interrogating the security–development nexus in Brazil's domestic and foreign pacification engagements". *Conflict, Security & Development*, v. 18, n. 1, pp. 61–83, 2018.

TRINQUIER, Roger. *Modern Warfare: a French view of Counterinsurgency.* Londres: Pall Mall Press, 1964.

«In between crests»[1]

MARIANA GABRIELA CALANDRA

Foi destacado, não sem razão, que muitos anarquistas — e incluímos acadêmicos — se apoiam sobre uma narrativa triunfalista segundo a qual se não for sobre as grandes epopeias, não há nada o que dizer sobre o anarquismo. Inclusive, duvidou-se de sua vigência e existência, isso quando não se afirmou sua improvável morte. É claro que os movimentos sociais tem seus ciclos de vida, surgem como cometas e deixam uma longa cauda cujos sinais diminuem com o tempo (CRIMETHINC, 2013). Apesar disso, como destaca Bora Çorlu (2011), os anarquistas deixaram uma marca indelével tanto no desenvolvimento dos movimentos sociais, como no aparato coercitivo do Estado. Vamos por essas marcas e cicatrizes.

Este texto aborda a politogênese, ou formação do Estado, e as resistências e ataques do anarquismo para dissolvê-lo, considerando esta dinâmica um fenômeno de longa duração (BRAUDEL, 2007). Sobre a "tendência secular" do anarquismo, aprofundaremos em um momento específico de relativa fragilidade, redefinições e reacomodamentos do Estado. Nosso foco estará no período que abarca o fim da ditadura e a primeira administração democrática na Argentina (1983-1989), no Uruguai (1985-1989) e no Chile (1989-1993). O pós-ditaduras do Cone Sul coincide com a entrada das novas gerações no anarquismo através da subcultura punk. Antes que as lutas do fim do século mostrassem sua crista contra a globalização e o anarquismo ressurgisse de maneira observável globalmente, pouco antes, e no Cone Sul, os jovens anarcopunks mantiveram a luta contra o sistema sob as novas democracias, o que não passou desapercebido pelo aparato repressivo do Estado.

ALGUMAS DEFINIÇÕES

Gelderloos (2017) assume que os Estados têm fronteiras não tanto para dissuadir uma invasão, mas para evitar a deserção de sua população. O Estado é

1. Tradução do espanhol por Gabriel Passetti.

um motor de exploração econômica, um desenvolvimento institucional para escravizar pessoas; uma organização política hierárquica baseada na coerção e na alienação para suprimir a auto-organização e favorecer a institucionalização do poder. O Estado aliena ou rouba a capacidade das pessoas de decidir sobre suas próprias vidas. Para isso, é necessário um plano ambicioso, o ato estratégico de uma elite segura em sua consciência e munida de *projetualidade* estratégica. A classe política se converte em um agente ativo capaz de fazer os outros trabalhar na construção do Estado em torno de si mesma. Com o objetivo de reter a seus sujeitos, o Estado desenvolve ferramentas ideológicas, legais, econômicas e organizacionais. Dado que os Estados tratam constantemente de aumentar seu poder, esta dinâmica não pertence a um momento particular, fundacional, da história, mas sim marca nossa cotidianeidade. Araujo (2017) interessantemente complementa que a consolidação material e teórica do Estado tem êxito ao obscurecer múltiplos pensamentos e práticas que ocorrem dentro de suas fronteiras, mas que escapam de seu poder.

Mediante a guerra ou o comércio, o Estado se garante e se expande. Mas a economia é apenas um momento da guerra constante que o Estado faz contra a sociedade. Para a classe política, a acumulação econômica é um meio estratégico para incrementar seu poder, mais uma manobra de sua atividade estratégica unificadora: a guerra. Mediante a guerra social ou a guerra contra outros Estados, ou seja, dentro ou fora de suas fronteiras, o Estado trata incessantemente de recuperar para si sujeitos e práticas que aumentem seu poder.

O processo que dá início ao Estado-nação e ao sistema internacional teve sua origem em uma guerra social, a Guerra dos Trinta Anos. Uma revolta contra a centralização do poder e o avanço do Estado nascida nas cidades, estendeu-se logo ao campo, onde os camponeses tomaram terras, expulsaram sacerdotes e juízes e constituíram comunidades livres. Somente com seu extermínio foi possível o poder, aliado à Igreja do papa ou à reformada, esmagar a rebelião (KROPOTKIN, 2001). Esse açoite contra o povo, sua liberdade associativa e sua capacidade instituinte, consolidou-se com a assinatura do Tratado de Westfalia, em 1648. O Estado-nação desmantelou o sistema feudal de associações e comunas que, com seu Direito consuetudinário e conjuras, constituíam o principal obstáculo para a centralização do poder. Este conflito com as estruturas pré-existentes foi um processo no qual se aperfeiçoou e centralizou, tornando-se mais eficiente. As novas armas para o controle estatal tiveram profundos impactos na mentalidade ocidental. O Estado foi o principal promotor da consciência nacional.

A delimitação dos territórios sob o critério de soberania organizou um sistema multipolar de Estados-nação com o fim, ou a desculpa, de instaurar e garantir uma estabilidade/paz duradoura. O pilar deste sistema internacional, a soberania entre pares, significava a não ingerência nos assuntos internos das partes. Quando o poder absolutista das monarquias se tornou insuportável, as elites modernizantes do Estado se apresentaram como rebeldes ainda que, quase sem exceção, tenham usado os explorados para derrubar o antigo regime e instituir um novo em torno de si mesmas. Como consequência, cada revolução moderna foi seguida dos retornos de inconformados, conscientes de que permaneciam no fundo da hierarquia social enquanto suas vidas permaneciam decididas por cima. O anarquismo se desenvolveu em resposta a esta expropriação e duas de suas propostas foram autogestão e internacionalismo.

AUTOGESTÃO E INTERNACIONALISMO ANARQUISTA

No século XIX, o nacionalismo estatal e o internacionalismo anarquista foram projetos em disputa pela identidade das classes populares. Enquanto a autogestão separou a concepção anarquista do socialismo da marxista já desde a Primeira Internacional, de 1864, (CAPPELLETTI, 2010) foi apenas com a concretização do socialismo autoritário bolchevique que a esquerda acabou por renunciar ao internacionalismo e abraçou o projeto do Estado. De acordo com Fernández Gómez (2017), foi entre a Comuna de Paris de 1871 e a Revolução Russa de 1917 que se impôs a consciência nacional do Estado sobre os trabalhadores. Desde então, o Estado se robusteceu, em especial quando se destaca a decadência ou atenuação do anarquismo. Embora desde o primeiro pós-guerra o Estado tenha se consolidado, esteve longe de seguir uma trajetória linear. De fato, com os julgamentos de Nuremberg, de 1946, os direitos humanos perfuraram a soberania estatal.

De qualquer maneira, o segundo pós-guerra iniciou um novo ciclo de concentração de poder. O Estado teve um papel central na reconstrução econômica e na estruturação do mundo bipolar em que o projeto de Estado socialista autoritário competia com o Estado de bem-estar social ocidental, mantendo acesa a chama do nacionalismo que, salvo na Alemanha, seguiu em ritmo ascendente. Neste sentido, a soberania retomou sua centralidade, agora supostamente moderada pelos direitos de terceira geração sancionados pela ONU. A tendência ascendente do Estado se estabilizou e debilitou com a crise dos Estados de bem-estar e, na sequência, com o colapso do Estado socialista, o fim da Guerra Fria, a consolidação do neoliberalismo e o aprofundamento da globalização. É neste recorte que lemos o renascimento do anarquismo no pós-ditadura no Cone Sul.

A tendência anarcopunk reatualizou o conflito através de práticas novas e outras coincidentes com as anarquistas clássicas, enfrentando o Estado, o capitalismo e as instituições religiosas e partidárias. Acompanhamos Ibañez (2014) no entendimento de que se trata de uma concepção contínua e imediata da revolução, vivida seja na destruição de dispositivos de dominação, seja no esforço por bloquear o poder, assim como na criação de espaços radicalmente descolados do capitalismo. A autogestão, análoga ao *Do It Yourself* (DIY), é fundamental para a criação de ditos espaços por contar coma tomada de decisões e sua execução sem mediações. Para Gordon (2005), o DIY, ou a autogestão, é uma estratégia dual de confrontação que deslegitima o sistema ao mesmo tempo em que constrói alternativas.

Compreendemos a tendência anarcopunk no contexto mais amplo de rejeição das formas organizativas da esquerda em geral e do plataformismo ou especifismo em particular. As tendências plataformista e especificista instituíram hierarquias e códigos disciplinares para se obedecer replicando o partido. Mesmo assim, como as guerrilhas de esquerda, criaram corpos especializados para a luta armada replicando a milícia, arquétipo do Estado (CAPPELLETTI, 2010). Enquanto os núcleos de esquerda ou especifistas cultivaram posições nacionalistas inspirados na experiência da Revolução Cubana, o anarcopunk com sua rejeição à organização estruturada, sua DIY e suas práticas internacionalistas é, por nós, entendido como um anarquismo pós-esquerda.

PÓS-DITADURAS DO CONE SUL

Desde 1975, com o apoio dos Estados Unidos, ocorreu o Plano Condor, uma coordenação regional para sequestrar, torturas, assassinar e desaparecer pessoas. Ao mesmo tempo, cada país criava hipóteses sobre conflitos fronteiriços com seus vizinhos, em associação a uma historiografia e uma educação que incrementavam a desconfiança mútua. Mesmo que não figurasse entre suas hipóteses de conflito (BUCHRUCKER, 1991), em 1982 a Argentina levou a cabo a Guerra do Atlântico Sul, cuja derrota foi o começo do fim de sua ditadura e o início de uma "onda de democratização" latino-americana.

As transições de regime na Argentina, no Uruguai e no Chile ocorreram durante transformações profundas no cenário internacional. Nos casos argentino e uruguaio, as transições de regimes ocorreram no mundo bipolar da Guerra

Fria com políticas públicas ainda inspiradas em um improvável Estado de bem-estar. O caso chileno é mais tardio e ali a emergência do anarquismo coincide com o auge neoliberal e a globalização. Apesar destas diferenças, encontramos nos três casos uma coincidência: a renovação geracional com a emergência da tendência anarcopunk e a revitalização de práticas de ação direta fora das estruturas organizativas formais.

ARGENTINA

No caso da ditadura argentina, o Estado não apenas sequestrou, espoliou e eliminou parte de sua população, como fizeram todos os Estados em geral e aqueles articulados sob o Plano Condor em especial, como também mediante um desembarque surpresa em um território em disputa, iniciou unilateralmente a Guerra do Atlântico Sul para esconder tudo isso. Este desconcertante conflito bélico eclodiu no hemisfério que está sob as ordens dos Estados Unidos, desafiando seu maior sócio europeu e da OTAN, o Reino Unido, na era bipolar no contexto da Guerra Fria.

Em suma, a derrotada Argentina foi o único país da América Latina em que se julgou repressores no pós-ditadura, o que provocou quatro levantamentos militares entre 1983 e 1989. Por outro lado, os presos políticos seguiram presos até 1986, tanto para prevenir a rejeição e a desestabilização militar, como para desativar o reaparecimento de grupos insurrecionais. Ainda assim, os exilados que voltavam e que tinham acusações por terrorismo ou delitos contra a segurança nacional foram presos, confirmando os parâmetros e processos da ditadura (FRANCO, 1988).

No entanto, este caso também reflete a revitalização do internacionalismo, ativado pelos anarcopunks. Estes aprofundaram laços com outros ao redor do mundo, replicaram campanhas internacionais, serviram de correspondentes locais para meios alternativos internacionais e formaram parte de redes postais, em que trocavam experiências e saberes em um aberto rechaço às fronteiras e ao nacionalismo.

Os jovens punks que se vincularam ao anarquismo criaram selos musicais independentes, cooperativas, organizaram festivais, protestos e ataques junto a outros atores afetados pela ordem do pós-ditadura, como as dissidências sexuais e as trabalhadoras sexuais. Seus fanzines formaram frentes de propaganda e resistência para a luta contra os decretos, as batidas policiais e as averiguações de antecedentes, difundindo ferramentas legais para o enfrentamento em fanzines como *Resistencia* (1984) e *¿Quien Sirve a la Causa del Kaos?* (1986–1987).

As feiras difundiram fanzines, recitais e reuniões políticas em que surgiram iniciativas para a intervenção no espaço público. *Juventudes Rebeldes* (1985), um agrupamento informal anarcopunk teve um papel destacado na coordenação de quatro marchas anti-policiais, duas anticlericais e duas campanhas internacionais.

Para visibilizar a repressão, foi fundada, em 1986, a *Coordinadora de Grupos Alternativos*, integrada pelo *Juventudes Rebeldes*, ex-membros do *Grupo de Acción Gay*, o *Movimiento Marginal*, grupos de arte urbana como *Fife y Autogestión* e *El Bolo Alimenticio*, associados à FLA, e outras experiências grafiteiras e artísticas. Juntos, organizaram a *Marcha Pagana*, antecedente imediata da marcha contra a visita de João Paulo II organizada pela CRAP (*Comisión de Repudio al Papa*), da qual voltariam a participar muitos dos mesmos atores. Estas manifestações, assim como as três últimas marchas contra a polícia, terminaram em ataques e infiltrações e com policiais sem identificação provocando uma repressão que foi justificada pela imprensa.

O anarcopunk também gerou e fortaleceu o internacionalismo. A revista *Maximum Rock N' Roll*, que cobria a cena punk internacional, articulou correspondentes locais difundindo informação sobre outras experiências da região. A partir da seção de correios da revista, seus leitores começaram uma rede de intercâmbio epistolar, o antecedente da rede internacional de correio punk, um canal subterrâneo de informação sobre bandas, movimentos, ações diretas e saberes táticos, que antecipavam cenários insurgentes. A partir desses contatos, foram replicadas campanhas internacionais que tinham seus antecedentes em experiências britânicas recentes.

Originalmente, *Stop the City* foram protestos organizados entre 1983 e 1984 por punks, anarquistas, ativistas antinucleares, antibelicistas e pró-liberação de gays, mulheres e animais, contra o complexo financeiro militar do Reino Unido. A campanha consistiu em bloqueios à *City* londrina, ataques a comércios de roupas de pele animal e restaurantes de *fast food*, vandalismos e shows. *Paren la Ciudad!*, sua versão argentina, ocorreu entre a noite de 29 de abril e a madrugada de 30 de abril de 1986. Mais de 25 escolas e fábricas, monumentos patrióticos, praças, igrejas, a residência de um cardeal, museus e laboratórios que faziam experimentos com animais foram vandalizados.

Através de redes postais, foram difundidos fanzines com informações sobre lutas pelos animais, ecoterrorismo, saques no campo, etc. Entre estes materiais, destacou-se a tradução de um manifesto da *London Greenpeace* — organização anarquista não vinculada ao Greenpeace internacional — que realizou quatro ações entre 1983 e 1984. Sob o título *Qué está mal con McDonald´s?*, o panfleto denunciava a multinacional por contaminação, dieta não saudável, crueldade com os animais e hostilidade à organização dos trabalhadores. A *London Greenpeace* chamava para que a data de 16 de outubro, Dia Internacional do Alimento, fosse o Dia Internacional contra o McDonald's. Em outubro de 1988, incorporando o rechaço ao imperialismo, os anarcopunks organizaram na capital argentina uma manifestação e panfletagem em frente ao primeiro local em que a multinacional de comida lixo se instalava no país.

URUGUAI 1986–1989

Em 1956, com características novas como a aproximação à esquerda latino-americana e a ruptura com o anarcossindicalismo clássico, foi criada a Federação Anarquista Uruguaia (FAU). Por conta de diferenças quanto à revolução cubana, ela se dividiu em 1963. A parte que continuou como FAU teve grande protagonismo por contar com bases sindicais e também por suas práticas de guerrilha urbana. A FAU realizou ações militares, apoio armado a greves e ocupações de fábricas. Em 1967, o governo a colocou na ilegalidade com outras organizações de esquerda. Naquele momento, a FAU avançou rumo à luta armada e, em 1968, organizou uma frente de massas, a *Resistencia Obrero Estudiantil* (ROE), e um aparato armado a *Organización Popular Revolucionaria 33 Orientales* (OPR–33). No entanto, a partir do golpe de 1973, o Estado exterminou rapidamente boa parte da OPR-33. Em 1975, alguns exilados da FAU na Argentina criaram o *Partido por la Victoria del Pueblo* (PVP), uma síntese entre marxismo e anarquismo. Em 1976, após o golpe militar na Argentina, o Plano Condor quase exterminou os militantes da FAU–PVP. Logo após a liberação dos presos políticos, em 1985, a maioria dos grupos abandonou a luta armada e entrou no jogo democrático, enquanto outros terminaram se enfraquecendo. Em 1986, enquanto a lei de caducidade fechava a possibilidade de julgar os repressores, era criada a *Dirección General de Información de Defensa* para a inteligência pós-ditadura. Neste contexto, a FAU se reconstituía com novos desafios e a cena punk começava a surgir.

Por outro lado, ativistas vinculados à FAU, mas contrários ao especifismo se separaram e formaram o *Taller A*, um espaço aberto para levantar e divulgar propostas. Ali a revista *Alter* uniu duas gerações de anarquistas, com uma linha editorial oposta à organização política anarquista. No início dos anos 90, esta experiência levou à criação do *A Espacio*.

O caso do Uruguai se destaca por sua tendência dadá. O caso do *Cabaret Voltaire*, de 1986, foi paradigmático. Esta experiência, fora do circuito comercial, teve continuidade e formou uma cooperativa, em 1987. Naquele mesmo ano, bandas punk vinculadas ao anarquismo formaram a *Cooperativa del Molino*, antecedente direta da *Cooperativa de Acción Organizada*, dos anos 90.

A *Coordinadora de Teatro Barrial* surgiu em 1980 e se transformou, em 1987, na *Red de Teatro Barrial*, da qual participaram mais de trinta grupos. Em 1988, eles organizaram o festival *Arte en la Lona*, no Palermo Boxing Club, onde foram exibidos videoarte, poesia performática, danças, marionetes, mímicos, candombe, bandas de metal e punks. Ali foi formada uma brigada anti-batidas policiais e na *Red* eles apresentaram sua obra *Razziol x* (uma paródia sobre as batidas). Apesar da censura, que incluiu a criminalização de alguns atores, em fins de 1988, sob o lema Basta de Batidas, ocorreu um encontro no parque Rivera com bandas de rock, teatro, mímicos, marionetes e vídeos de denúncia à repressão. A *Coordinadora de Grupos en contra de las Razzias* (Coordenação de grupos contra as batidas policiais) cresceu entre as rodas e nas ondas populares onde estavam os jovens do *Sindicato Único Revolucionario de Muchachos de la Esquina* (Surme), o grupo *Termas*, a *Red de Teatro Barrial*, *Homosexuales Unidos*, *Asociación de Meretrices del Uruguay*, grupos de mulheres, coletivos de jovens vinculados à FAU e outros agrupamentos , estudantes da federação de jovens secundaristas e torcedores de futebol punks. Esta rede de grupos autônomos organizou a Marcha das Tochas que, em 1989, reuniu quase vinte mil pessoas contra a repressão aos jovens. Em agosto, foi convocada uma nova marcha de repúdio à repressão, com papel destacado para a *Red de Teatro Barrial*, na qual testemunharam vítimas das batidas policiais. Naquele momento, decidiu-se organizar um acampamento.

O movimento anti-batidas e a *Coordinadora* ampliaram os direitos humanos dos presos políticos aos denominados, fundamentalmente pela esquerda, presos comuns (PÉREZ LEMA, 2020). Em setembro, a *Coordinadora Anti-Razzas* organizou *Libertad, la Otra Historia*, um acampamento na cidade de Libertad, para denunciar as violações aos direitos humanos na prisão local, que havia quase dobrado sua população carcerária desde a ditadura, quando recebia apenas presos políticos. O Estado montou uma operação com viaturas ao longo da estrada entre Libertad e Montevidéu. Ao fim, a repressão policial aprofundou as divisões internas entre aqueles que pretendiam dar um sentido de classe a aquilo e outros que estavam mais interessados em uma experiência ao estilo Woodstock.

A ditadura foi reconhecida pelo êxito econômico que converteu o Chile no paradigma neoliberal para a região. Logo após o plebiscito de 1988, que negou a continuidade da ditadura, as forças políticas desmobilizaram as organizações que haviam lutado contra o autoritarismo. Mesmo com isso, os grupos armados continuaram atuando nos anos 80 e 90. Para suprimi-los na democracia, o Estado desmontou suas redes de simpatizantes, intercalando táticas de contrainsurgência com propaganda de ascensão social. Naquele momento, surgiram novas categorias, como a dos "renovados", aqueles arrependidos do passado revolucionário e que agora disputavam posições na função pública. Ainda assim, naquele momento a noção de "segurança cidadã" incluiu os grupos armados. O marco jurídico implementado combinou a lei antiterrorista 18.314/84, os duplos processos pelas justiças civil e militar, e a lei 19.172/92 de arrependimento e delação premiada. Esta era a reincorporação ao projeto democrático de quem, tendo lutado contra a ditadura, delatava seus companheiros que seguiam combatendo. Esta legislação foi aplicada pela *Dirección de Seguridad Pública e Informaciones*, criada para infiltração, aniquilação, delação e reinserção de arrependidos. *La Oficina* desarticulou com êxito os grupos armados. Enquanto os julgamentos contra rebeldes terminavam com longas condenações, em 1994, dezenas foram transferidos à nova prisão de alta segurança para presos por delitos terroristas.

Em meados da década de 80, velhos militantes anarquistas e anarcosindicalistas, reunidos no *Centro de Estudios Sociales "Hombre y Sociedad"* editaram uma revista crítica à esquerda, na qual defendiam a autogestão e outros temas. A experiência foi dissolvida em 1988, mas no ano seguinte foi formada a *Coordinadora Anarquista*, que começou a participar de atos públicos e publicou *Acción Directa*. Em fins dos anos 80, apareceram bandas punk que atacavam a democracia e a cena mudou para as zonas populares. Quando da comemoração dos 500 anos do "Descobrimento da América", de 1992, houve intensa participação punk e anarquista. Velhos anarcosindicalistas e jovens punks conformaram *La Red*, um grupo de estudos de curta duração. Enquanto os grupos armados perdiam protagonismo, em meados dos anos 90, os militantes presos se distanciavam dos organismos partidários para caminhar rumo a formas organizativas de tendência libertária, horizontal e autônoma (SOLAR DOMÍNGUEZ, 2007). Assim, a violência política revolucionária se reestruturou, constituindo-se no passado imediato os grupos anarquistas. A luta pela liberdade dos presos políticos se juntou paulatinamente às tendências mais autônomas, libertárias e aos jovens da subcultura do punk. Punks e o hip hop politizaram seu discurso e sua prática, participaram das mobilizações e atividades contestatórias e estiveram nas primeiras casas "okupa", promovendo relações sociais igualitárias e horizontais e difundindo o anarquismo.

Por outro lado, em fins dos anos 80, no âmbito estudantil, militantes de organizações armadas em processo de desarticulação formaram a *Vanguardia Anarquista Estudiantil*, destacada por sua radicalidade na luta nas ruas. Após sua dissolução, surgiu a *Resistencia Anarquista Estudiantil* (RAE), na qual ex membros de *La Vanguardia* continuaram com os enfrentamentos nas ruas. Alguns deles logo integraram o *Motor Rebelde* (1994–1995), que trabalhava com ex-presos políticos e incorporava elementos do marxismo e do anarquismo, carregando experiências e saberes da luta das ruas dos ex-presos políticos e militantes da esquerda dura aos coletivos anarquistas que surgiam.

Em fins de 1992, estudantes da Universidad de La República e da Universidad de Chile formaram a *Coordinadora Anarquista Estudiantil* (CAE), com a finalidade de propaganda e agitação estudantil. Este agrupamento editou a revista *El Duende Negro*, de inspiração punk.

Estigma, um núcleo surgido na Universidad de Chile, em 1993, dedicado a temas teóricos do anarquismo e à ação nas ruas, vinculou-se à *Columna Negra*, do Instituto Pedagógico. Juntos, formaram a *Federación Anarquista Libertaria* (FAL), que reivindicava a propaganda pela ação e o enfrentamento armado. A FAL tinha como referências *La Vanguardia* e a RAE. A partir de então, as manifestações foram numerosas, com uns 500 encapuzados realizando ações diretas que provocaram o alerta nos aparatos de segurança. No entanto, versões sobre infiltrados geraram desconfiança e a FAL foi dissolvida. Ainda assim, alguns ex-integrantes da FAL voltaram a se reunir na *Coordinadora Revolucionaria del Pedagógico* (CRP), para onde confluíram uma tendência marxista-leninista e outra anarquista. A criação da CRP marcou o início de uma divisão entre aqueles que seguiam com o enfrentamento nas ruas e aqueles que não. Estes últimos tiveram aspirações centralizadoras e adotaram, em fins dos anos 90, lógicas de ação mediadas por estruturas plataformistas.

CONCLUSÕES

Comparar o anarquismo nos distintos países do Cone Sul, em um período breve de uma época significativa — no que se refere a transformações no Estado e no sistema internacional — parece nos revelar um renascimento periférico que antecede ao "renascimento" anarquista global de fins do século XX. Ademais, também observamos com detalhe as relações e cruzamentos que introduzem ou renovam práticas presentes no anarquismo a partir do aparecimento da subcultura punk.

O denominador comum dos três casos é o rechaço e deserção das estruturas hierárquicas, seja especifistas, seja marxistas, tendências protagonistas na luta revolucionária contra as ditaduras. As organizações especializadas para a luta armada nos anos 70 e, no caso do Chile, presentes até os anos 80 e 90, foram inadequadas para lidar com o terrorismo de Estado desatado pelas ditaduras. Assim, passaram da luta armada às demandas por direitos humanos e a integração ao jogo democrático. O anarquismo pós-ditaduras acertadamente rechaçou essas formas organizativas para enfrentar a repressão das novas democracias. O enfrentamento com o aparato repressivo na democracia teve outras características e, em cada pós-ditadura, assumiu sua particularidade. O anarcopunk foi intensamente autogestionário e artístico no Uruguai, internacionalista e anticlerical no caso argentino, e atuante nas ruas, estudantil e contra as prisões no caso chileno.

Na Argentina, o primeiro caso de transição, o anarcopunk de corte antiespecifista antecipa notoriamente a agenda dos movimentos ecologistas e contrários à globalização do fim do milênio. Isto ocorre porque dialoga com outras campanhas internacionais anarcopunks em temas que concorrem com outros, de corte local, como a luta contra a polícia e o anticlericalismo. As coordenações com outros grupos rechaçados e abusados pela democracia e a difusão de práticas cooperativas, ainda que incipientes, foram antecedentes depois retomados pelas experiências posteriores. O enfrentamento à repressão do Estado teve continuidade com a participação de anarquistas na luta contra o gatilho ligeiro dos anos 90 e os levantamentos de fins do século XX.

No caso uruguaio, em que a partidocracia negociou a transição, aqueles que haviam tomado em armas se juntaram à democracia. Apesar do especificismo refundado marxista ter tido mudanças internas, não atraiu às suas fileiras elementos da subcultura punk. Por outro lado,vemos aparecer um anarcopunk tão reativo a essas formas organizativas estruturadas quanto rechaçado por elas. Ainda assim, também encontramos ações coordenadas entre diferentes atores, assim como um forte componente dada, que resultaram em experiências cooperativas que se mantém e chegam a ter impactos importantes na década seguinte.

No Chile, enquanto se desarticulavam os grupos armados de esquerda, integrantes desses partidos não eram ouvidos no interior da CAS, onde os militantes evoluíam para posições anarquistas. As ruas conectaram, na luta contra as prisões, velhos militantes de esquerda que transmitiram seus conhecimentos a punks e estudantes. Ao final deste período, as manifestações violentas e massivas terminaram quando foram difundidas versões sobre infiltração que, no contexto da lei de delação premiada, provocou rupturas e uma fuga rumo ao *plataformismo* daqueles que queriam algo "mais organizado".

As práticas dos anarcopunks no pós-ditadura tem em comum a recuperação da capacidade de decidir sobre a própria vida, de fazer sem autorização, de se associar livremente, de rechaçar definitivamente a hierarquia. Pelas razões expostas, entendemos o anarcopunk do pós-ditaduras como um anarquismo pós-esquerda, que deve ser lido como outra expressão de uma antiga resistência ao projeto o Estado, a suas falsas alternativas e a todos seus avatares.

BIBLIOGRAFIA

CRIMETHINC. "After the Crest: The Life Cycle of Movements". Disponível online.

ARAUJO, Erin. "What do we resist when we resist the State?". In: *Revista Theories of Resistance: Anarchism, Geography, and the Spirit of Revolt*, p. 79–100. Lanham: Rowman and Littlefield, 2016.

BORA ÇORLU, Akel. *The Disreputable Phoenix: A Transnational History of Propaganda by deed.* Dissertação de doutorado da Escola de Pós-Graduação da Universidade Estadual de Binghamton, 2011.

BRAUDEL, Fernand. *La historia y las ciencias sociales*, cap. 3, ed. 4. Madrid: Alianza Editorial, 2007.

BUCHRUCKER, Cristian. "El pensamiento militar argentino. El debate sobre las hipótesis de guerra y geopolítica". Trabalho apresentado na jornada de Conferência de Ciências Políticas, organizada pelo Centro de Estudos Avançado, 29–30 de Agosto de 1991.

CAPPELLETTI, Angel. *La ideología anarquista.* Editado por El Grillo Libertario, distribuidora anarquista, 2010.

COSSO, Pablo. "El movimiento punk durante la re-emergencia democrática argentina (1983–1989). Identidad política, acción colectiva y lucha anti-policial". In: *Escritos Antropopunks: Rescates históricos de la Contracultura y el Movimiento Punk en Argentina*, 2012.

______. *La radicalidad sin estructuras. Panorama histórico-antropológico del movimiento punk en Argentina.* Segunda Jornadas de Antropologia. Livro de papéis e comunicações, Universidad Nacional de Salta, 2008.

GELDERLOOS, Peter. *Worshiping State, an Anarchist View of Early State Formation.* Chico: AK Press, 2017.

GORDON, Uri. *Liberation now: Present-tense dimensions of contemporary anarchism*. Universidade da California, 2005.

FERNÁNDEZ GÓMEZ, Francisco. "Factores del desorden. La nacionalización de los anarquistas hasta la Gran Guerra". In: *Rúbrica Contemporanea*, v. VI, n. 11, 2017.

FRANCO, Marina. "La 'transición a la democracia' en la Argentina frente a las cristalizaciones de la memoria". In: *Caravelle; 104; 12-2015; 115-131*. Presses Universitaires du Mirail, 1988.

IBAÑEZ, Tomás. *El Anarquismo es Movimiento. Anarquismo, neoanarquismo y postanarquismo*. Barcelona: Virus Editorial, 2014.

KROPOTKIN, Piotr. El Estado y su rol histórico, Enmaquetación digital, 2001. Disponível online.

SOLAR DOMÍNGUEZ, Francisco (2007). *Resistencia al interior de la cárcel de alta seguridad: la identidad en el Kolektivo Kamina Libre*. Tese de bacharelado não publicada. Chile: Academia Universitária de Humanismo.

Convivialidade rebelde e cultura libertária nos «squatts» anarcopunks

Territorialidade dissidentes e anarquia cotidiana no sul do território dominado pelo Estado brasileiro

RODOLPHO JORDANO NETTO

Os movimentos *squatter/ okupas*, nascidos na Europa em meados dos anos 60, no fervor dos movimentos de contracultura dessa década, chegam no território latino-americano nos anos 90, do século passado, atrelados ao movimento anarcopunk (RUDY, 2019). O movimentos squatter, junto aos de luta por moradia, têm como objetivo a ocupação de casas, prédios, galpões e fábricas fechadas e/ ou abandonadas, muitas vezes associadas aos processos de especulação imobiliária, decorrentes da produção capitalista do espaço urbano (CARLOS et al. 2015; DAMIANI, 2017). Diferente da luta por moradia — como Movimento dos Trabalhadores Sem-teto e Frente de Luta por Moradia — os *squatts/ okupas* não têm como único objetivo a habitação, mas também a construção de um espaço contracultural, de (con)vivência e criação da cultura libertária, uma vez que se propõem a organizar bibliotecas, grupos de estudos, shows, cine-debates, oficinas de serigrafia e feiras vinculadas às práticas anarquistas e punks.

Se torna necessário, antes de mais nada, explanarmos o que consideramos como movimento anarcopunk, pois além de parte essencial de nossa pesquisa é intrínseco ao movimento squatt/ okupa na América Latina, como já dito. O anarcopunk surge no seio de outro movimento juvenil, o movimento punk, como cisão de duas práticas radicais, prática e pensamento anarquista e a contracultura punk, se tornando assim uma microcultura dentro dos dois movimentos supracitados (BASTOS, 2005). Como apontado por Gordon (2015) e Nécio Turra Neto (2002), baseados nas discussões sobre cultura de Geertz, o punk, assim como o anarcopunk, é um contexto cultural mais micro, "*[...] construído no turbilhão da urbanidade e ao qual se escolhe pertencer [...]*" (NETO, 2002 p. 41).

Para Uri Gordon, não se pode falar de movimento anarquista contemporâneo sem se referir também ao movimento anarcopunk, pois, segundo ele, este tem sido uma importante "incubadora" para anarquistas durante o final do século passado e começo do século XXI (GORDON, 2005). O punk, e posteriormente o anarcopunk de forma mais ativa, foi, e ainda é, um grito de guerra que marcou o rompimento com as tecnologias disciplinares, anunciando assim, uma rebeldia na vida cotidiana contra os governos e contra o capital na sociedade de controle (AUGUSTO, 2011)

Dito isso, vemos esses territórios — *squatts/ okupas* anarcopunks — como *territórios dissidentes* ligados às práticas de *ação direta* que possibilitam um grupo de pessoas a reconquistar um espaço de vivência coletiva retirado pelo poder heterônomo (SANCHES-PINILLA et al., 2010). A ação direta, dentro de uma concepção anarquista, é uma atitude antirrepresentativa, vinculada às práticas de autogestão e, historicamente, ao federalismo político e ao mutualismo econômico de Proudhon. Destacasse, com exemplo, as ações de greve dos sindicalistas revolucionários no século XIX e os atos de sabotagem e as ações de anarco-insurrecionalistas. Dessa forma, o termo "ação direta" está vinculado também a uma dimensão ético-política do combate a representação e não somente à autogestão, como uma análise estritamente econômica tende, geralmente, a reduzi-la. (NU-SOL, 2010).

Como observamos, a mera existência desses espaços colocam em evidência as relações políticas e de poder relacionadas à produção capitalista do espaço e à *racionalidade liberal* (PASSETTI *et ali.* 2019) como ideologia e suas materialidades que permeiam o espaço urbano, como veremos melhor posteriormente.

Nossa escala de análise nano territorial — o espaço de uma rua, uma casa, um prédio — nos permite entendê-los e analisá-los como uma oportunidade de mudança da situação pessoal dos *squatters*, tanto numa perspectiva de rebelião, subversão e transformação (não só simbólica) contra as estruturas, como também, em relação a oportunidade de emancipação pessoal e coletiva (SANCHES-PINILLA et al., 2010). Como pretendemos abordar neste artigo, falar dos *squatters/ okupas* é também falar da antipolitização e decolonização da vida cotidiana, um cenário de ativismo contínuo e convivial que tem a pretensão de pôr em marcha estratégias cotidianas como formas de ação e/ ou práticas que adotam uma dimensão vivencial e política (*Idem*).

Portanto, focaremos nossas análises nos *squatts/ okupas* 171 (Pelotas/ RS), Pandemia (Porto Alegre/ RS), Viúva Negra (Nova Hamburgo/ RS). Apesar de se localizarem em cidades diferentes, suas ferramentas de luta, suas formas de politização do cotidiano e criação de antipolíticas *prefigurativas*[1] (GORDON, 2015) e a vivencia/ sociabilidade de uma cultura libertária trazem construções e contextos similares.

A relação do autor com as *squatts okupas* analisados se deu a partir de algumas visitas como também, por nossa participação de uma rede de solidariedade e apoio muito para com estas.

«SQUATTS/ OKUPAS» ANARCOPUNKS E A (RE) PRODUÇÃO CAPITALISTA DO ESPAÇO

Os *squatts/ okupas* anarcopunks nos proporcionam um olhar a partir de uma escala nano de processo sócio-territoriais macros, como os de produção e reprodução capitalista do espaço urbano (LEFEBVRE, 2006) e suas implicações no nível pessoal da vida cotidiana dos indivíduos. Além disso, a análise de novíssimos movimentos sociais (DAY, 2016), como também os nem tão novos assim, vem proporcionando um escopo teórico e metodologia as ciências humanas para além dos processos de acumulação econômica do capital, dando a oportunidade de pesar outras formas e concepções da cidade, vide a importante publicação em 2012 da *Revista Cidades*, n. 15, v. 9, sobre o pensamento e a práxis libertárias, e sua variedade de artigos sobre diversos assuntos e formas metodológicas de análises (GEU, 2012).

Antes de continuarmos, se faz necessário apontarmos as abordagens de território, territorialização e territorialidades, que nos dão arcabouço teórico para entender os movimentos aqui estudado. Para Rogério Haesbaert, o conceito de território se refere em qualquer acepção ao poder, mas não apenas ao poder político, "Ele diz respeito tanto ao poder no sentido mais explícito, de dominação, quanto ao poder no sentido mais implícito ou simbólico, de apropriação" (HAESBAERT, 2014 p. 57). O território é, portanto, a expressão espacial do poder, sendo este último entendido como uma dimensão das relações sociais, ou seja, de forma resumida, o que define o território é, em primeiríssimo lugar, o poder — e nesse sentido, a dimensão política é aquela que, antes de qualquer outra, lhe define o perfil, podendo ser configurado a partir da

1. Neste artigo, ao no referirmos a políticas pré-figurativas, colocaremos o sufixo "anti" da categoria antipolítica — que abordaremos no decorrer do textos — entre parênteses, pois o autor Uri Gordon não utiliza está categoria, apenas a primeira citada.

sobreposição de diversas relações de poder, "[...] do poder mais material das relações econômico-políticas ao poder mais simbólico das relações de ordem mais estritamente cultural [...]" (HAESBAERT, 2004 p. 79).

Segundo Marcos A. Saquet, "o território resulta do movimento constante e concomitante de desterritorialização e reterritorialização, contendo (i)materialidades do pensamento e dos demais aspectos da realidade [...]" (SAQUET, 2015 p. 58). Para Rogério Haesbaert, a territorialização do espaço ocorre pelos processos de apropriação, seja ela concreta ou simbólica (HAESBAERT, 2015 p100). Constitui, portanto, uma ação de "criação" de territórios. Segundo Saquet:

> As territorialidades (econômicas, políticas e culturais) são simultaneamente, resultado, condicionantes e caracterizadoras da territorialização e do território num movimento contínuo de desterritorialização e reterritorialização: as relações sociais, as apropriações e as demais práticas espacio-temporais, ou seja, as territorialidades determinam cada território, influenciando, ao mesmo tempo, a sua própria reprodução (com rupturas e permanências), a partir do território formado, isto é são influenciadas pelo território em cada relação espaço-tempo. (SAQUET, 2015 p. 45)

A territorialidade não é apenas algo abstrato, ela é também "[...] uma dimensão imaterial, no sentido que, enquanto 'imagem' ou símbolo de um território, existe e pode inserir-se eficazmente como uma estratégia político-cultural [...]" (HAESBAERT, 2014 p. 64), ainda que o território não se encontre manifestado concretamente. Essa estratégia político cultural é bastante notada nas próprias fachadas da okupas aqui analisadas, existindo diversos grafites, bandeiras e formas de ocupação cultural da própria calçada do território ocupado. Deixando explicito a não conformidade destes territórios com a sociedade e com as práticas cotidianas de nossa sociedade.

A territorialização é, por tanto, uma "[...] dinâmica concreta de domínio e/ ou apropriação do espaço (em termos lefebvreano) pelo exercício do poder" (HAESBAERT, 2014 p. 105), portanto, falar de lógicas de ordenamento do espaço significa também trabalhar com as relações espaço/ poder, ou seja, implica falar em processos (concretos) de territorialização (HAESBAERT, 2014). Resumindo, de maneira bastante simplificada, as territorializações estão para a constituição de territórios, como as territorialidades se dão por e a partir dessa constituição. Feito essa definição podemos voltar ao assunto anteriormente abordado.

Como apontamos anteriormente, os *squatters/ okupas* surgem na década de 60 na Europa, só tendo uma expressividade contundente na América Latina nos anos 80 e no Brasil nos anos 90 (RUDY, 2019). Esses movimentos surgem como uma prática espacial insurgente (SOUZA, 2013) frente aos processos de produção capitalista do espaço, o qual, em suas formas de (re)produção do urbano cria, também, espaços ociosos "[...] apenas para que se valorizem e possam ser vendidos num momento de bom preço" (GABEIRA, 1986 p. 22). Como aponta Brandão (1986), o aluguel e/ ou a venda de imóveis segue uma tabela de preços de acordo com a idade de construção, as construções mais antigas possuem tetos de preços que não podem ser ultrapassados, geralmente, preços que não estão de acordo com os interesses do mercado imobiliário. Em decorrência disso, alguns imóveis são abandonados, na espera da decadência e, consequentemente, sua demolição (BRANDÃO 1986).

Outro processo também ligado especulação imobiliária e com à reprodução capitalista do espaço são as revalorização e refuncionalização, criando dentro de um espaço-tempo curto ou longo procedimentos de exclusão de uma parte da população residente nesse, através do investimento dirigido por parte de alguns agentes espaciais (CORRÊA, 2013) a uma determinada classe socioeconômica, criando assim a impossibilidade de uma parcela da população de renda abaixo da que está sendo privilegiada de permanecer habitando o espaço que anteriormente ocupava (SOUZA, 2000, 2002 e 2013; TEXEIRA, 2018; RUDY, 2018). Nesses processos, diversos espaços são deixados ociosos, como já mencionado, ora para uma maior valorização do preço do imóvel/ espaço, ora por conflitos entre proprietários — dividas, espaços pertencentes ao Estado, brigas entre herdeiros entre outros. Nesses espaços ociosos serão aonde surgiram as ocupações de moradia, *okupas* e *squatts*.

O espaço onde hoje se encontra a Okupa 171, localizado em Pelotas, é uma antiga casa que era destinada para moradia estudantil, não tendo nunca cumprido está função. A Okupa Pandemia existe em um espaço que era uma antiga lachonete, na periferia de Porto Alegra, com pouco área construída e beirando um rio, como apontado por elas/ eles o terreno estava abandonado desde 2007. Já a Okupa Viúva Negra, localizada na cidade de Novo Hamburgo, ocupa uma antiga escola abandonada há mais ou menos 10 anos, como. Todos estes espaços onde hoje está as *squatts/ okupas*, foram abandonados à espera de uma valorização do valor do imóvel. O discurso contra a especulação imobiliária é bastante presente nas falas e textos publicados pelas *okupas* aqui estudadas, demonstrando uma consciência dos processos sócio-espaciais citadinos muito coerente e crítico, como fica explicito na fala do coletivo da Okupa Viuva Negra,

> [...] o poder que se diz público só se interessa pelas casas quando são mansões de ricos, mas quando se trata de um prédio de uso social, só guardam o dia que a especulação imobiliária vai pagar um bom preço pra contar as árvores nativas que aqui se desenvolvem e meter um prédio de dez andares em cima. (OKUPA VIÚVA NEGRA, 2020)

Dito isso, acreditamos que o tempo especializado, alienado, o ritmo linear do trabalho abstrato, remetem à alienação espacial, ou seja, à perda da qualidade do trabalho, em termos marxianos, e à qualidade espaço-temporal reduzida a espaço livre da mercadoria. De forma equivalente, no processo de (re)produção capitalista do espaço ocorre uma perda de espaços e tempos dos indivíduos, mergulhados numa generalizada mercantilização, que envolve todos seus espaços e tempos — de trabalho, de lazer, de vida (DAMIANI, 2017). Dessa maneira, o capital se realiza através da estratégia que torna o espaço um momento do processo produtivo e, como produção social, se realiza como parte do núcleo das formas de acumulação que sobre a configuração atual do capitalismo — financeiro — realiza-se através da reprodução do espaço urbano (CARLOS, 2015) e consequentemente da colonização da vida cotidiana (DAMIANI 2020).

Sendo assim, a produção do espaço é, ao mesmo tempo, um momento constitutivo da vida dos indivíduos e a efetivação das formas de acumulação e valorização assim como condição de realização do capital. No espaço, isso significa que a orientação e as mudanças nas formas, estruturas e lugares trazem em si transformações no uso e acesso à cidade pelos sujeitos para além da esfera produtiva, produzindo cotidianamente a vida cotidiana (CARLOS, 2015).

Vemos em nossas analises, que os anarcopunks ao se territorializarem, em *squatts/ okupas* refuncionalizam/ reutilizam/ reestruturam (SOUZA, 2013) uma pequena parcela do espaço urbano heterônomo, proporcionando em suas formas (anti) políticas prefigurativas (GORDON, 2018), novos cotidianos e relações sociais, baseados em princípios da convivialidade, autonomia/ autogestão, *faça-você-mesma*, igualdade e liberdade política, econômica e sócias, como salienta as/ os anarcopunks da Okupa 171: "No próprio dia a dia *squatter*, vamos desenvolvendo formas de viver a anarquia, na prática, na cotidianidade[...]". Essas experiências permitem que os anarcopunks saiam da lógica de (re) produção capitalista do espaço e suas implicações/ (re)produções na vida cotidiana, dando um novo conteúdo simbólico e imaginativo ao espaço ocupado, ajustando o substrato material encontrado às novas funções e necessidades decorrentes de novas relações, refuncionalizando/ reestruturando o espaço material e ressignificando o lugar, alterando a imagem anterior e colocando em campo de batalha o discurso, o simbolismo e a cultura (SOUZA, 2013). As próprias fachadas das *okupas* já trazem uma paisagem de revolta e subversão, com grafites, desenhos e/ ou bandeiras. O espaço que seria designado para um quarto, se torna uma biblioteca, um atelier de serigrafia. A sala se torna um espaço para aulas de circo, reuniões, grupos de estudos e cine debates. A lógica liberal de separação entre público e privado, de maneira na qual o público está para a política e o privado está para o pessoal (vide CASTRO, 2005), é, de certa maneira quebrada pela antipolitização da vida cotidiana facilitada pelo território ocupado, como veremos adiante.

CONVIVIALIDADE E SOCIABILIDADE ANARCOPUNK COMO ANTIPOLÍTICAS PREFIGURATIVAS NOS «SQUATTS/ OKUPAS»

O punk, assim como o anarcopunk, podem ser entendidos como um grupos de sociabilidade, onde os membros do grupo, pela convivência, criam uma relação onde se compartilha o mesmo gosto musical, vestem-se num mesmo estilo, discutem sobre o mundo, "[...] criam uma identidade própria que os diferencia de outros grupos que formam a sociedade" (NETO, 2003 p. 49). O anarcopunk a partir de sua configuração como um grupo de sociabilidade, juntamente com seu vínculo a pratica anarquista, acabam se tornando um movimento social, se aproximando das ideias de novíssimos movimentos sociais apontados por Richard Day (2016), vinculando sociabilidade, convivialidade e prática anarquista em seus cotidianos. Segundo Reguillo (2015) esses novos movimentos, no qual os *squatts/ okupas* e o movimento anarcopunk estão inseridos, não se ajustam às tradicionais formas de se fazer política, não aderindo às "[...] caixas e programas da política formal" (idem, p. 131).

Para Arce (2015), essas formas de ação vêm abandonando um metadiscurso revolucionário e afirmam que sua diversidade e mediações na definição de novas identidades constroem novas formas de organização e novos cenários de conflitos (ARCE, 2015). Sendo assim, como a prática libertária não estão estagnada e passam por diversas mudanças frentes às novas questões sociais que se colocam, o movimento *squatter/ okupa* assim como o movimentos anarcopunk — ou para nós os *squatts/ okupas* anarcopunks —, por terem uma forte influência das ideias e práticas anarquistas, também não ficaram estagnados a demandas, concepções e contextos políticos do século passado (século XX) (LÓPEZ, 2002), pelo contrário, vão além dos limites e das possibilidades do reformismo liberal pois, além de não desacreditarem das tentativas de mudanças do *status quo*, não propõem um retorno às teorias e práticas da esquerda do século XIX e começo do XX, nem tão pouco da nova esquerda dos anos 60 e 80 (DAY, 2016).

Como vemos nos *squatts/ okupas* anarcopunks 171, Viuva Negra e Pandemia, a incorporação sempre de novos paradigmas antipolíticos se dá de maneira atualizada e pautada em discussões dos movimentos sociais contemporâneos.

Nos textos e conversas com as pessoas das okupas/ squatts aqui abordados fica explicito as preocupações com a degradação ambiental, os debates sobre teoria *queer*, sobre segurança nos meios computo-informacionais além de todas as experiências fazerem partes de redes de economia solidária, um debate que vem crescendo no contexto latino-americano.

Chamamos de antipolítica uma concepção que parte do princípio de autonomia e liberdade, dar-se a si mesmo suas leis, não sendo possível um indivíduo estritamente autônomo sem uma sociedade autônoma. A autonomia individual, refere-se à preservação da dignidade e das condições para que um indivíduo tome decisões livremente, de defender seus próprios interesses, pontos de vista e de expressar sua opinião em igualdade efetiva. A autonomia coletiva, pressuposto junto a autonomia individual para efetivação de uma antipolítica (AUGUSTO, 2018), remete diretamente à existência de formas de organização sociais que garantam, precisamente, a igualdade efetiva de oportunidade, para a satisfação das necessidades, especialmente na participação dos processos decisórios concernentes à regulação da vida coletiva. Esta última se fundamenta em instituições que sejam construídas de forma autônoma e democraticamente direta e horizontal, possibilitando a existência de indivíduos autônomos, livre e educados para a liberdade — respeitando tanto a sua quanto a dos outros (SOUZA, 2017).

Para Pierre-Joseph Proudhon, dando um novo significado ao termo bastante vinculado a obra de Rousseau, o contrato social, numa efetivação da antipolítica, deveria ser o ato no qual todos os indivíduos de uma sociedade prometem sua inteligência, produtos, trabalho, etc., a seus semelhantes (PROUDHON, 2017 [1985]). Esse deve ser debatido livremente, individualmente consentido por todos os que dele participam, devendo aumentar o bem-estar e a liberdade dos indivíduos (*Idem*). Sendo assim, a antipolítica é uma expressão radical da revolta e potência da cultura libertária, mostrando como há efeitos tanto de expansão e atualização dos anarquismos. As formas de ação antipolíticas se afastariam cada vez mais da luta não só pelo poder, mas também de uma disputa em direção à busca de influenciar as decisões de Estado, privilegiando a ação direta e de experimentações éticas "...de relações que efetivamente operam segundo a transformação que se quer para o presente e não projetada para o futuro" (AUGUSTO, 2018,p. 9). Os ativismos e ações antipolíticas, como em nosso caso os *squatts/ okupas* anarcopunks, recusam formas estratégicas de organização programática que busca conquistar uma hegemonia, se associando por afinidades, sendo assim, não apenas contra hegemônicos, mas anti-hegemônicos, não buscando uma universalização de lutas (AUGUSTO, 2018).

Dito isso, a criação de uma (anti)política prefigurativa, ou seja, da ideia de que um movimento por uma transformação sócio-político cultural precisa necessariamente antecipar os jeitos e os meios da sociedade desejada, os *squatts/ okupas* existem em uma preocupação da politização da vida cotidiana e se desenvolvem articulando espaços públicos e privados com seus ativismos participativos (LOPÉZ, 2002; GORDON 2015). Como apontado pela Okupa Pandemia, "A manutenção e propagação de outras formas de viver o cotidiano também é um ideal" (Okupa Pandemia, Zine RAOR, 2020). Vemos que a antipolitização, através de sua territorialização possibilitam novas formas de sociabilidade, diferentes das propostas pelo circuito da sociabilidade normativa/ normatizada, efetivando assim uma alternativa antagonista no presente, superando alguns convencionalismos que transpassam outros movimentos sociais (SÁNCHEZ-PINILLA et al. 2010). A sociabilidade libertária desenvolvida pelas/ os anarcopunks nos territorios aqui estudados gera um *modo de vida convivial*, algo contrário a produtividade industrial, no qual substitui a produtividade pela convivialidade, um valor técnico por um valor ético, um valor material por um valor realizado. Uma sociedade convivial, como a construída pelos sujeitos aqui estudados, é o resultado de uma autonomia ampla, entendida a cada âmbito da vida social dos indivíduos de uma sociedade, ou micro-sociedade (ILLICH, 2011). Como apontado em entrevista pelo Okupa Pandemia, "Temos mais um espaço pra se encontrar, se olhar no olho e ver a chama da desobediência brilhar" (Okupa Pandemia, Zine RAOR, 2020). Como colocado pela Okupa 171, "De acordo com as vivencias e as experiências que estas barricadas nos proporcionam, diariamente, com certeza podemos sentir na vivencia as aptidões reais das individualidades, para se ter uma coletividade real" (Okupa 171, 2020). Essas colocações nos apontam para a importância da construção de uma modo de vida convivial possibilitado pelos territórios das *okupas*, e como estes possibilitam a vivencia de uma cultura libertária e anarcopunk no cotidiano.

Consideramos, portanto, que a antipolitização da vida cotidiana cria, de alguma maneira, uma cultura antipolítica, ou, no caso dos *squatts/ okupas* anarcopunks, contracultura, referindo-se a um conjunto de princípios e orientações compartilhados sobre "fazer política", possibilitado pela regularidade de interações que acabam estruturando expectativas mútuas entre os participantes (GORDON, 2015). A (anti)politização da vida cotidiana e a construção de (anti)políticas pré-figurativas nos *squatts/ okupas* aqui analisados se dá desde a simples recusa ao trabalho formal, a coletivização do espaço de moradia, ateliers coletivos de produção de materiais anarcopunks, até reuniões coletivas para discutir a gestão de onde moram, ações de propaganda anárquica e desconstrução pessoal da cultura heterônoma/ normativa. Além disso, todas as experiências abordadas mantêm/ mantinham bibliotecas anarquistas, grupos de estudos e a realização de diversas atividades públicas de caráter libertário.

CONCLUSÃO

Como vimos os *squatts/ okupas* protagonizados por anarcopunks, a partir da análise bibliográfica e das três experiências que temos como base, são espaço de vivência/ prática da crítica a produção do espaço heterônomo, desde da simples ocupação até a gestão e coletivização do chamado "espaço privado".

Acreditamos que as existência desses territórios dissidentes cria um espaço de possibilidade, aprofundamento e criação da cultura libertária e de antipolitização da vida cotidiana, possibilitando aos moradores e apoiadores/ frequentadores a desconstrução da racionalidade liberal (vide PASSETTI et alli, 2018) em seus cotidianos e a construção de (anti)políticas prefigurativas a serem (con)vivenciadas no presente, rompendo o metadiscurso revolucionário de espera do futuro.

Vemos que a construção desse territórios possibilita um modo de vida convivial, saindo da lógica de sociabilidade heterônoma e moderno-colonizada das cidade contemporâneas. Além disso, a convivialidade também ajuda a manter a contracultura anarcopunk ativa e renovada, não estagnada a concepções de anarcopunk da década de 80 do século passada.

Achamos que com essas considerações começamos a abrir o diálogo acerca da importância das análises das experiências dos *squatts/ okupas* e do movimento anarcopunk na América Latina e no mundo, e mais especificamente, em nosso caso, no território dominado pelo estado e capital brasileiro.

BIBLIOGRAFIA

AUGUSTO, Acácio. "Penalização a céu aberto uma política planetária". In: *Ecopolítica*, n. 4., p. 84–101. São Paulo: 2012. Disponível online.

______. "Revolta e antipolítica em Bakunin". In: *Verve*, ed. 26, pp. 157–173. São Paulo: 2014.

______. *Política e Antipolítica: anarquia contemporânea, revolta e cultura libertária*. Tese de Doutorado defendida na PUC-SP, 2013. Disponível online.

______. "Antipolítica e nova política: o movimento antiglobalização, anarquia e os governos do Sul". Palestra proferida no I Congreso de Investigadorxs sobre anarquismo. Argentina: 2016. Disponível online.

______. *O fogo da antipolítica*. Imprensa Marginal. São Paulo/ Rio de Janeiro: 2018.

______. "Das canções que animam rebeldes: Uma nota sobre Redson, a banda Cólera e a emergência do anarco-punk". In: *Verve*, 20 pp. 136–14. São Paulo: 2011.

ARCE, José M. Valenzuela (coord.). *El sistema es antinosostros*. México: Gedisa, 2015.

BASTOS, Yuriallis Fernandes. "Partidários do anarquismo, militantes da contracultura: Um estudo sobre a influência do anarquismo na produção cultural anarco-punk". In: *CAOS*, n. 9 pp. 284–433. João Pessoa: 2005.

BRANDÂO, Ignácio de Loyola. *O verde violentou o muro*. São Paulo: Global, 1986.

CARLOS, Ana Fani Alessandri. "Da *organização* à *produção* do espaço no movimento do pensamento geográfico". In: *A produção do espaço urbano: Agentes e processos, escalas e desafios*. CARLOS, A. F. A, SOUZA, M. L. e SPOSITO, M. E. B., p. 53–74. São Paulo: Editora Contexto, 2013.

______. A tragédia urbana. In: *A cidade como negócio*. CARLOS, A. F. A., VOLOCHKO, D. e ALVAREZ, I. P. (orgs.). P. 43–64. São Paulo: Editora Contexto, 2015

CASTRO, Iná. *Geografia e Política*. Rio de Janeiro: Bertrand Brasil, 2005

CORRÊA, Roberto Lobato. "Sobre agentes sociais, escalas e produção do espaço: Um texto para discussão". In: *A produção do espaço urbano: Agentes e processos, escalas e desafios*. CARLOS, A. F. A., SOUZA, M. L. e SPOSITO, M. E. B.. P. 41–52. São Paulo: Editora Contexto, 2013.

DAMIANI, Amélia Luisa. "(Des)encontros entre a Geografia e o urbano: a contribuição de Henri Lefebvre". In: *Atravessando a geografia, Marx, Lefebvre e os situacionistas* (v. 1). DAMIANI, A. L. e BAITZ, Ricardo (orgs.) São Paulo: Editora Tiragem Livre, 2017

DAY, Richard. *De la hegemonia a la afinidad*. Buenos Aires: Enclave de Libros, 2016.

DEBORD, Guy. *A sociedade do espetáculo*. Tradução de Estela dos Santos Abreu. São Paulo: Contraponto, 2011.

GABEIRA, Fernando. *Vida alternativa: uma revolução do dia-a-dia*. Porto Alegre: L&PM, 1986.

GORDON, Uri. *Anarquia viva! Política antiautoritária da prática a teoria*. Tradução Editora Subta. Porto Alegre: Editora Subta, 2015.

HAESBAERT, Rogério. *Viver no Limite: Território e Multi/ transterritorialidade em tempos de in-segurança e contenção*. Rio de Janeiro: Bertrand Brasil, 2014.

______. "Dilema de conceitos: espaço-território e contenção territorial". In: *Territórios e Territorialidades*. SAQUET, Marcelo et al. (orgs.) P. 91–118. Rio de Janeiro: Consequência, 2015.

LÓPEZ, Miguel Martinez. *Okupaciones de viviendas y de centro sociales: autogestion, contracultura y conflictos urbanos*. Espanha: Virus, 2002.

PASSETTI, Edson. "Governamentalidade e violência". In: *Currículo sem fronteiras*, v. 11, n. 1, p. 42–53, Janeiro–Junho de 2011. Disponível online.

______. "Transformações da biopolítica e emergência da ecopolítica". In: *Revista Ecopolítica*, n. 5, Janeiro–Abril de 2013, p. 2–37. Disponível online.

______; AUGUSTO, A.; CARNEIRO, B. S.; OLIVEIRA, S.; RODRIGUES,T. *Ecopolítica*. São Paulo: Hedra, 2019.

PLOWS, Alex. *Pratics and Praxis: the what, how and why of the UK environmental direct action movement in the 1990s*. Tese de Doutorado defendida na Universidade de Gales. País de Gales: 2002. Disponível online.

TEIXEIRA, Eduardo Tomazine. "A *quinta coluna* da cidade heterônoma: uma reflexão em torno das conquistas e dos limites das práticas espaciais de uma parcela do movimento sem-teto no Rio de Janeiro". In: *Revista Cidades*, v. 9, n. 15, p. 95–132. São Paulo: Outras Expressões, 2012.

NETO, Nécio Turra. *Enterrado vivo: Identidade punk e território em londrina*. São Paulo: Editora UNESP, 2003.

RUDY, Cleber. *Nas entranhas da(s) cidade(s): Resistência à organização capitalista da vida urbana.* Ponta Grossa: Monstro dos Mares, 2019.

SANCHES-PINILLA, Mario, LOPEZ, Miguel A.M., FERNADEZ, Elizabeth Lorenzi. *Okupaciones en movimiento: derivas, estratégia y practicas*. Espanha: Tumulto, 2010.

SOUZA, Marcelo Lopes de. *Conceitos fundamentais da pesquisa sócio-espacial*. Rio de Janeiro: Bertrand Brasil, 2013.

______. *Por uma geografia libertária*. Rio de Janeiro: Consequência, 2017

______. "Autogestão, *autoplanejamento*, autonomia: Atualidades e dificuldades das práticas espaciais libertárias dos movimentos urbanos". In: *Revista Cidades*, v. 9, n. 15, p. 59–94. São Paulo: Outras Expressões, 2012.

Anarquismo e vegetarianismo no Rio da Prata[1]

SEBASTIÁN STAVISKY

No começo do século XX, na Argentina e no Uruguai, a pecuária e a indústria frigorífica constituíram a principal fonte de rendas externas de ambos países, tendo sido também grande produtora de alimentos destinados a seus respectivos mercados internos. Se calcula que, naqueles tempos, o consumo de carne na região girava em torno de 300 gramas diárias per capita, quantidade significativamente maior do que a de outros países da América Latina e do hemisfério norte, nos quais os altos custos da carne bovina fazia dela um produto em grande medida restrito aos setores mais abastados.[2]

Estas condições favoráveis de acesso à carne no rio da Prata talvez permitam compreender as dificuldades ali oferecidas à prática e à difusão do vegetarianismo. Mais do que a decisão individual subjacente à adoção de um determinado regime alimentar, é possível supor que ser vegetariano implicava, de algum modo, a expressão de um questionamento à atividade industrial mais pujante do capitalismo periférico do Atlântico sul-americano. Mesmo assim, e possivelmente com maiores níveis de assertividade, também era a expressão de uma crítica ao hábito de consumo popular de produtos que, em outras partes do mundo, podiam ser considerados quase como bens de luxo.

Em seu esforço para ensaiar formas alternativas de existência, alguns militantes anarquistas no rio da Prata dos primeiros anos do século XX adotaram o vegetarianismo. Este foi o caso de Arturo Montesano, expulso da Argentina pela Lei de Residência, em 1902, ou de Salvador Planas y Virella, que atentou sem sucesso contra a vida do presidente Manuel Quintana, em 1904. Também houve aqueles que, mais do que terem praticado ou não, postularam o vegetarianismo como ideal de vida futura para o conjunto da sociedade, tal como se apresentava nas narrativas utópicas *La ciudad anarquista americana*, de Pierre Quiroule (1914), ou *En el país de Macrobia*, de Albano Rosell (1928).[3]

1. Tradução do espanhol por Gabriel Passetti.
2. Os dados foram retirados, para o caso da Argentina, do libro de Peter Smith (1986); para o caso do Uruguai, do de José Pedro Barrán e Benjamín Nahum (1979).
3. Sobre o pensamento de Albano Rosell, ver Stavisky (2000).

No entanto, a propaganda vegetariana não foi um assunto ao qual a imprensa libertária tenha prestado muita atenção. O rechaço ao consumo de carne não foi uma política que os periódicos anarquistas tenham sustentado de maneira aberta, tal como fizeram quanto ao consumo de outros produtos como, por exemplo, as bebidas alcoólicas.[4] Este, tampouco, foi um tema que tenha chamado à reflexão com mais atenção, como ocorreu com outras condutas que poderíamos chamar também de discordantes para a época, como o amor livre ou o exercício não silenciado da sexualidade. [5]

Por fim, o costume de comer carne entre os trabalhadores não apenas não foi problematizado com insistência, como inclusive foi promovido nas propagandas convocatórias aos piqueniques anarquistas. Entre muitos casos, cabe mencionar um realizado em prol do jornal *La Protesta* e do comitê pró-máquinas *La Rebelión*, em 7 de fevereiro de 1915, na cidade de Rosário. O anúncio que convidava a este encontro de camaradagem ao ar livre informava que o bufê levaria "assado com couro", enquanto nas atividades a serem realizadas no horário do almoço estaria uma "grande disputa entre carnívoros e vegetarianos".[6]

Ainda assim, mesmo tendo em consideração este conjunto de fatores, é possível encontrar nos periódicos libertários a presença de vozes dispersas, preocupadas em fazer com que o vegetarianismo se tornasse um tema de interesse para a militância ácrata. O estudo da imprensa anarquista nas primeiras décadas do século XX no rio da Prata permite desenvolver a hipótese de que, nela, o rechaço ao consumo de carne assumiu duas estratégias de difusão distintas. Por um lado, foi promovido como parte de uma *dietética naturista*, para a qual a manutenção de uma alimentação a base, principalmente, de frutas, verduras e legumes era uma prescrição fisiológica e, portanto, essencial para alcançar uma vida saudável. Por outro lado, foi concebido a partir da perspectiva de

4. Sobre o rechaço ao consumo de álcool por parte do anarquismo na Argentina, ver Martínez Mazzola (2000); no Uruguai, Porrini Beracochea (2019, p. 116–124).

5. Sobre isso, Dora Barrancos afirmou que "o pensamento libertário sobre a sexualidade se [nutriu] do movimento pan-erótico representado por Tolstói" (BARRANCOS, 1990, p. 254), um dos promotores do vegetarianismo mais citado pelo anarquismo no rio da Prata, sobre quem voltarei mais à frente. Sobre anarquismo e amor livre no Uruguai, ver Wasem (2015); na Argentina, Fernández Cordero (2017).

6. "Pic-nic en Rosario". In: *La Protesta*, Ano XIX, n. 2452, p. 3. Buenos Aires: 26 de janeiro de 1915.

uma *ética antimilitarista*, segundo a qual a abstenção do consumo de carne se encaixava em um hábito de conduta no qual restava a esperança de um mundo sem guerras.[7]

Neste trabalho, proponho a análise destas duas estratégias de difusão do vegetarianismo desenvolvidas na imprensa anarquista. Ao fim, apresentarei as dificuldades enfrentadas pelos propagandistas de uma dieta vegetariana quando quiseram levar suas ideias ao conhecimento de companheiros de militância para os quais o consumo de carne parecia um costume ao qual não estavam dispostos a renunciar tão facilmente.

A ÉTICA ANTIMILITARISTA DO VEGETARIANISMO

Em 1902, um grupo de anarquistas de Buenos Aires se voltou à criação de uma *Casa del Pueblo* no local onde era o Skating Ring, localizado à rua Charcas 1109–1149. Entre seus sócios fundadores, havia aqueles que praticavam o vegetarianismo. Em um conflito com a polícia quando a *Casa* estava começando a se constituir, um deles foi preso acusado de embriaguez e porte de armas. O jornal *El Trabajo*, editado pela *Casa*, informou sobre a injustiça cometida contra o companheiro que, segundo diziam, além de vegetariano era abstêmio e nos costumava levar armas. "E quando [a polícia] devolverá os 50 pesos pagos para libertar a tal vegetariano?" — se perguntavam. Na mesma nota, denunciava-se a posição assumida pelos membros da *Federación Obrera Argentina*, que "dispondo a seu arbítrio da imprensa libertária, combateram e combatem a grande iniciativa da *Casa del Pueblo*".[8] A imprensa libertária a que os redatores de *El Trabajo* se referem era *La protesta humana*, periódico que expressava não concordar nem com a política de quem havia assumido a função de administrador do local, nem com o programa que os membros da *Casa del Pueblo* haviam implementado.[9]

Tal programa projetava a oferta de um conjunto amplo de serviços destinados aos operários, tais como sala de reuniões, consultório médico, universidade popular e restaurante vegetariano. Segundo o material de criação da *Casa*, o

7. A questão do antimilitarismo no anarquismo da Argentina foi analisada por Gisela Manzoni em distintos artigos. Entre eles, para o propósito deste trabalho, cabe destacar Manzoni (2012; 2018).

8. "A los enemigos de la Casa del Pueblo". In: *El Trabajo*, Ano I, n. 1, p. 6. Buenos Aires: 26 de junho de 1902.

9. "Sobre la Casa del Pueblo". In: *La Protesta Humana*, Ano VI, n. 177, p. 3. Buenos Aires: 7 de junho de 1902.

objetivo do restaurante era contribuir para a propagação de um regime alimentar racional, econômico e saudável, que permitisse, "inutilizando por completo o triste sacrifício dos animais, [arrancar] do homem os funestos hábitos de crueldade". De tal maneira, esperava-se que o cardápio desprovido de carne colaborasse para combater os efeitos que tais maus hábitos associados à comida produziam "sobre os atos individuais sangrentos e sobre a matança fratricida nos campos de batalha" (citado por BARRANCOS, 1990, p. 260).[10]

Esta ideia, para a qual o rechaço ao consumo de carne permitiria terminar não apenas com a crueldade com o que hoje chamaríamos de animais não-humanos, mas também com a ameaça da crescente militarização do mundo, encontrava-se presente em muitas e reconhecidas referências do pensamento libertário internacional. Entre eles, um dos mais emblemáticos foi Leon Tolstói, cujos textos publicados na imprensa anarquista do Rio da Prata debatiam duas questões: o pacifismo e a importância do controle dos prazeres considerados prejudiciais ao desenvolvimento de uma vida moral.

O autor russo considerava que o domínio de si nos hábitos alimentares era o pontapé inicial para toda pessoa que desejava avançar pelo caminho da virtude e, entre as distintas variedades de alimentos que se estava acostumado a servir nos pratos das pessoas de apetite sem moderação, aconselhava a começar pela abstenção da carne.[11]

Os escritos de Tolstói sobre vegetarianismo tiveram um grande impacto na Rússia, onde no início do século XX o movimento vegetariano gozava de certo auge até que, após a Revolução de Outubro, passou a sofrer a perseguição do governo soviético. Em setembro de 1929, o jornal *La Protesta* — que naquele momento publicava o *Guerra e paz* de Tolstói como folhetim — informou em uma de suas tantas notas dedicadas a denunciar as atrocidades do regime bolchevique que, em começo do mês de maio, as autoridades de Moscou haviam fechado a Sociedade Vegetariana de Moscou, fundada, segundo afirmam, pelo próprio pacifista russo vinte anos antes. Melhor sorte parece ter tido a Sociedade Vegetariana de Leningrado que, precavida de que o termo

10. Sobre o projeto da *Casa del Pueblo* e os conflitos suscitados, ver Oved (1978, pp. 231–235).

11. Um dos textos em que o autor russo tratou com maior cuidado sua concepção do vegetarianismo como uma atitude ética foi seu escrito "El primer peldano" (TOLSTÓI, 2017). Este texto faz parte do período em que Tolstói começou a ensaiar uma revisão dos ensinamentos de Jesus. Ao assumir o mandamento "não matarás" como conduta máxima a quem desejava alcançar a perfeição moral, deveria ser aplicado no vínculo não apenas com outros seres humanos, mas com todos os seres vivos. Neste contexto, enquanto começava a adotar uma dieta estritamente vegetariana, Tolstói traduziu ao russo o livro dedicado à história do vegetarianismo do inglês Howard Williams, *The Ethics of Diet*, para o qual escreveu um prólogo (SPENCER, 1996: 288–289).

vegetarianismo estava "rigorosamente proibido" mudou seu nome para "Sociedade de propaganda para uma alimentação láctea e vegetal". [...] Ao contrário dos tolstoianos pacifistas de Moscou — concluía o articulista traçando uma explícita diferenciação a respeito do militarismo — esta sociedade recomenda um regime racional para uso especial do exército vermelho".[12]

Outra referência do anarquismo internacional e praticante do vegetarianismo foi Eliseu Reclus, um dos autores de língua estrangeira mais traduzido e publicado pela imprensa libertária do rio da Prata.[13] Em uma longa nota publicada no *Suplemento Quincenal* de *La Protesta* dedicada a recordar aspectos da vida de seus irmãos Elias e Eliseu, Paul Reclus comentou a adoção, da parte de ambos, de uma dieta vegetariana, traçando uma distinção sobre como cada um vivia esta política alimentar. Elias havia se tornado vegetariano através de um estudo reflexivo sobre o que se havia escrito sobre o tema. No entanto, para não incomodar seus amigos quando era convidado a jantar, ou à sua mãe, que não acredita ser possível se alimentar de maneira adequada somente com verduras, podia acabar comendo um prato de carne. Ao contrário, a decisão de Eliseu de não se alimentar com produtos provenientes da matança animal foi decisiva e, uma vez assumida, se manteve nela de maneira irredutível. [14]

Em 1901, Eliseu Reclus escreveu um artigo para o periódico *La Réforme Alimentaire*, da Sociedade Vegetariana da França. Três anos mais tarde, em abril de 1904, a revista *Natura*, de Montevidéu, dedicada à propaganda do método naturista de cura, publicou uma tradução do escrito, a cargo do adventista peruano Eduardo Francisco Forga. [15] De título *A propósito del vegetarismo* (sic), o artigo foi também publicado no mês de julho do mesmo ano pela revista *Martín Fierro* de Buenos Aires.[16] Nele, Reclus se propôs a mostrar os profundos

12. "Del paraíso sovietista. Noticias de presos y de prisiones". In: *La Protesta*, Ano XXXIII, n. 6369, p. 2. Buenos Aires: 15 de setembro de 1929.

13. Juan Suriano demonstrou que Eliseu Reclus foi, após Kropotkin, o teórico mais difundido por *La Protesta*, diário que entre, 1904 e 1910, publicou 27 artigos do francês, apenas um a menos do que do russo (SURIANO, 2008, p. 101).

14. RECLUS, Paul. "Recuerdos sobre los Reclus". In: *La Protesta. Suplemento Quincenal*, Ano VII, n. 282, pp. 219–223. Buenos Aires: 16 de abril de 1928.

15. RECLUS, Eliseu. "A propósito del vegetarismo". In: *Natura*, Ano I, n. 4, pp. 59–62. Montevideo: Abril de 1904.

16. RECLUS, Eliseu. "A propósito del vegetarismo". In: *Martín Fierro*, Ano I, n. 21, p. 3. Buenos Aires: 28 de julho de 1904. É possível que os editores de *Martín Fierro*, sem mencionar a fonte, nem a tradução, tenham transcrito o artigo da *Natura*, já que a revista dirigida por Ghiraldo publicaria, três números depois, outro escrito que também tinha aparecido naquele mesmo número da revista de Montevidéu em que estava o de Reclus. Este foi "Bebidas venenosas", de Leon Tolstói.

contrastes no comportamento ético e moral daqueles que se alimentavam de carne e daqueles que já haviam abandonado este hábito, que considerava digno de antropófagos. O modo pelo qual deu início ao desenvolvimento do argumento aludiu ao massacre que, naqueles anos, ocorria na China na guerra que sucedeu ao levantamento dos *boxers* contra a ocupação estrangeira. "Quem são esses horrorosos assassinos?" — se perguntava.

> São pessoas parecidas conosco, que estudam e leem como nós, que tem irmãos, amigos, uma mulher ou uma namorada; e cedo ou tarde estamos expostos ao risco de encontrá-los, a apertar suas mãos sem encontrar os vestígios de sangue derramado! Por que não há uma relação direta de causa e consequência entre a alimentação destes carrascos, que se dizem *civilizados* e seus atos ferozes? Eles também se acostumaram a considerar a carne sangrenta como geradora de saúde, força e inteligência. Eles também entram sem repugnância nos açougues, onde se passa sobre um chão vermelho e se repira o odor azedo de sangue! Há, por acaso, uma diferença tão grande entre o cadáver de um boi e o de um homem? Os membros esquartejados, as entranhas misturadas de um e de outro se parecem muito: a matança do primeiro facilita o assassinato do segundo...[17]

Para o anarquista francês, a opção pelo vegetarianismo era uma exigência ética baseada na certeza de que o tipo de alimentação das pessoas condicionava seus modos de conduta. Em um trabalho dedicado, entre outras questões, a reconstruir a história do naturismo libertário na França, Arnaud Baubérot sugeriu que seria possível compreender esta concepção do vegetarianismo presente no autor de *O homem e a terra* como um tipo de dobra sobre si de suas ideias sobre a íntima relação entre a história humana e a ação da natureza (BAUBÉROT, 2015, p. 174). Neste sentido, a aposta política que permitia associar o rechaço ao consumo de carne com as posições antimilitaristas do anarquismo supunha a busca por expandir as relações de solidariedade entre as pessoas ao vínculo com os animais.

Assim, se esperava que a mudança no regime de condutas que esta busca propiciava permitisse à sociedade terminar de uma vez por todas com as guerras e alcançar a harmonia própria da natureza.[18]

Mesmo que estas ideias de Tolstói e Reclus não tenham tido demasiado impacto em anarquistas com militância no contexto do rio da Prata, é possível encontrar momentos em que formulações similares voltaram a estar presentes

17. RECLUS, Eliseu. "A propósito del vegetarismo". In: *Martín Fierro*, *op. cit.*, p. 3.
18. Esta associação entre vegetarianismo e antimilitarismo foi também defendida pelo anarquista venezuelano Carlos Brandt quem, em um artigo publicado em 1917 na revista *Helios*, órgão da *Sociedad Vegetariana Naturista de Valencia*, afirmou que "se queremos paz, não uma paz hipócrita, mas uma paz verdadeira, purifiquemos o sangue dos homens por meio de um regime vegetariano, ou seja, natural, e então se terá inevitavelmente este resultado" (BRANDT, 1917, p. 5).

na imprensa libertária da região. Uma dessas ocasiões foi no contexto da Primeira Guerra Mundial e do debate, no Uruguai, sobre a sanção de um projeto de lei de serviço militar obrigatório. Naquele momento, constituiu-se uma Liga Antimilitarista, cujas atividades eram difundidas com regularidade pelo periódico *El Hombre*. Este semanário anarquista editado pelo *Centro de Estudios Sociales* acompanhou as ações da Liga, publicando conteúdos que permitissem aos leitores se informar e refletir sobre o problema da guerra e do militarismo. Com este objetivo, em novembro de 1916, convidou-se Diógenes Costa a escrever. Este era o pseudônimo de Juan Esteve Dulin, quem alguns anos mais tarde seria o diretor da *Escuela Libre Naturista* e editor da revista *¡Vivir!*, publicação dedicada a esta corrente da medicina natural, conhecida como tropologia e orientada ao estudo da saúde a partir exclusivamente do ponto de vista da alimentação.

Segundo informou *El Hombre*, Diógenes Costa havia chegado há pouco a Montevidéu, "depois de ter percorrido à pé milhares de quilômetros de terras americanas" e de ter realizado "notáveis observações [...] entre diferentes tribos de índios".[19] Aproveitando dos conhecimentos que havia adquirido ao longo de sua peregrinação — e como forma, ao mesmo tempo, de difundir uma conferência sua que, organizada pelo periódico, ocorreria na mesma noite no Centro Internacional — pediram a ele que desse sua "opinião sobre a guerra, particularmente se acreditava que os primitivos foram, ou seguem sendo, guerreiros por excelência". A resposta, basicamente, foi a de que alguns sim e outros não. A diferença estava nas condições de vida dos distintos povos, no ambiente natural em que viviam e no tipo de alimentação que consumiam.

Este conjunto de fatores permitia explicar a maior ou menor predisposição à guerra das tribos que Diógenes Costa havia estudado. Assim, destacava o exemplo dos pacíficos taitianos, que "se alimentavam de frutas silvestres e mel", viviam em uma ilha encantadora em que não havia "nenhum animal perigoso nem carnívoro" e "desconheciam as doenças". Outro exemplo eram os Guayaki da região paraguaia, que desconheciam por completo os vícios da civilização, "não fumam nem conhecem o álcool, comem qualquer coisa, mas preferem — novamente — as frutas e o mel".[20]

19. "Diógenes Costa". In: *El Hombre*, Ano 1, n. 4, p. 4. Montevideo: 4 de novembro de 1916. Diógenes Costa era famoso pelos longos trajetos que dizia percorrer à pé. Em 20 de janeiro de 1917, *El Hombre* informou nova conferência dele no *Centro Internacional*, a ser realizada antes que partisse de Buenos Aires "a partir de onde se dirigirá à pé a Santiago de Chile".
20. COSTA, Diógenes. "Las ideas de un naturalista sobre la guerra". In: *El Hombre*, Ano 1, n. 2, p. 4. Montevideo: 4 de noviembre de 1916.

Somadas ao costume de não vestir roupas e praticar o nomadismo, estas formas de vida aparentemente arcaicas eram destacadas por Diógenes Costa como fundamento da bondade que caracterizava as tribos vegetarianas. Sua existência pacífica e em harmonia com a natureza era ressaltada pelo autor, em contraste aos hábitos doentes dos chamados povos civilizados. A má alimentação, o sedentarismo que privava os corpos do contato com o ar livre, a pouca ou nula realização de exercícios físicos, a ignorância das regras de higiene na vestimenta e, inclusive, das formas corretas de respiração, constituíam, junto do desenvolvimento de uma ciência médica errada, não apenas a causa de tantos problemas de saúde que afligiam as sociedades modernas, como também eram o impulso que as levava a declarar guerra umas às outras.

A DIETÉTICA NATURISTA DO VEGETARIANISMO

A outra estratégia através da qual se buscou difundir o vegetarianismo na imprensa anarquista do rio da Prata foi a levada a cabo pelos partidários do sistema natural de cura. Sem deixar de atribuir benefícios de índole moral, eles promoveram a alimentação vegetariana se apoiando, principalmente, em argumentos que apontavam para um tipo de imperativo de caráter fisiológico. Em livros e revistas de fins do século XIX e princípios do XX, os praticantes do naturismo procuravam publicar estudos — muitos deles de alijados da ciência médica — dedicados a detalhar as características específicas do corpo humano: a forma de seus dentes, o tamanho de seu esôfago, a dimensão de seu estômago. Destas descrições, deduziam que o aparato digestivo do ser humano, diferentemente do de outros animais, não se encontrava apto à correta absorção das proteínas da carne. Assim, afirmavam que a dieta vegetariana era a que correspondia naturalmente às pessoas, e que grande parte dos problemas de saúde por elas sofridos eram resultado do costume errado de ingerir produtos provenientes da matança animal.

Através da publicação de distintos anúncios na imprensa libertária, os naturistas buscaram interpelar os anarquistas a adotar o vegetarianismo. Neles, convocavam os operários a aderir a seu regime alimentar, "o único que se associa às ideias emancipadoras [...] sem substâncias oriundas de animais mortos, nem fermentadas" — tal como indicava a publicidade de um restaurante vegetariano e anti-alcoólico estabelecido na rua 25 de Maio, 449, sede do *Centro*

Natura de Buenos Aires, fundado em 1904. [21] Este mesmo anúncio, publicado na revista *Martín Fierro*, convocava que fossem ao estabelecimento "todos os que desejam uma vida saudável e alegre", sob o argumento de que "a base da existência está constituída por uma alimentação saudável".[22]

Se bem que alguns anarquistas tenham praticado o naturismo e, inclusive, buscaram associar suas ideias de emancipação social com aquelas outras que apontavam de maneira mais específica para o cuidado alternativo da saúde, anúncios como este incomodaram militantes libertários, que consideravam irresponsável a aplicação de técnicas de cura distantes da medicina oficial. Foi assim que, após a publicação em *La Protesta* de publicidade de um consultório naturista de Arturo Montesano, prometendo curar os doentes "empregando somente ar, sol, luz, água, eletricidade e alimentação vegetariana"[23], Juan Creaghe enviou uma carta aos editores do periódico manifestando sua desconformidade com a publicação. Na missiva, expressou que "a propaganda que se faz, por meio do referido aviso, é extremamente prejudicial", argumentando que isso se devia à "ignorância científica em que se encontram os atuais *curandeiros naturalistas* para diagnosticar com acerto a doença mais insignificante".[24]

A carta de Creaghe é significativa, já que tratava da reação de um dos fundadores de *La Protesta* que, inclusive, pouco depois desta disputa com Montesano, assumiria durante um tempo o cargo de diretor do periódico. Além de reconhecido militante anarquista, Creaghe era um médico diplomado e, já em 1901, havia participado de um longo debate contra outro companheiro de ideias praticante do naturismo.[25] Ação semelhante ocorreria uns meses depois, neste caso em resposta ao artigo de outro reconhecido militante, José Maria Acha, que chamava os trabalhadores a abandonar a carne, "alimento anti-natural ou incompatível com o organismo humano". [26] Três dias depois,

21. Em *La Protesta*, Ano VIII, n. 439, p. 4. Buenos Aires: 2 de novembro de 1904. No ano seguinte, o restaurante se mudou para a rua Lavalle. 951.

22. *Martín Fierro*, Ano I, n. 35, p. 2. Buenos Aires: 7 de novembro de 1904.

23. *La Protesta*, Ano X, n. 660, p. 3. Buenos Aires: 14 de fevereiro de 1906.

24. "Publicaciones de avisos en 'La Protesta' ". In: *La Protesta*, Ano X, n. 683, p. 2. Buenos Aires: 20 de março de 1906.

25. Tratei deste debate em Stavisky (2016).

26. ACHA, José María. "Sobre neo-malthusianismo. Ampliando conceptos". *La Protesta*, Ano X, n. 934, 16 de janeiro de 1907, p. 1.

Creaghe respondia que não compreendia como alguém que vivia na Argentina, "onde a carne é o sustento principal de seus habitantes", podia realizar tal afirmação sem qualquer embasamento científico.[27]

Se durante o tempo em que Creaghe participou ativamente da administração de *La Protesta* a difusão da propaganda vegetariana apoiada sobre argumentos de caráter fisiológico sofreu recorrentes questionamentos, em meados da década de 1910 o periódico pareceu se mostrar mais aberto a este tipo de discursos. Por volta de 1915, várias notas sobre temas relacionados à medicina naturista começaram a ser publicadas em uma seção de *La Protesta* intitulada "Divulgaciones científicas".

Alguns destes escritos eram assinados por Domingo Marconi y Caiola, diretor da *Escuela Moderna* de Almagro e integrante do *Centro Vegetariano Sol y Tierra*.[28] Fundado em 1913 na rua Jufré, 52, na cidade de Buenos Aires, seu objetivo era "propagar o vegetarianismo científico e o naturalismo (sic), como fatores para conservar a saúde física e psíquica". [29] As atividades patrocinadas por aquele espaço, para as quais se recorria às páginas do periódico anarquista para difundir, incluíam reuniões, conferências, banquetes vegetarianos e empréstimos de materiais sobre o tema, para quem quisesse aprender a cuidar de sua própria saúde.

Em 17 de julho de 1915, Marconi y Caiola publicou um artigo intitulado "Sobre la alimentación", na já citada seção "Divulgaciones científicas".[30] Ele fez uso de um vocabulário digno do espaço que lhe abriram e argumentou contra o hábito de ingerir alimentos procedentes de animais mortos através de uma sucinta descrição do modo em que eles produziriam uma desorganização de diferentes funções vitrais do organismo. Segundo ele, a carne excitava as paixões, dificultava a digestão, irritava o estômago, gerava um aumento do cansaço físico e causava terríveis neuroses e torturantes dispepsias. Por razões óbvias, tudo isso ocorria devido ao fato de que o corpo humano não se encontrava apto para o consumo de tais produtos e, portanto, o desconhecimento desta premissa fisiológica elementar era um desvio artificial das leis da natu-

27. CREAGHE, Juan. "A propósito de un artículo". In: *La Protesta*, Ano X, n. 940, p. 1. Buenos Aires: 19 de janeiro de 1907.

28. Em 1916, a *Escuela Moderna* de Almagro foi intalada na rua Quintino Bocayuva, 761, onde também funcionava a sede do comitê "Pró Saúde", patrocinado por *Sol y Tierra* e dedicado a fazer campanha contra a lei de vacinação obrigatória. Sobre a *Escuela Moderna* de Almagro, ver Barrancos (1990, p. 138).

29. *La Protesta*, Ano XVIII, n. 1989, p. 4. Buenos Aires: 15 de junho de 1913.

30. MARCONI Y CAIOLA, Domingo. "Sobre la alimentación". In: *La Protesta*, Ano XIX, n. 2601, p. 3. Buenos Aires: 17 de julho de 1915.

reza. Para corrigir este desacerto tão arraigado nos costumes alimentares da região do rio da Prata, Marconi y Caiola recomendava com urgência uma dieta exclusivamente de vegetais.

Por fim, um caso singular de vínculo entre a imprensa anarquista e o vegetarianismo foi o do periódico *Despertar*, de Montevidéu. Fundado em 1905 pela sociedade de resistência *Obreros Sastres*, suas notas doutrinárias e sobre a associação dividiam espaço nas páginas de cada um de seus números com artigos dedicados ao cuidado com a saúde. À abordagem de temas com certa presença na imprensa do ideário com o qual comungava, como a luta contra o álcool, se somavam recorrentes notas que tratavam dos riscos do tabagismo e o consumo de mate, os benefícios do controle neo-malthusiano da natalidade e a dieta vegetariana. Sua linha editorial mantinha uma posição fortemente crítica à medicina oficial e ao uso da farmacologia, à cirurgia e às vacinas, contrapondo uma aberta e indiscutível promoção da terapêutica naturista. Podemos supor que esta política tenha sido motivada por quem foi um de seus fundadores e diretor do periódico, Pascual Lorenzo.

Lorenzo foi um dos militantes mais ativos do início do movimento anarquista uruguaio, assim como também um dos primeiros a praticar e difundir medicina naturista em Montevidéu. Foi sócio fundador do *Centro Natura* e ocupou o cargo de diretor da revista homônima durante a primeira época da mesma. Em 1904, coeditou, com um companheiro libertário também praticante do naturismo, Herminio Calabaza, o livro o Dr. Rosch, *Higiene del matrimonio*, traduzido ao espanhol por Eduardo Forga e F. Diez. O primeiro deles, recordemos, foi quem também traduziu o artigo de Reclus que a revista em que Lorenzo então participava publicou naquele mesmo ano.[31] Uma série de disputas com outros membros do *Centro Natura* levou, em 1905, a seu afastamento do espaço. No entanto, nem por isso deixou de contribuir com a causa naturista, cujos saberes e métodos de cura — entre os quais o vegetarianismo ocupava um lugar de destaque — difundiu tanto a partir do periódico *Despertar*, como através da *Associación Naturista*, fundada por ele pouco antes de sua morte, em 1915.

Os editores de *Despertar* recorreram ao uso de estudos científicos para sustentar sua propaganda a favor de uma dietética naturista. Eles procuraram

31. Esta coincidência, somada ao fato de que Lorenzo e Calabaza expressaram, em um anúncio "A los lectores", incluído nas primeiras páginas do livro de Rosch (1904, p. 3), serem próximos a Forga, nos leva a pensar que, talvez, o escrito de Reclus tenha sido publicado na revista *Natura* por iniciativa do próprio Lorenzo. Para mais dados sobre a biografia de Lorenzo, ver Zubillaga (2008, p. 122–123).

difundir entre os trabalhadores os benefícios que — asseguravam ter — a adoção de uma alimentação vegetariana traria, assim como os prejuízos que, como afirmavam, o mau costume de comer carne produziam. A propósito dos primeiros, divulgaram informes que atestavam a comprovação de que o vegetarianismo constituía não apenas um regime de vida saudável, como também uma terapia sumamente efetiva na luta contra o alcoolismo. Esta constatação se baseava na evidência de que a alimentação com carne "provoca a sede, como também a observação, não menos evidente, de que uma alimentação insuficiente arrasta muitos trabalhadores à busca de um suplemento de força nas excitações transitórias das bebidas alcoólicas".[32] Em tom similar, outra das notas publicadas pelo periódico recorria a referências a personalidades supostamente eminentes da medicina, à experiência demonstrada na sede da *Asociación Naturista*, localizada à rua Yaguarón, 2060, da cidade de Montevidéu, onde "se conseguiu a regeneração de alguns alcoolistas" graças à prescrição de um simples regime frugívoro.[33]

Se o vegetarianismo era um fator de regeneração, o consumo de carne era, para Lorenzo, um fator de degeneração. Assim, fez saber em uma carta aberta publicada no periódico *El Día* e logo transcrita em *Despertar*. A mesma estava dirigida ao médico uruguaio Francisco Soca — um dos principais apoiadores da lei de vacinação obrigatória contra varíola, sancionada no Uruguai em 1912 — e era uma resposta a um discurso dele no Congresso, em que afirmava que o uso do mate era "o principal culpado pela grande quantidade de doentes no campo". [34] Lorenzo concordava com tais afirmações, atribuindo, segundo compreendia, tal fato ao desconhecimento das regras básicas de higiene por parte da população. Ele ainda complementava que o outro grande inimigo da saúde dos trabalhadores era seu regime antinatural de alimentação com carne. De tal maneira, garantia que, caso se quisesse gozar de uma vida saudável, era urgente renunciar ao consumo de dois produtos fortemente arraigados nos costumes dos setores populares do rio da Prata: o mate e o "saboroso churrasco".

32. "Remedio preventivo y curativo contra el alcoholismo". In: *Despertar*, Ano IV, n. 9, p. 71. Montevideo: Setembro de 1908.

33. LIBERO, Osvaldo. "La salud es la vida". In: *Despertar*, Ano XI, n. 57, pp. 536–537, p. 537. Montevideo: Abril de 1915.

34. LORENZO, Pascual. "La salud en la campaña". In: *Despertar*, Ano VIII, n. 37, p. 275. Montevideo: Outubro de 1912.

Este trabalho partiu de um interesse pelo rastreio da presença da propaganda vegetariana na imprensa anarquista no Rio da Prata, a partir da qual elaborei uma proposta de leitura organizada no que compreendi como duas estratégias de difusão distintas: uma que promoveu a abstenção do consumo de carne como parte de uma ética antimilitarista, e outra que o fez a partir da perspectiva de uma dietética naturista. A leitura das fontes permitiu, desta forma, acompanhar as dificuldades enfrentadas pelos praticantes do vegetarianismo para que suas propostas pudessem ter um lugar no interior da militância libertária. Neste sentido, o caso de *Despertar* foi, de algum modo, um tipo de *avis rara* entre o conjunto dos periódicos, cujas respostas mais frequentes ante o chamado dos companheiros de ideias a ensaiar uma troca no seu regime alimentar variaram entre o desinteresse e a recusa.

Um episódio paradigmático das contrariedades enfrentadas pela propaganda vegetariana no começo do século XX ocorreu no periódico libertário *El Fulgor*, editado em Buenos Aires durante 1906. Em maio daquele ano, um tal Domingo E. Chiappero — nome que, sem ser talvez tão conhecido nos espaços anarquistas, figurava nas listas de assinantes de *La Protesta* — publicou um artigo intitulado "Anarquía y Naturismo". O escrito, de uns poucos parágrafos, tinha como propósito demonstrar a estreita relação que, segundo argumentava o autor, existia entre as ideias orientadas à revolução social e aquelas motivadas pela busca por um regime de vida saudável e em harmonia com as leis da natureza. A propósito destas últimas, Chiappero defendia que, segundo o "naturismo científico", o aparato digestivo do ser humano não estava preparado para o consumo de carne, motivo pelo qual as pessoas deveriam seguir uma dieta vegetariana. A este argumento de caráter fisiológico, ele complementava razões de índole moral quanto às atrocidades da matança animal, resultando, para o autor, incompreensível que os anarquistas participassem dela: "assim, não se concebe como entre os anarquistas haja tantos necrófagos comedores de cadáveres, sacrificadores daqueles indivíduos mais inofensivos ao gênero humano".[35]

No número seguinte de *El Fulgor*, foi publicado um artigo com o mesmo título daquele do Chiappero, em que seu autor, Daniel Gómez, buscou não apenas refutar o que seu companheiro havia ousado afirmar, quanto expô-lo

35. CHIAPPERO, Domingo E. "Anarquía y Naturismo". In: *El Fulgor*, Ano 1, n. 5, p. 3. Buenos Aires: 24 de maio de 1906.

como um ignorante que não sabia sequer fazer o uso correto das palavras. Apesar dele concordar com a importância dos trabalhadores adotarem um regime de vida saudável, considerava uma desproporção medir o consumo de carne com a mesma vara com a qual, por exemplo, se media o consumo de álcool ou tabaco, ou os excessos sexuais. A luta dos anarquistas, para ele, era "para que acabe a guerra do homem com o homem e para que todos tenham assegurado o prato no banquete da vida". Gómez afirmava não ter conhecimentos suficientes para determinar se o corpo humano se encontrava ou não fisiologicamente predisposto a ingerir carne, razão pela qual para ele não estava claro se o referido banquete não poderia incluir animais mortos. No entanto, em relação à luta para que finde a guerra, afirmava que "em geral, os anarquistas vegetarianos fazem absolutamente nada pela emancipação do povo e [...] só gastam seu tempo conhecendo vegetais, dormindo tranquilamente a pleno sol ou esfregando o prepúcio". Ao fim, rememorava o suposto caso de três vegetarianos de Rosário que, em 1905, "[p]or amar a vida, determinaram não comer e *turu rut*...", terminaram mortos.[36]

A virulência da resposta a Chiappero explicita as dificuldades que, como destacamos, a propaganda vegetariana encontrou ao tentar se difundir em periódicos anarquistas. Nos parece que, em uma região em que os setores populares podiam ter acesso, com relativa facilidade, ao consumo cotidiano de um produto cujo custo, em outras partes do mundo, o convertia em um bem quase suntuoso, fazia com que propagandear sua renúncia tivesse seus custos. No entanto, vários dos que adotaram o vegetarianismo, convencidos de seus benefícios, seja para a saúde física, seja para as mudanças no modo de vida social, não deixaram de tentar fazer com que outros seguissem o mesmo caminho. Apesar de ser claro que não tiveram muito sucesso em seus esforços, o tipo de respostas que receberam pode também ser interpretado como índice do incômodo que suas interpelações levaram à militância ácrata.

BIBLIOGRAFIA

"A LOS ENEMIGOS DE LA CASA DEL PUEBLO". In: *El Trabajo*, Ano I, n. 1, Buenos Aires: 26 de junho de 1902.

ACHA, José María. "Sobre neo-malthusianismo. Ampliando conceptos". In: *La Protesta*, Ano X, n. 934. Buenos Aires: 16 de janeiro de 1907.

36. GÓMEZ, Daniel. "Anarquía y Naturismo". In: *El Fulgor*, Ano I, n. 6, p. 4. Buenos Aires: 12 de junho de 1906.

BARRÁN, José P; NAHUM, Benjamín. *Batlle, los estancieros y el imperio británico: El Uruguay del novecientos*, Tomo textsci. Montevideo: Ediciones de la Banda Oriental, 1979.

BARRANCOS, Dora. *Anarquismo, educación y costumbres en la Argentina de principios de siglo*. Buenos Aires: Editorial Contrapunto, 1990.

BAUBÉROT, Arnaud. *Histoire du naturisme. Le mythe du retour à la nature*. Rennes: Presses universitaires de Rennes, 2015.

BRANDT, Carlos. "La guerra europea y el vegetarismo". *Helios*, Ano II, n. 14. Valencia: Julho de 1917.

CHIAPPERO, Domingo E. "Anarquía y Naturismo". In: *El Fulgor*, Ano I, n. 5. Buenos Aires: 24 de maio de 1906.

"CONFERENCIA DE DIÓGENES COSTA". In: *El Hombre*, Ano I, n. 13. Montevideo: 20 de janeiro de 1917.

COSTA, Diógenes. "Las ideas de un naturalista sobre la guerra". In: *El Hombre*, Ano I, n. 2. Montevideo: 4 de novembro de 1916.

CREAGHE, Juan. "A propósito de un artículo". In: *La Protesta*, Ano X, n. 940. Buenos Aires: 19 de janeiro de 1907.

"DEL PARAÍSO SOVIETISTA. NOTICIAS DE PRESOS Y DE PRISIONES". *La Protesta*, Ano XXXIII, n. 6369. Buenos Aires: 15 de setembro de 1929.

FERNÁNDEZ CORDERO, Laura. *Amor y anarquismo: Experiencias pioneras que pensaron y ejercieron la libertad sexual*. Buenos Aires: Siglo XXI, 2017.

GÓMEZ, Daniel. "Anarquía y Naturismo". In: *El Fulgor*, Ano I, n. 6. Buenos Aires: 12 de junho de 1906.

LIBERO, Osvaldo. "La salud es la vida". In: *Despertar*, Ano XI, n. 57. Montevideo: Abril de 1915.

LORENZO, Pascual. "La salud en la campaña". In: *Despertar*, Ano VIII, n. 37. Montevideo: Octubre de 1912.

MANZONI, Gisela. "Antimilitarismo y antifascismo: particularidades de la intervención pública de las anarquistas argentinas". In: *Revista Cuadernos del Sur*, 41, Bahía Blanca, Departamento de Humanidades, Universidad Nacional del Sur, 2012, pp. 189–213.

______. "Contra los arrastra sables… Militarismo y antimilitarismo en los comienzos de la Argentina moderna". In: *Avances del Cesor* XV, Rosario, Unidad Ejecutora, ISHIR, CONICET/ UNR. Dezembro de 2018, pp. 77–100.

MARCONI Y CAIOLA, Domingo. "Sobre la alimentación". In: *La Protesta*, Ano XIX, n. 2601. Buenos Aires: 17 de julho de 1915.

MARTÍNEZ MAZZOLA, Ricardo H. *¡Guerra al alcohol! Las campañas antialcohólicas de socialistas y anarquistas a principios de siglo*. Dissertação de Mestrado, Pesquisa em Ciências Sociais, Universidade de Buenos Aires, 2000.

OVED, Iaacov. *El anarquismo y el movimiento obrero en Argentina*. México: Siglo XXI, 1978.

"PIC-NIC EN ROSARIO". In: *La Protesta*, Ano XIX, n. 2452. Buenos Aires: 26 de janeiro de 1915.

PORRINI BERACOCHEA, Rodolfo. *Montevideo, ciudad obrera. El tiempo libre desde las izquierdas (1920–1950)*. Montevideo: Ediciones Universitarias, 2019.

"PUBLICACIONES DE AVISOS EN 'LA PROTESTA'". In: *La Protesta*, Ano X, n. 683. Buenos Aires: 20 de março de 1906

QUIROULE, Pierre. *La ciudad anarquista americana*. In: *La Protesta*. Buenos Aires: 1914.

RECLUS, Eliseo. "A propósito del vegetarismo". In: *Natura*, Ano I, n. 4. Montevideo: Abril de 1904.

______. "A propósito del vegetarismo". In: *Martín Fierro*, Ano I, n. 21, Buenos Aires: 28 de julho de 1904.

RECLUS, Paul. "Recuerdos sobre los Reclus". In: *La Protesta*. Suplemento Quincenal, Ano VII, n. 282. Buenos Aires: 16 de abril de 1928.

"REMEDIO PREVENTIVO Y CURATIVO CONTRA EL ALCOHOLISMO". In: *Despertar*, Ano IV, n. 9, p. 71. Montevideo: Setembro de 1908.

ROSCH. *Higiene del matrimonio*. Tradução de Eduardo F. Forga y F. Diez. Montevideo: S/ D, 1904.

ROSELL, Albano. *En el país de Macrobia*. Barcelona: Biblioteca Naturismo, 1928.

SMITH, Peter H. *Carne y política en la Argentina*. Buenos Aires: Hyspamérica, 1986.

"SOBRE LA 'CASA DEL PUEBLO'". In: *La Protesta*, Ano VI, n. 177. Buenos Aires: 7 de junho de 1902.

SPENCER, Colin. *The Heretic's Feast. A History of Vegetarianism*. New England: University Press, 1996.

STAVISKY, Sebastián. "Médicos de sí mismos. Medicina naturista, revolución social y éxodo de la ciudad en el anarquismo de Buenos Aires a comienzos del siglo XX". In: *Ecopolítica*. São Paulo: Setembro–Dezembro de 2016, pp. 2–25.

______. "El naturismo como proyecto de reforma de los estilos de vida en Albano Rosell". *Políticas de la memoria*. Buenos Aires: CEDINCI, UNSAM, 2020, pp. 117–131.

SURIANO, Juan. *Anarquistas. Cultura y política libertaria en Buenos Aires, 1890–1910*. Buenos Aires: Manantial, 2008.

TOLSTÓI, Lev. *El primer peldaño. Y otros escritos sobre vegetarianismo*. Trad. de Joaquín Fernández-Valdés Roig-Gironella. Barcelona: Editorial Kairós, 2017.

WASEM, Marcos. *El amor libre en Montevideo. Roberto de las Carreras y la irrupción del anarquismo erótico en el Novecientos*. Montevideo: Ediciones de la Banda Oriental, 2015.

ZUBILLAGA, Carlos. *Perfiles en sombra. Aportes a un diccionario biográfico de los orígenes del movimiento sindical en Uruguay (1870–1910)*. Montevideo: Biblioteca da Faculdade de Letras e Ciências da Educação, 2008.

Existências «queer» libertárias ao sul da América

FLÁVIA LUCCHESI E MAURICIO MARQUES

Queer chega ao sul da América por vias acadêmicas, como teoria e se difunde pelos departamentos de estudos de gênero e sexualidade, no início dos anos 2000. Por outra via, entra em meio à cena punk hardcore, afirmando associações diretas com os anarquismos. Mas antes, interessa o que está além do *queer*, a multiplicidade a qual esta palavra tenta dar nome. Uma espécie de catacrese que nomeia um inominável, como precisou Lee Edelman (2004). Afirmar-se *queer* como se afirma anarquista: pressupõe constante movimento, anarquizar-se e *queerizar-se*: lutar contra nós mesmxs. Sem este incessante movimento, fixa-se, torna-se identificável, *assimilável*.

Até o final do século XIX, *queer* significava: esquisito, estranho, original, particular. Passou então a designar uma estranheza específica, combinada à chamada homossexualidade. Neste sentido, como gíria pejorativa, circulou pelos Estados Unidos no início do século XX. Os primeiros usos dessa palavra a subverterem sua conotação aviltante remetem à literatura do *beatnik* William Burroughs, da poeta chicana Glória Anzaldua e aos *fanzines* e músicas punks que irromperam o que ficou conhecido como *queercore*. Burroughs escreveu o romance *Queer* no início dos anos 1950, mas só conseguiu publicá-lo em 1985. Mesmo período em que Anzaldua publicou *Borderlands la frontera* (1987) e em que xs primeirxs punks não-heterossexuais xerocavam e distribuíam seus zines confrontando a moral do macho remanescente no punk.

No início dos 1990, *queer* ganhou as ruas, marcando a ruptura radical com o movimento gay que, em meio ao horror da AIDS e seus efeitos, encaminhava-se majoritariamente para a *assimilação*. Tanto por meio da reivindicação de direitos — ao casamento, a ser gay ou lésbica assumida no exército, a ser assegurado pela criminalização de condutas classificadas como discriminatórias —, quanto por meio da normalização de suas condutas. "É a narrativa de *nós somos exatamente iguais aos héteros*. [...] Assimilação é a ferramenta principal para a classe dominante liberal. Assimilação se inicia tipicamente pelo discurso de direitos", afirma Fray Baroque na introdução à edição estadunidense de *Bash Back!* (BAROQUE, 2011, p. 19).[1]

Temos aí uma característica imprescindível ao que se pode nomear *queer*: a recusa a ser o mesmo, a luta *anti-assimilação*. Pessoas estranhas em embate com os movimentos de gays e lésbicas de outrora, e o atual LGBT+, e voltadas contra a sociedade, atentas para não se *assimilarem* à ordem. Assim, é possível buscar procedências de práticas, lutas, existências *queers* libertárias ao sul da América, antes mesmo da importação dessa palavra aos vocabulários intelectuais e artísticos.

Algo que vai de encontro ao que Michel Foucault chamou de "artes da existência", práticas de enfrentamento e problematizações dos domínios da moral sobre as atividades sexuais e as regras de condutas; "buscam transformar-se, modificar-se em seu ser singular, e fazer de sua vida uma obra que seja portadora de certos valores estéticos e que corresponda a certos critérios de estilo" (FOUCAULT, 2012, p. 193).

Se o sexo entrou definitivamente no cálculo do poder há pelo menos três séculos, por meio da produção de saberes científicos a seu respeito e do controle da conduta sexual regulada por padrões identitários, hoje assistimos à proliferação de discursos que defendem a *diversidade*, revestidos como conquista de direitos. A *assimilação* das experimentações entre corpos e sexualidades em novas identidades sexuais e de gênero incentivou os processos de *assimilação* das sexualidades desviantes a partir da luta por diretos sociais e civis no interior das agendas democráticas das *sociedades de controle* (VÁRIOS AUTORES, 2020; DELEUZE, 2010).

Em vista desse processo recente, culminante em megaeventos financiados pelas economias capitalistas, ora defendendo a judicialização das práticas discriminatórias (homofobia, transfobia, lesbofobia), ora como reificação de determinadas identidades de gênero e escolhas sexo-afetivas (como a Parada da Diversidade ou do Orgulho LGBT realizada nas grandes capitais brasileiras e planeta afora), insurgem os corpos não-catalogados. Unem-se em coletivida-

1. A *Bash Back!* foi uma proposta de propagação de práticas libertárias e ações diretas, pela expansão de levantes descentralizados, compostos por táticas múltiplas anti-opressão e anti-assimilação. Foi levada adiante nos Estados Unidos no final da primeira década dos anos 2000 (VÁRIOS AUTORES, 2020).

des anônimas que experimentam práticas subversivas de confronto à indústria da produção da homossexualidade enquanto identidade rentável ao mercado, ou ao que chamaram comumente de *pink money*.[2]

Declaradamente, *manadas*[3] como Coletivo Coiote no Brasil e Ludditas Sexxxuales na Argentina, assim como a rede *Bash Back!*, assumem práticas anticapitalistas como ação direta contra instituições do Estado e corporações que regulam as condutas de sexo e gênero. Questionam a inserção das demandas de direitos sociais da chamada "população LGBT+" nas agendas de direitos de minorias das secretarias de saúde ou segurança pública dos Estados e de políticas públicas que produzem efeitos de *assimilação* — justamente o que uma perspectiva *queer* anti-Estado se ocupa em desmantelar.

É necessário observar as existências *queer* na América do Sul para compreender quais dimensões do *queer* escapam ou se renovam nesse cenário. Ainda que tais *manadas* agitem o presente com sua presença necessariamente incômoda, foi da invenção de outras formas de vida antecessoras, que desafiaram, a sua maneira, o poder do Estado em plenas ditaduras civil-militares na América do Sul, que tais práticas podem encontrar ecos.

PRESENÇA LIBERTÁRIA HOMOSSEXUAL[4]

As primeiras tentativas de aglutinar e agitar um movimento homossexual no Brasil se concentraram na produção de uma imprensa especializada. Na década de 1960, já circulavam publicações da imprensa "entendida" ou "rosa choque" que somente veiculavam fofocas e fotografias de modelos masculinos. Foi em 1978, com a criação do jornal *Lampião da Esquina*, que se consolidou a tentativa de aglutinação por meio da circulação de um periódico de tiragem regular e distribuição amplificada, abordando temas sérios, enfrentando e explicitando violências e a repressão, e afirmando a luta homossexual. A partir

2. Uma tradução literal seria "dinheiro rosa". Termo que faz alusão ao poder monetário da chamada "comunidade homossexual" e funciona como uma espécie de termômetro do potencial do mercado consumidor *gay* no interior das economias capitalistas.

3. As *manadas* carregam as características de um agrupamento entre individualidades singulares que se encontram circunscritas pela potência de um encontro sem delimitações espaço-temporais. As *manadas* não possuem contratos sexuais ou afetivos que as inserem nas lógicas do familismo; abrem campos para encontros furtivos e desterritorializados onde as minorias potentes abrem campo para explorar suas singularidades (MARQUES, 2016).

4. mantemos o termo utilizado pelos jornais analisados, mas ressalva se tratar de uma categoria institucional do saber médico, psiquiátrico e jurídico.

daí começaram a aparecer os primeiros grupos e organizações de gays e lésbicas no país. O jornal era editado e impresso no eixo Rio-São Paulo, mas logo ganhou vazão em outras capitais.

Em Salvador, a distribuição do *Lampião* era feita por Ricardo Líper, então estudante da Universidade Federal da Bahia e um dos fundadores do jornal anarquista *O Inimigo do Rei*, que emergiu em 1977. De perspectiva anarcossindicalista, a profusão de temas abordados no jornal "ultrapassavam a militância libertária nos sindicatos" (SIMÕES, 2011, p. 13). Em suas páginas apresentavam reflexões e discussões sobre: liberação sexual, a chamada homossexualidade, ecologia, movimentos negro e feminista, antipsiquiatria, uso de alteradores de consciência. Temas que também atravessavam o *Lampião*, porém sem um posicionamento anarquista e o modo de fazer autogestionário.[5] Ainda assim, folheando as 37 edições do jornal, é possível encontrar ecos libertários e afirmações ácratas. Questionamentos e reflexões libertárias instigantes aparecem em artigos assinados por João Silvério Trevisan sobre Daniel Guérin e Guy Hocquenghem. Seguidos por excertos dos autores franceses que fornecem material para se pensar uma procedência *queer* libertária por essas terras. No entanto, não é somente pela publicação do pensamento de autores estrangeiros que essas procedências se mostram, sendo salutar também textos escritos aqui, de autorias incógnitas ou assinados por anarquistas.

Trevisan (1980) narra seus encontros com a obra de Daniel Guérin, especialmente *Um ensaio sobre a revolução sexual*, ao apresentar brevemente este livro, do qual um excerto foi publicado na sequência. Nele, "a bicha anarquista francesa" (TREVISAN, 1980, p. 11) escancara que a multiplicidade anarquista e a expansão das práticas de liberdade passam também pelos âmbitos, hoje diríamos, de gênero e sexualidade:

> sempre pensei que o corpo humano, por sua própria natureza, é receptivo a todas as gamas de estímulos sexuais: nem mesmo bissexual, mas polissexual. O próprio Fourier não hesitou em sugerir, em seu 'O novo mundo amoroso', que se deveria utilizar o homossexualismo, tanto quanto outras formas de amor, a fim de criar a harmonia social na vida coletiva que propunha aos homens e mulheres. Da mesma

5. João Silvério Trevisan publicou "Lampião da esquina: experiência falida ou fórmula exaurida?" em *O Inimigo do Rei* (n. 16, 1982). Conta sua trajetória no jornal e como o propósito inicial foi se perdendo, tornando-se mais um mero boletim para *viados*. Sua saída foi impulsionada também pelo recrudescimento de um autoritarismo remanescente na publicação, concentrada nas mãos de dois cariocas, "que faziam dele [o jornal] o que bem entendiam".

> forma, segundo Stirner, todos os movimentos anarquistas, de caráter individualista, também defenderam o direito à expressão homoerótica, no mesmo pé de igualdade com as outras formas de relações sexuais. (GUÉRIN, 1980, p. 11)

Dessa forma, ele indica possíveis procedências *queer* em meio às lutas de libertárixs séculos antes. Em relação à certa antecipação das reflexões sobre gênero, ele marcou ainda: "hoje, cada vez mais — e como isso me deixa contente! — existe uma tendência geral de diminuir a diferença entre os dois sexos. Muitas vezes acontece não podermos mais distinguir uma garota de um rapaz" (*Idem*).

Aparece neste excerto um pensamento que reverbera em outros escritos divulgados nesses periódicos, de que o "homossexual" deveria se engajar na revolução social pois "somente uma sociedade coletivista de caráter libertário pode dar lugar aos homossexuais, no seio de uma fraternidade reencontrada" (*Ibidem*). Assim também, posicionou-se Francisco Bittencourt no *Lampião*:

> Não consigo aceitar a tentativa dos homossexuais de se inserirem no contexto social [...]. O homossexualismo e⊠ tão herético e tão subversivo que jamais poderá funcionar dentro de uma sociedade que não for verdadeiramente revolucionária. (BITTENCOURT, 1980, p. 08)

O funcionamento da racionalidade neoliberal, retroalimentada e atualizada pela participação e inclusão de minorias obedientes, mostra que não é bem assim. Hoje, desde que identificadas e com suas condutas normalizadas, pessoas LGBT+ estão incluídas na ordem. Há contingentes ainda não contemplados que reivindicam sua *assimilação* como ativistas e empreendedores influenciadores ou com aspiração à representação política.

> Entramos numa era governada pela racionalidade neoliberal em que a boa governança exige resiliência e, portanto, o ativismo passou a ser a prática combinada com o exercício parlamentar e o dos governos no Estado. (PASSETTI, 2020, p. 173)

Nas décadas de 1970 e 1980, dentre os textos que circularam no incipiente movimento homossexual brasileiro e entre anarquistas que "atualizaram a crítica aos costumes, incorporando novas maneiras de ver as práticas na atualidade, como o sexo e as drogas" (SIMÕES, 2007, p. 177), a presença que anunciou e alertou para a possibilidade de *assimilação* foi Guy Hocquenghem. Trevisan escreveu um prefácio à edição brasileira do livro de Hocquenghem, *A contestação homossexual*. Neste texto, cita os questionamentos do filósofo ao liberacionismo almejado pelo *gay power*: "ao reivindicar melhorias no Código Penal, na Psiquiatria e na Justiça, não teríamos reforçado nosso opressor, permitindo-lhe exercer um poder ainda mais sofisticado?" (HOCQUENGHEM *apud* TREVISAN, 1980, p. 13). Assim, ingressava no movimento

> Um ideal institucionalizador e vão se articulando objetivos estratégicos, táticas proselitistas, formas centralizadoras, no melhor estilo de disputa de poder. [...] os movimentos reivindicatórios criam um papel a ser interpretado: o de homossexual. E o instituem como um novo valor que, ao ocupar seu lugar na sociedade, perde ao mesmo tempo sua capacidade de questionar, se *normaliza* e vira modelo — tudo isso em detrimento de sexualidades mais selvagens como a bicha-louca, o pedófilo, o sadomasoquista, etc. (*Idem*)

Hocquenghem é considerado uma das procedências da teoria *queer*. Interessa sublinhar aqui sua perspectiva e presença libertária, anunciando o que *anarcoqueers* viriam, alguns anos depois, a chamar de *assimilação*. Na última edição do *Lampião* há uma entrevista com ele e um trecho do livro *A contestação homossexual*, no qual enfrentava os clamores pela descriminalização da homossexualidade:

> Vamos, então exigir o progresso racional da justiça na distinção entre vitimas e culpados? A exemplo das associações de homossexuais respeitáveis, vamos exigir da polícia e da justiça que elas acolham as queixas dos homossexuais maltratados ou submetidos à chantagem, o que elas atualmente não fazem (ou fazem muito mal)? [...] a chance do homossexualismo repousa, ainda, mesmo para um combate de liberação, no fato de que ele é percebido como algo delinquente. (HOCQUENGHEN, 1981, p. 7)

Alertava para os rumos dos movimentos homossexuais nos Estados Unidos e na França, opondo-se à inserção no Estado que produzia "um estereótipo do homossexual do Estado, integrado ao Estado, modelado pelo Estado e próximo dele através de seus gostos, tranquilizado pela presença no poder de algum ministro homossexual" (*Idem*). Frente ao que ele denominava uma "pressão normalizadora", produzia-se um "modelo unissexual", pela indistinção ético-estética entre homo e hétero fundada na "uniformização de coração e corpo", agora "integralmente reinseridos, não em sua diferença, mas pelo contrário em sua semelhança" (*Ibidem*).

ANARQUIZAR A SEXUALIDADE E A POLÍTICA

O embate contra a moral socialista era pulsante nas páginas do *Inimigo do Rei* e reverberava também no *Lampião*. Em textos como "Sexualidade anistiada" (PACHECO, 1980), "Homossexualismo & política" (1979) e "Trabalhadores de todo o mundo, façamos uma grande suruba" (1984), todos publicados no

Inimigo do Rei, a monogamia é situada como negócio profícuo à manutenção econômica, da propriedade e da produção, sendo levada aos extremos de violência e repressão com os autoritarismos, o nazifascismo e a ditadura do proletariado. Frente a isso, defende-se uma "total liberação sexual" (PACHECO, 1980, p. 10), onde só não é valido a prática sem consentimento, sem tesão; todo o resto: liberado, solto. Esta liberação sexual aparece como sinônimo de revolução, não algo a ser realizado no futuro, mas no presente onde "todos trepam com tudo (com tudo mesmo, dos mundos vegetal, mineral ou animal)" (*Idem*). Conclamavam: "a cama é um assunto político e traremos as camas para as ruas e discutiremos nossos assuntos de cama à luz do dia. A cama e⊠ a revolução. Anistia para as práticas sexuais. Ato sexual amplo, geral e irrestrito" (PACHECO, *op. cit.*). No mesmo ano, nas páginas do *Lampião* uma carta incógnita intitulada "Bicha de briga", também defendia a cama como "epicentro da subversão; território possível da mudança [...] pelo tesão e pelo prazer!" (E.B., 1980, p. 19). Em ruptura com a adesão do movimento "aos valores e fórmulas consagradas e consolidadas pelo Poder, que usa mal disfarçadamente o mesmo instrumental semântico e ideológico do *establishment* repressor" (*Idem*).

A capa da quarta edição do *Inimigo do Rei* estampava: "além de preto, bicha!", "e mais: homossexualismo & política". Esse último, sem autoria demarcada, define homossexual, apartando-se das classificações psicanalíticas, psiquiátricas, médicas. Compreendia "o desejo sexual por uma pessoa do mesmo sexo", mas não só, "o carinho, o interesse em estar com esta pessoa [...] é uma atitude que não envolve sexo somente. [...] é uma possibilidade erótica que está em todos" (*O Inimigo do Rei*, 1979, p. 16). A possibilidade de gozar com alguém do mesmo gênero (na linguagem da época, sexo), era igualada a qualquer possibilidade de gozo: consigo mesmx, com um pedaço de pano ou um travesseiro, uma bananeira ou animal. Nota-se que nestes textos a defenderem a liberação sexual, práticas moral e juridicamente condenáveis como as criminalmente chamadas de zoofilia e pedofilia, eram consideradas propícias, desde que não se realizassem por meio da força, violência e autoritarismo.

Cinco anos depois escancaram: "o sexo é, em si, anárquico, por definição e ação" (*O Inimigo do Rei*, 1984, p. 4), reiterando desejo e prazer soltos, liberados. Como *queers* vieram a afirmar anos mais tarde, ao norte do Hemisfério, aqui anarquistas já diziam: "a negação do sexo apenas procriador derrubaria os alicerces da sociedade" (*Idem*). Essa força antissocial demolidora da propriedade, da herança e da família pois "todo mundo fode com todo mundo, ninguém sabe quem é pai de quem" (*Ibidem*). Xs anarquistas

> propagam o amor livre e a liberdade sexual, o sexo apenas por prazer, pelo prazer, com quem a pessoa quiser, onde e como quiserem. Todas as formas de foder são válidas e legítimas, desde que, exatamente, propiciem prazer, da maneira mais ampla possível a cada um de nós. [...] O importante e⊠ que não haja sentimento de culpa, cada um goze da maneira que queira ou possa, mas goze sem remorsos, numa boa. (*Ibidem*)

Nas páginas do *Lampião*, reverberou a afirmação de John Cage: "como anarquista, meu objetivo é abolir a política". Epígrafe escolhida por Marcus do Rio, que enfatizou:

> Afirmando a Diferença contra o discurso homogeneizante do Todo e elevando o Prazer à categoria de reivindicação necessária porque urgente [...] não é a política e sim a autogestão desejante que constitui um meio e um fim na realização de seus objetivos [...] experimentando agora o gozo do futuro. (RIO, 1980, p. 9)

Aqui e agora, sem futuro, resposta firme às pretensões revolucionárias socialistas e às promessas de melhoria dos partidos que se projetavam no contexto da abertura política. Mas não foram só os comunistas que se apavoraram frente às práticas de liberdade e às reflexões de anarquistas não-heterossexuais. Edgar Rodrigues, importante figura dos anarquismos no Brasil, escreveu ao *Inimigo do Rei* enrustido sob o pseudônimo F. Silva. Reclamou dos espaços "imensos" dedicados no jornal à liberdade sexual e homossexual. Para ele, a questão já estava *solucionada* há anos pelxs libertárixs e suas propostas de amor livre. Opunha-se a uma suposta super-valorização dos homossexuais e do sexo, enquanto se deixava de lado as muitas misérias da sociedade, bradando: "liberdade sexual e homossexual sim! Mas colocá-lo à frente da propaganda do anarquismo não!!!" (SILVA, 1980, p. 14).

Desde Fourier, o "livre jogo das paixões" foi desprezado por muitos socialistas. Segundo Nestor Perlongher, em texto publicado no *Inimigo do Rei*, o modelo monogâmico proposto por Engels, bem como seu espanto frente à chamada pederastia, não eram "ignorância da época", mas "produto de uma identificação com a vontade moralizadora da burguesia do século XIX" (PERLONGHER, 1981, p. 5). Longe de propagar práticas de liberdade, o socialismo funcionava "em função da produção e reprodução" do modelo judaico-cristão, apenas procurava "aperfeiçoá-lo".

Como Trevisan nas páginas do *Lampião* e em *Devassos no paraíso* (2018), Perlongher atacou as investidas de trotskistas ao se aproximarem dos movimentos homossexuais no Brasil. Em possível alusão à Fração Homossexual da Convergência Socialista, foi incisivo: "enfia⊠-lo no gueto de uma *fração* e⊠ não só uma maneira de armazena⊠-lo e tranquilizar os *heterossexuais*. Significa, sobretudo, a reprodução dos moldes que se estaria combatendo" (PERLONGHER, *op. cit*). Acabaram "provocando lamentáveis desencontros no já sofrido movimento de liberação homossexual" (*Idem*).

Em contraponto, ele reiterava "o caráter de *resistência espontânea* que a bichice tem, em certas circunstâncias" (*Ibidem*). Afirmação que estabelece conexões com o *queer* enquanto atitude anárquica de recusa à *assimilação* e de estranhamento escandaloso. O próprio Perlongher moveu e criou uma trajetória única. Uma vida anárquica e anarquizante, disposta a arruinar a linguagem, produzir tensões nos espaços e enfim criar formas de vida livre. A marginalidade *marica* enquanto forma de existência foi uma das marcas de sua vida. Seu fazer periférico, contra um centro, contra a concepção do poder centralizado e contra o sujeito mesmo, o muniram de afiada língua e a possibilidade de radiografar as transformações futuras sob as identidades sexuais. Essa lâmina afiada, a mesma que ficava escondida por debaixo da língua das travestis que se enfileiravam pela rua Rego Freitas, no centro de São Paulo, por onde Perlongher caminhou e provou incansavelmente, cortava fundo o tecido relacional que ia suprimindo paulatinamente a marginalidade em movimento conjuntamente orquestrado de introduzir a tolerância à diversidade sexual nos idos dos anos 1980 e que se entende exitosamente até hoje.

Em 1980, após o jornal *O Estado de S. Paulo* publicar matérias advertindo para o "perigo dos[6] travestis" na capital, as autoridades paulistas responderam com o anúncio de um "plano de prevenção": a Operação Cidade, conhecida como Rondão ou Limpeza, chefiada pelo delegado Wilson Richetti (TREVISAN, 2018). A violência do Estado, agora generalizada contra gays e lésbicas também, provocou a primeira manifestação de rua. Cerca de mil pessoas saíram debaixo de chuva, em protesto pelo centro da cidade. Momentaneamente as Operações de Limpeza arrefeceram, mas não foram estancadas.[7]

Em dezembro de 1979, em entrevista ao *Lampião*, as travestis Flávia e Tatiana expuseram as violências cotidianas da polícia e os revides escandalosos das travestis.

Alice [advogada]: Na época do Erasmo Dias a perseguição era bem maior; inclusive, uma vez, levaram uma turma de travestis que quebrou tudo...

6. Nesta época, em geral, usava-se o masculino para se referir a travestis. Por vezes, oscilava e a flexão de gênero era no feminino. Em entrevista ao *Lampião*, a travesti Tatiana enfatizou: "a gente tanto é homem como mulher: as duas coisas" (*Lampião da Esquina*, 1979, p. 7).
7. Vale lembrar que a chamada homossexualidade era punida pelo Código Penal brasileiro desde a sua revisão em 1886 até 1982, com base nos artigos 70° e 71°. Até 1994 era considerada, em âmbito planetário pelo saber médico, uma doença.

Flávia: Eu estava lá. As do babado, elas ficaram revoltadas. As do babado são as que se cortam, dão escândalo, apanham, chegam na polícia e já viram a máquina do delegado. É, tem travesti que e⊠ assim; quando são presos eles se revoltam e pegam o delegado, batem nele. Dai, o delegado leva eles pro xadrez. Naquele dia, eles tiraram toda a roupa e tocaram fogo. Foi aquele fumace⊠ na cela, todo o mundo gritando. E aí falaram: vamos se cortar todos juntos. Uma dava a gilete para a outra... Já fazia quatro dias que estavam lá; então, se cortavam pra ver se levavam eles pro hospital, porque lá o pessoal tem medo do escândalo e solta elas.

Alice: Naquela ocasião, o Erasmo estava lá, inclusive levou uns tapas dos meninos (*risadas*).

Tatiana: Tinha travesti que encarava o Erasmo cara a cara, xingava de tudo o que tinha de xingar, tá entendendo? (*Lampião da Esquina*, 1979, p. 6).

O que ocorria na delegacia, ocorria nas ruas. Tanto as violências do Estado como os revides e a revolta das travestis. As atitudes contra a polícia não tiveram muita atenção de anarquistas ou do movimento gay. Havia polêmica e muitos homossexuais, inclusive travestis direitas, condenavam "os do babado". Propagava-se a distinção binária entre travesti "boa" e "má", com a navalha debaixo da língua, praticante de pequenos delitos e revoltada frente às violências infindáveis. As observações de Hocquenghem foram afiadas ao dizer que o impacto do movimento gay brasileiro era "nulo comparado não importa com qual travesti" (HOCQUENGHEM, 1981, p. 6).

ASSIMILAÇÕES À BRASILEIRA

O liberacionismo homossexual chegou ao Brasil com mais de uma década de atraso e já atravessado pelo consumo. Trevisan (2018, p. 318) relata que, no final dos anos 1970, momento das primeiras conversas e reuniões do grupo Somos,[8] impulsionadas pelo *Lampião*, "contestávamos tanto as lideranças quanto a representatividade parlamentar [...] havia uma não formalizada proposta autogestionária e de ação direta" (*Idem*, p. 325). Consideravam que "a revolução deveria começar dentro de casa, mexendo em grandes tabus, tais como a vivência monogâmica e a possessividade no amor" (*Ibidem*, p. 326). Contudo, preponderavam os gays de classe média, artistas, "discretos" e universitários. As travestis, bichas pobres e "pintosas" não compunham. Havia pouquíssimas lésbicas.

8. Sobre o Somos: Grupo de Afirmação Homossexual, ver: *Devassos no paraíso* (TREVISAN, 2018).

O Somos foi evaporando até desaparecer em 1983, poucos anos depois de sua fundação. Em 1980, trotskistas da Quarta Internacional se infiltraram no I Encontro Brasileiro de Grupos Homossexuais Organizados e arregimentaram considerável número de homossexuais, iniciando uma "domesticação do nascente movimento homossexual brasileiro [...] sufocado antes mesmo de florescer" (*Ibidem*, p. 332). Quando os primeiros casos de AIDS começaram a aparecer no país, em 1983, o movimento era praticamente inexistente e as burocráticas frações homossexuais filiadas à esquerda consideraram, novamente, uma "causa menor", "doença de bicha burguesa" (*Ibidem*, p. 335).

Neste momento, "houve necessidade de mobilização em regime emergencial. As poucas forças militantes disponíveis concentraram-se na organização de um sistema de prevenção e atendimento às vítimas da epidemia" (*Ibidem*, p. 343). A luta contra a doença ocorreu diretamente por vias institucionais e os "militantes passaram compulsoriamente a responder às diretrizes do Estado" (*Ibidem*). Em 1985, fundaram-se as primeiras ONGs voltadas especificamente à AIDS e se estabeleceram parcerias com agências governamentais, desde secretarias de saúde e direitos humanos até ONU e OMS. Em 1986, foi criado o Programa Nacional de DST e AIDS e, no ano seguinte, iniciaram-se as campanhas oficiais de prevenção à doença. Construía-se o Programa Brasileiro de Combate à AIDS, considerado exemplar em todo o planeta. Marcou "a entrada de uma nova racionalidade de governo que prevê a inclusão de grupos minoritários na tomada de decisão, criando por meio de cargos e conselhos uma acomodação das demandas e de algumas lideranças no interior do aparelho de Estado" (URASAKI, 2013, p. 103).

Após o impacto inicial da alardeada peste gay e da reativa repressão, que incidiu preferencialmente contra as práticas de sexo gay, anal e a não-monogâmica, a *assimilação* se acelerou no âmbito do governo das condutas e da inclusão no mercado e no Estado. A consolidação dos direitos LGBT+ no país foi mais decorrente de processos individuais que abriram precedentes para judicializações — como no caso mais notório, do reconhecimento da união estável homoafetiva pelo STF em 2011 — do que de desdobramentos de movimentações nas ruas. As edições mais recentes da Parada do Orgulho LGBT+ trouxeram temas políticos, marcando reivindicações institucionais, cumprindo sua agenda uma vez ao ano. A evidente *assimilação* LGBT+ à sociedade, se fundamenta em uma liberdade liberal, "sempre vigiada, em clima de permissividade controlada" (TREVISAN, 2018, p. 431). Trata-se de

uma prática de normalização em que a racionalidade neoliberal funda sua aspiração de perpetuidade como disseminadora de práticas de liberdade que repercutem na ampliação de relações horizontalizadas de poder, sem abdicar das convencionais verticalidades. Trata-se de parte constitutiva de uma *nova política* em andamento. (PASSETTI, 2020, p. 175)

O gueto se ampliou geograficamente, assim como as identidades sob o guarda-chuva LGBT+, incluindo suas fragmentações dentro de cada letrinha. O caráter de multiplicidade homossexual deu lugar à diversidade de identidades rentáveis (URASAKI, *op. cit.*). Prepondera a definição: "só se pode ser homossexual na fronteira exata que abrange o sexo" (TREVISAN, 2018, p. 432).

O antigo anseio por uma identidade, tão cioso do direito à diferença, pode resultar na obsessão generalizada de buscar no outro o mais igual possível a si mesmo. A padronização virou culto à igualdade. Ou seja, instaurou-se uma uniformização do desejo. [...] Trata-se de um secreto desejo de se identificar com o padrão de normalidade heterossexual [...] foi-se articulando uma nova forma de controle social, em que os antigos bandidos viraram policiais uns dos outros [...] soterrados e neutralizados, em troca da aceitação como normais. [...] A nossa liberação sexual nos tornou apenas filhos mimados da permissividade; quer dizer, vivemos o que nos é permitido, travestidos de transgressores. (*Idem*, p. 433)

ANTI-ASSIMILAÇÃO AGORA

Temos escritos, relatos de manifestações e ações diretas, livros, artigos, registros audiovisuais de existências *queer* anarquistas ao norte da América. Podemos encontrar vestígios semelhantes ao Sul. Como os relatos esparsos que afirmam a presença viva em embates de rua de *encapuchadxs* na recente revolta chilena; de trans libertárixs que marcaram as ruas de Quito, no Equador, com *lambe-lambes* e afirmações ácratas, em 2020; de *queers*, trans e não-binarixs juntxs às anarcofeministas que desde os últimos anos incendeiam o México; de "mujeres, tortas, tortes, lesbianas, travas, trans, no binaries y marikas" anarquistas que, em novembro de 2021, no Uruguai, realizaram seu segundo encontro. Os "a's na bola" trans inscritos em muros pela cidade de São Paulo após os embates contra a polícia, em meados de 2021. A presença escandalosa do Coletivo Coiote em meio à Marcha das Vadias do Rio de Janeiro, concomitante à Jornada Mundial da Juventude e encarando a Força Nacional nas ruas, em 2013 (VÁRIOS AUTORES, *op. cit.*, p. 20).

Ainda que quase nada se diga sobre a presença *queer* anárquica nas *jornadas de junho de 2013*. Como também o incessante trabalho em desmantelar a pornografia e a produção do imaginário erótico heterocentrado feita por Bruna

Kury, Mogli Saura e as publicações do selo Monstruosas. Essas são algumas batalhas e práticas que montam outras possibilidades de fazer da vida obra de arte, nas existências cotidianas que seguem povoando tantas *manadas* pela América do Sul, desfazendo linguagens ao invés de ocupar os espaços. Há muitas mais, por aqui, e em cada canto do planeta. É preciso escavar histórias de lutas do agora para expandir sua força ingovernável.

Neste sentido, acompanhando a análise precisa de Trevisan, o que diferencia as atuais práticas *queer* das "permitidas travestidas de transgressoras"? Muitas vezes, não se conserva e reproduz a centralização no sexo, e por sua vez a centralização nas genitálias e zonas ditas erógenas? As práticas sexuais consideradas estranhas, não se encaixam bem em fetiches, sessões em sites pornôs, tradicionais ou não, e ao mercado do sexo?[9] Como são pensadas e vividas as relações sexo-afetivas-amorosas em meio à disseminação da Covid-19? Cresce nas redes sociais e aplicativos de encontros o número de gente que se diz *queer* e não-mono (não-mogonâmica). Não seriam novas sedimentações, práticas e experimentações agora *assimiladas* em identidade e modelo? Qual o insuportável e ingovernável do *queer* hoje? Concentram-se em grupelhos espalhados por todos os cantos, mas que como uma força concêntrica, voltam-se apenas a si mesmos? Qual o insuportável e ingovernável de relações livres, do amor livre, hoje? E xs anarquistas frente a isso tudo? Enfrentam a si mesmxs e em suas relações ou só acenam para uma tolerância pluralista inócua e retórica? As lutas são incessantes. Embates contra si e a sociedade, experimentações nas relações entre amigxs e amores livres para transformar o que somos.

BIBLIOGRAFIA

BAEDAN. "The Anti-social Turn", 2012. Disponível online.

BAROQUE, Fray. "Introduction". *Queer ultraviolence Bash Back! Anthology*. San Francisco: Ardent Press, 2011.

BITTENCOURT, Francisco. "Mais tesão, menos politicagem". In: *Lampião da Esquina*, n. 27, 1980.

DELEUZE, Gilles. *Conversações*. Tradução de Peter Pál Pelbart. São Paulo: Editora 34, 2010.

E.B. "Bicha de briga". In: *Lampião da Esquina*, n. 28, 1980.

EDELMAN, Lee. *No future: queer theory and the death drive*. Durham/ Londres: Duke University Press, 2004.

9. Para ver mais sobre o mercado do sexo: Eliane Carvalho. *Sexo no mercado produção de verdades, desejos e moral*. Tese de Doutorado. São Paulo: PUC-SP, 2017.

FOUCAULT, Michel. "O uso dos prazeres e as técnicas de si". In: *Ditos e Escritos V: Ética, sexualidade, política*, pp. 187–211. Rio de Janeiro: Forense, 2012.

GUÉRIN, Daniel. "Devolver aos homossexuais o gosto pela vida". In: *Lampião da Esquina*, n. 26, 1980.

HOCQUENGHEN, Guy. "Contra a bicha institucionalizada". In: *Lampião da Esquina*, n. 37, 1981.

LAMPIÃO DA ESQUINA. Entrevista "Hocquengehm: revolucionário é o travesti". In: *Lampião da Esquina*, n. 37, 1981.

______. "Amor entre mulheres". In: *Lampião da Esquina*, n. 12, 1979.

MARQUES, Mauricio. *Corpos queer: canteiro de obras*. Dissertação de Mestrado. São Paulo: PUC-SP, 2016.

O INIMIGO DO REI. "Denúncia: eletrochoques contra os homossexuais". In: *O Inimigo do Rei*, n. 9, 1980.

______. "Trabalhadores de todo o mundo, façamos uma grande suruba". In: *O Inimigo do Rei*, n. 18, 1984.

______. "Homossexualismo & política". In: *O Inimigo do Rei*, n. 4, 1979.

PACHECO, Antônio Carlos. "Sexualidade anistiada". In: *O Inimigo do Rei*, n. 9, 1980.

PASSETTI, Edson. "ativismo e militantismo anarquista". In: *Verve*, n. 38, 2020, pp. 168–201.

PERLONGHER, Nestor. "E o leão rodou a baiana...". In: *O Inimigo do Rei*. Tradução de João Silvério Trevisan, n. 11, 1980.

RIO, Marcus do. "Pequenos gestos, pequenas revoluções". In: *Lampião da Esquina*, n. 26, 1980.

SILVA, F. "Liberdade sexual e amor livre". In: *O Inimigo do Rei*, n. 11, 1980.

SIMÕES, Gustavo. *Roberto Freire: tesão e anarquia*. Dissertação de mestrado. São Paulo: PUC-SP, 2011.

______. "Por uma militância divertida: *O Inimigo do Rei*, um jornal anarquista". In: *Verve*, n. 11, 2007, pp. 168–181.

TREVISAN, João Silvério. *Devassos no Paraíso: a homossexualidade no Brasil, da colônia à atualidade*, ed. 4. Rio de Janeiro: Objetiva, 2018.

______. "Meus encontros com Daniel Guérin". In: *Lampião da Esquina*, n. 26, 1980.

______. "Mendigos da normalidade". In: *Lampião da Esquina*, n. 31, 1980.

______. "Lampião da esquina: experiência falida ou fórmula exaurida?". In: *O Inimigo do Rei*, n. 16, 1982.

URASAKI, Amina. *Sexo sob controles: da liberac⊠a⊠o ao sexo seguro*. Dissertação de mestrado. São Paulo: PUC-SP, 2013.

VÁRIOS AUTORES. *Bash Back! ultraviolência queer: antologia de ensaios*. São Paulo: Crocodilo; n-1 Edições, 2020.

Tesão pela vida livre

JOÃO DA MATA

> Queremos ser os poetas-autores de nossas vidas, principiando pelas coisas mínimas e cotidianas.
>
> FRIEDRICH NIETZSCHE

Tesão e anarquia quando pronunciadas, são palavras que costumam despertar percepções e interesses distintos nas pessoas. Carregam medo ou repulsa nos conservadores e reacionários, quase sempre associando seus significados a algo chulo e vulgar. O tesão de viver, apesar de remeter a uma noção de potência, via de regra é visto como algo pueril ou juvenil. A palavra anarquia, ainda mais desqualificada e intencionalmente vinculada ao caos e a bagunça, figura com adjetivação oportunista no amplo arco das práticas políticas institucionais. Já para os amantes da liberdade, tesão e anarquia são vistos como sinônimos da vida em expansão. Carregam a chama da insurgência e a atitude daqueles que desejam manter-se distantes das brutalidades dos poderes constituídos.

A vida libertária reserva muitas belezas, alegrias e prazeres. Podemos mesmo dizer que existir libertariamente é um tesão ou que afirma-se na prática de muitos tesões: o tesão pelo risco em inventar contraposicionamentos diante do que está posto; o tesão pela luta cotidiana e agonística junto às forças reativas, afim de superá-las e afirmar existências autorias; e o tesão pelo amor nas infinitas possibilidades de associações entre cúmplices. Se a liberdade como algo acabado em si mesmo pode se tornar uma abstração, as práticas de liberdade da vida anarquista são ativadas nas infinitas situações, sempre que possíveis, mobilizadas com paixão e vigor.

Saúde e liberdade ou *saúde e anarquia* são saudações utilizadas entre anarquistas desde sempre, sempre que se busca exaltar estes aspectos fundamentais à vida livre: há que possuir saúde e viver livremente, seguindo seus próprios desígnios. A vontade em saudar a vida anarquista com saúde e liberdade anima as associações de quem deseja existir de maneira intensa, distante das hierarquias e suas práticas de dominação e exploração. A hierarquia, tomada como condição inequívoca nas relações sociais, quando não enaltecidas, são geralmente produtoras de paixões tristes. Funciona como uma espécie de *antitesão*, apoiada no diapasão autoridade-obediência. Podem até gerar algum prazer, comum naqueles que exercem o domínio sobre outros ou mesmo, e mais estranhamente ainda, nos que desejam ser dominados. Uma espécie de tesão deformado, alicerçado na subjugação do outro, produtor de fascismos e moralidades ascéticas. Já o tesão dos libertários é par da insubmissão e nos faz sempre atentos a não desejar o poder sobre outrem, assim como, a rejeitar a própria servidão.

Anarquistas brasileiros incorporaram uma dimensão a mais nesta conhecida saudação, e passaram a exaltar: *saúde, tesão e anarquia*. Foi o *anarquista do tesão* — como ficou conhecido o iconoclasta Roberto Freire[1] — que ampliou o uso e o sentido da expressão *tesão* entre anarquistas e não anarquistas com a publicação de *Sem tesão não há solução*, no final da década de 1980. Nele, Roberto faz uma defesa incansável do tesão como arma revolucionária, e logo se tonou uma espécie de bandeira de seu pensamento e vida. Ele costumava dizer que esta é sua tese mais incontestável: seria possível criticar, rebater ou não aceitar as suas muitas ideias, mas esta, não. Roberto Freire insistiu em afirmar que uma vida sem tesão será uma vida com muitas dificuldades, sem sentido e amarga. E por que não dizer, neurótica.

Freire soube apreender algo que já fazia parte da linguagem e da atitude de jovens rebeldes que queriam transformar suas vidas para além dos pacotes e modelos burgueses e liberais, especialmente nos anos que se seguiram aos estragos produzidos pela ditadura civil-militar no Brasil. Viver a vida com *tesão* é bem mais que se contentar com o prazer imediato das ofertas recorrentes do capitalismo; das promessas metafísicas das religiões e seus paraísos tão distantes quanto irreais; assim como da utopia dos marxistas transformada em burocracia de Estado. Viver o tesão como prática de vida livre é inventar um modo singular de existir no qual as rotas e percursos autorias se faz pelo que produz sentido, no contato ativado por relações e associações que se dão no presente.

Atento às transformações semânticas pelas quais a palavra *tesão* foi sofrendo ao longo dos anos, que deixou para trás o sentido meramente de excitação

1. Joaquim Roberto Corrêa Freire (1927–2008) nasceu em São Paulo/ Brasil. Médico, atuou em diferentes áreas como o teatro, o cinema, a televisão e escreveu mais de trinta livros entre ensaios e romances. Em todas as atividades às quais se dedicou Freire deixou suas marcas. Porém, segundo o próprio Freire, a *Somaterapia* foi a sua principal contribuição enquanto teórico e militante anarquista.

sexual, seu emprego e uso entre jovens passou a designar uma mistura de beleza, alegria e prazer no ato de viver. Em *Sem tesão não há solução*, Freire deixa isto claro na contracapa do livro, de forma confessional e aberta:

> Descobri que é chegada a hora de acrescentarmos ao tempo e ao espaço mais uma dimensão fundamental à vida no universo: o tesão. Para mim esse tesão não habita os dicionários oficiais; entretanto, é o que anima e o que encanta os poetas tropicais. Tesão sem passado, apenas contemporâneo e vertical, ele é produto semântico e romântico dos que sentem desejo pelo desejo, alegria pela alegria e beleza pela beleza. Mas pode ser ainda tesão de quem sente desejo pela alegria, beleza pelo desejo e alegria pela beleza. (FREIRE, 1990, S/ P)

Buscar o tesão no cotidiano funciona como uma espécie de bússola existencial: dia após dia, hora após hora, segundo após segundo o trabalho de elaboração de si se edifica. Nesta construção cartográfica autoral, os trajetos de cada ser é também seu devir, percorridos no existir libertário. Uma subjetividade radicalmente tesuda se afirma a partir das lutas travadas entre mandos e desmandos que ocorrem em casa, no trabalho, nos afetos e nas ações sociais. Eleger os tesões de vida é também fazer vigorar uma bela individualidade, conjugada com tantas outras quanto possíveis e necessárias.

É sempre bom lembrar do filósofo das pólvoras Mikhail Bakunin (1814–1876), que entre a elegância dos excessos, viveu tesudamente a anarquia por onde passou, com a paixão pelas barricadas, nos debates políticos ou entre amigos. Ao referir-se à liberdade numa perspectiva anarquista e diferenciando-a em seu sentido liberal, Bakunin costumava dizer que a liberdade do outro, longe de produzir limites, expande e aumenta as possibilidades de cada um e de todos ao infinito. Nesta conjugação de liberdades e seu sentido coletivo, a vida anarquista se faz junto ao outro e não pelo outro. Ela vigora a partir de um permanente pacto ético, no qual a interação transfigura as duas instâncias entre o indivíduo e suas sociabilidades. A ética pela liberdade para os anarquistas será sempre particular, temporal e imanente no encontro com o demais, já que a ocasião possibilita o bom encontro. Ela é uma questão de vida cotidiana e não de ideias puras ou conceitos *a priori* e etéreos. Ao propor a coexistência dos tesões e afim de produzir paixões alegres e bons encontros, Freire diz que "tesão, agora, é muito mais do que tesão, porque de substantivo passou a ser adjetivo e está a pique de virar verbo quase completamente transitivo e pronominal: eu teso, tu tesas, ele tesa, nós tesamos, vós não tesais jamais, eles tesam" (FREIRE, 1990, p. 18).

Uma das principais críticas que marcam a vivência do tesão é a de que ele seria uma prática ou atitude voltada para um egoísmo, em se fazer e viver o que se quer de maneira imediatista. Frases do tipo "você pesa que a vida é só prazer" costumam estar presentes no rol das diretrizes familiares da boa conduta, que toma o sacrifício como valor gregário. Talvez seja necessário diferenciar o tesão de vida de um mero prazer vulgar e desconectado ao outro. Atualmente, confundido como condição banal do capitalismo que estimula consumo e produz demandas de prazeres, buscar o tesão pode ser desqualificado e comparado com o desejo barato, irresponsável e descompromissado. Neste sentido, é importante pensar esta forma de conduzir a vida dentro de uma discussão de valores. Qualquer questão ética, assim, deverá ocupar-se com a determinação dos limites: quais os marcos e linhas que serão traçados para delinear condutas?

O prazer pessoal, desconectado com o outro pode rapidamente tornar-se um prazer contra o outro. O egoísmo e mesmo o egocentrismo em seu sentido mais corriqueiro só obedece à sua própria voz, desprezando os sinais e indicativos do outro. Viver a vida com tesão, numa perspectiva libertária, apoia-se na possibilidade de estabelecer um balanceamento dos prazeres, que possibilite um constante arranjo de forças. Este *ethos* de tesão e anarquia leva em consideração apenas a possibilidade de júbilo quando não desfavoreça a si nem ao outro. O poeta e humorista francês Nicolas de Chamfort (1741–1794) foi agudo ao afirmar: desfruta e faz desfrutar, sem fazer mal nem a ti nem a ninguém: esse é, creio eu toda a moral. Uma causa, um amor, uma ação profissional podem ser produtoras de gozo e vitalismo, mas a depender do manejo, podem tornar-se algo contra si ou atingir outros.

Assim, viver libertariamente com tesão e intensidade é algo dinâmico e reconhece que não há prazer possível sem a permanente consideração do prazer do outro. No entanto, isso não se dá por uma questão de amor ao próximo, num sentido humanista. Mas por entender que é com o *outro* que se estabelece o real sentido do *eu*. Na procura desta simetria, o outro funciona como um espelho que auxilia na própria percepção de si. Este cálculo deve ser traçado pelas partes envolvidas, em definições que sempre necessitarão de novos acordos, já que estão em permanente dinâmica. Aí está a condição antiautoritária do anarquista, que busca sua singularidade e o respeito ao demais, afim de conjugar sua diferença sem, no entanto, negar a diferença do outro.

ONDE ESTÁ O SEU TESÃO?

Existir de maneira autoral, afim de cravar seu estilo próprio sempre esteve presente no sonho anarquista de autonomia e liberdade. No entanto, não basta querer ter uma vida livre. A despeito das escolhas pela vida antiautoritária, somos atravessados por forças reativas e saldos burgueses que funcionam como microfascismos, que por vezes limitam ou mesmo impedem as práticas de liberdade. Não é preciso olhar longe, basta o espelho: cada um sabe o quanto e o que gostaria de viver diferente, com mais prazer e menos sacrifício. Mas suportamos além dos limites, imobilizados muitas vezes pelo medo de rebelar-se, da acomodação e do desconhecido. Para ser livre, precisamos conhecer o que nos faz diferentes e praticar isso coletivamente.

A Soma[2] — uma terapia baseada em princípios libertários — emerge em pleno período ditatorial no Brasil como instrumento de luta e ação inventivas diante da violência dos fascistas. Roberto Freire e colaboradores passarem a trabalhar com as pesquisas de Wilhelm Reich sobre o corpo e a emoção, e construíram um processo baseado em exercícios corporais e dinâmicas de grupo autogestionárias. A partir deles, o processo da Soma procura questionar rotinas, identificar bloqueios e estimular experimentações. Está atenta aos mecanismos de poder presentes nas microrrelações, já que são eles que produzem o germe do autoritarismo social, num jogo de poder e sacrifício onde valores capitalistas como a competição, o lucro e a exploração não são tratados apenas como questões de mercado e ideologia. Suas influências sobre áreas vitais das relações humanas, como no amor, por exemplo, onde sentimentos (ciúmes, posse, insegurança), e situações (competição, traição, mentiras) reproduzem no dia a dia os ranços e saldos do autoritarismo de Governos e Estados. Para a Soma, portanto, a política começa no cotidiano e é a fonte dos mecanismos de manutenção da ordem social.

Junto às pesquisas de Wilhelm Reich, radical dissidente de Sigmund Freud e sua Psicanálise, a Soma anda também acompanhada da Gestalt-terapia, que traz uma valiosa contribuição em como lidar com as situações inacabadas da vida, além de propor uma nova e não hierarquizada relação terapeuta-paciente. Se junta ainda às inquietantes descobertas da Antipsiquiatria e sua aposta de que a loucura é fabricada por mecanismos e objetivos políticos. Os anarquismos fornecem a base filosófica e política da Soma, fundamentais para desenvolver um processo terapêutico, onde o que está em questão não é adaptar as pessoas à sociedade, mas fazer demolir as normalidades e normatizações que povoam nossas vidas e que são elas, em última instância, as responsáveis pelos processos de adoecimento.

Na criação da Soma, Freire encontra na obra de Wilhelm Reich o que mais

2. Para mais informações, ver: *www.somaterapia.com.br*.

sentia falta nas demais correntes da Psicologia, especialmente na Psicanálise que atuou por alguns anos. Reich foi um militante cultural, que operou dentro e fora da clínica em direção a uma transformação social, vista por ele como caminho inevitável para a superação dos conflitos humanos. Servindo como uma espécie de coluna vertebral para a Soma, a obra de Reich enfatiza os processos de inibição e repressão da sexualidade infantil e juvenil como impotentes agentes causadores da neurose, pois acabaria por produzir vidas esvaziadas de sentido e prazer. Ao mesmo tempo, seriam as raízes emocionais do fascismo, a partir da adoração da autoridade e da servidão voluntária.

Na perspectiva reichiana, a bioenergia ou *orgone* é a energia que deve fluir livremente em nosso corpo quando estamos saudáveis. Ao se acumular em nosso tecido muscular, por meio de tensões crônicas criam o que Reich chamou de couraças neuromusculares, geradoras de desequilíbrios físicos e emocionais. A correspondência emocional deste processo físico foi chamada por ele de "caráter". Este, engloba o conjunto das atitudes habituais que uma pessoa apresenta, seu padrão de respostas a situações diversas e estilo de comportamento (autoritarismo, vergonha, sujeição etc).

Um dos principais objetivos da Soma é liberar a energia cronicamente acumulada nas couraças, que corporificam aspectos emocionais e é a expressão física da dominação. Um corpo encouraçado é um corpo sem vitalidade e corresponde a uma existência também esvaziada de potência, sem tesão de vida. Se caracteriza frequentemente por expressões faciais e gestuais vazias, movimentos rígidos e pouco flexíveis, e uma capacidade reduzida na comunicação emocional. Mobilizar esses corpos, fazer vigorar sensações de prazer, raiva, alegria, medo e tantas outras emoções é também ativar nossos tesões, para então tornar-se uma das questões centrais na terapia.

A energia vital ou bioenergia, na perspectiva reichiana, em condições naturais e quando não estão submetidas a bloqueios decorrentes das ações disciplinares e de controle, tem a capacidade de produzir uma regulação espontânea, sejam em seres humanos ou em qualquer outros organismos viventes. Para Reich, assim como para a Soma, cada pessoa tem a capacidade de autorregular sua vida, e o faz de maneira satisfatória, desde que não sofram ações em seu meio capazes de interferir ou mesmo impedir tal capacidade. O pensamento reichiano sustenta termos como "vital", "vitalismo", "espontâneo", "vegetativos" entre outros que são frequentemente associados a uma existência pujante e tesuda.

Suas análises clínicas apontam para o entendimento que diferentes forças atuam nos distintos âmbitos das sociabilidades — desde a família, passando pelas escolas, religiões e Estados — moldando condutas de acordo com valores morais, econômicos e políticos. Acabam por impedir a capacidade das pessoas de autorregularem suas vidas, além de criarem estases na livre circulação da energia vital. A presença de ações autoritárias em nossas vidas não deve ser entendida apenas por aquelas que são exercidas de forma violenta ou na chave da repressão. Elas também operam pela sugestão ou indicação de caminhos a serem seguidos, tornando-se responsáveis pela produção de subjetividades e modos de sentir e agir.

Seja pela interiorização das relações de poder e pela noção de obediência, seja pela excessiva importância aos aspectos normalizadores, a capacidade autorreguladora cede espaço a uma subjetividade alienada e apática. Reich denunciou ainda que o processo de encouraçamento havia criado duas tradições intelectuais distorcidas, que formam a base da civilização: a religião mística e a ciência mecanicista. Para ele

> as sensações dos órgãos vitais, tornados inacessíveis à autopercepção, constituirão a partir de agora, a área total das ideias que se localizam à volta do *sobrenatural* [...]. Assim, torna-se o centro da aspiração religiosa pelo salvador, o redentor, o além. (REICH, 2003, pp. 100–101)

Uma pessoa exposta a contínuas situações de ameaças à sua segurança física e/ ou emocional, típicas de práticas autoritárias, passa a realizar um movimento de defesa que a isola contra os estímulos nocivos, ao mesmo tempo em que interfere na possibilidade de fluxo de sua energia vital. Ao ter as correntes vitais interrompidas, inicia-se um processo de estagnação e antiprodução de vida, o que acarreta não apenas a diminuição de seu vitalismo, como gera adoecimento. Assim, um corpo encouraçado e, portanto, sem vitalidade e potência, precisa ser mobilizado energeticamente, afim de liberar a energia contida em determinadas regiões e atingir outras que estão desprovidas. Dessa forma, não basta entender racionalmente a atuação das práticas de poder em nossas vidas, mas atuar corporalmente afim de restituir o fluxo energético, fazer esse corpo voltar a pulsar e produzir mais energia para uma efetiva ação autoral no mundo.

Por ocasião da emergência do nazismo na Alemanha, Reich passa a viver entre 1933–1939 na Escandinávia, antes de partir para os Estados Unidos. É neste momento que ele busca formas de mensurar a bioenergia. Para isso, desenvolve estudos sobre a condução elétrica em diferentes partes do corpo, por meio de eletrodos que buscavam medir a variação das reações em função dos estímulos recebidos. Através destes medidores de correntes bioelétricas, colocados na pele de seus pacientes, Reich produzia estímulos agradáveis e verificava que havia um aumento da carga. Ao contrário, quando produzia estímulos desagradáveis, havia uma diminuição da carga. Ficou patente a demonstração que diante de situações de prazer, o corpo se expande e diante das situações de desprazer, se contrai. Ou seja, ele conseguiu comprovar como nosso corpo reage a situações de prazer e desprazer, e o que elas produzem de efeitos sobre o que passou a chamar de cerne biológico.

Reich (1984) defende uma *economia sexual*, termo cunhado no período em que funda e trabalha na Sexpol,[3] para analisar a miséria sexual e emocional das pessoas, diretamente relacionadas com a moral burguesa, presentes no casamento monogâmico compulsório e indissolúvel, na educação repressora sobre as crianças e na inibição sexual de jovens. Se a ênfase colocada por Reich na economia sexual de seus pacientes pode significar uma simplificação das questões envolvendo o adoecimento, serve para alertar as diferenças entre relações de casamentos como contrato social e econômico ou uma associação pautada no desejo. Como também, para explicitar as ações autoritárias e moralistas na educação de crianças de jovens, acarretando vidas apáticas e temorosas, além de apontar os fatores econômicos e políticas na produção da neurose.

Seguindo a perspectiva reichiana e seu pensamento funcional, a Soma traz a vivência das práticas de liberdade a partir dos anarquismos para mostrar como elas são produtoras de expansão de vida. Ao mesmo tempo, aponta como o autoritarismo, a dominação e exploração fazem nossos corpos se contraírem e se defenderem. Diante disso, uma das difíceis, mas fundamentais questões encontrada em terapia seja justamente auxiliar as pessoas na descoberta e vivência de seus próprios tesões. Muitas delas até reconhecem o que não lhe dão prazer, mas simplesmente não identificam aquilo que gostam ou as fazem vibrar. Estão de tal maneira alienadas de si, que dificilmente conseguem identificar quais são seus desejos e vontades. Aquelas que conhecem seus tesões, nem sempre se sentem capazes de lutar para afirmá-los. Muitas vezes veem-se impotentes e incapazes em sustentar uma prática de vida afirmativa e vigorosa.

Uma pessoa quando vivifica suas práticas de liberdade, rompendo para isso os mecanismos emocionais e políticos que produzem amarras, consegue au-

3. A Sociedade Socialista para Aconselhamento e Investigação Sexual — Sexpol foi fundada por Wilhelm Reich e colaboradores em 1928, com o objetivo de debater questões relativas a problemas sexuais e conjugais, controle da natalidade, educação das crianças e outros temas. Em um ano e meio, formaram-se seis centros desse tipo em Viena, reunindo centenas e milhares de jovens e trabalhadores que debatiam assuntos de ordem emocionais e sexuais.

todeterminar suas ações e escolhas nas relações sociais, no amor, na relação com os filhos e em tantos outros âmbitos. A autorregulação emocional, esta capacidade de guiar nossas vidas seguindo uma escuta do corpo e do organismo como um todo tem equivalência direta, nos planos ético-políticos com o autogoverno de si, e funciona como um termômetro de saúde que não está ancorada na noção de cura derradeira, mas na permanente luta de afirmação dos fluxos vitais.

A leitura anarquista que fazemos da obra de Wilhelm Reich ancora-se em afirmar um corpo não cindido e encouraçado, mas guerreiro e capaz de inscrever-se no mundo de forma radicalmente contrária às práticas de dominação. A reconciliação do corpo com ele mesmo passa inevitavelmente por acabar com os mundos remotos, os céus e os supostos lugares por onde habitam as ideias e as essências. Também está na negação de qualquer forma de autoritarismo, comuns nas sociabilidades instauradas sob hierarquias e comandos.

Seguimos na direção daqueles que reivindicam a invenção do corpo sem divisões e radicalmente imanente. Contra o corpo esquizofrênico, defendemos que não deva haver depreciação da carne e do prazer. O dualismo, a alma imaterial, a transcendência ou um além-mundo, fazem parte de uma tradição tão forte quanto ficcional. Apenas no aqui e agora, no mais puro encontro com o real e com as práticas de liberdade é que afirmamos nossa existência anarquista: a matéria, a vida, o vivo.

ÉTICA DISPENDIOSA

Ao analisar a vida libertária a partir de uma perspectiva das intensidades, vivificadas nos infinitos arranjos das associações, encontramos na obra do filósofo Michel Onfray algumas interlocuções possíveis com a noção do *tesão* defendida por Roberto Freire. A partir do *materialismo hedonista*, conceito formulado especialmente em *A escultura de si* (1995), Onfray elabora seu o que chama de uma ética dispendiosa, na qual aponta para uma prática de vida que seja possível e mesmo necessário execrar a poupança existencial, gastar a vida, pois esta é o principal valor da própria existência e não será eterno.

Segundo Onfray, a ética apoiada no gasto será a própria expressão do materialismo hedonista e está vinculada à vivência libertária. Diametralmente oposta, ele coloca a moral praticada pelo burguês, que visando acumular, ter e possuir, não para de amontoar dividendo e lucro. O indivíduo atrelado à moral burguesa é a antítese do artista dispendioso, pois busca a estabilidade, a segurança, a imobilidade. Seu interesse está ligado à apropriação de bens e materiais, contribuindo para a supressão de qualquer preocupação com a grandeza e a excelência.

Contrário a esta conjunto normativo, Onfray defende a vida como obra aberta, que no fluxo contínuo de movimento, instala-se em cada instante uma nova aritmética de valores e gastos. Para melhor explicitar sua concepção ética, utiliza-se do *condottiere*, um personagem conceitual, que segundo Onfray, fará de sua vida uma obra estética que não se congela em momento algum, para então criar suas rotas, seus caminhos em busca de confeccionar seu estilo:

> a obra aberta que é existência do Condottiere permite que se siga, sem possibilidade de se estabelecer definitivamente, o destino das grandezas de excitação a fim de obter uma cartografia. [...] A obra aberta supõe a riqueza e a profusão do temperamento. Ela é impensável em um indivíduo, fora da saúde, do excesso e da abundância. O dom e a prodigalidade assinalam a constituição daqueles dos quais eles emanam. (ONFRAY, 1995, pp. 109–110)

Assim, uma ética dispendiosa propõe romper as amarras da poupança existencial, que promete um resultado compensador no futuro aos que se sacrificarem no presente. As morais do ideal ascético buscam matar o que há de potência para o gasto, aniquilando e abatendo vidas em construção. Por outro lado, a ética hedonista preocupa-se com o agora, já que o instante de cada experiência jamais será repetido. Assim, defende Onfray, viver é gastar o agora.

Neste sentido, o dispêndio é uma forma de economia: a vida pressupõe excesso, transbordamento e, por conseguinte, movimento em direção à desmedida. A ética dispendiosa dirige-se a este transbordamento cujo percurso será estabelecido de forma singular, mas também coletiva e múltipla, acarretando o aumento das energias envolvidas. Esta ação ética terá sempre uma nova configuração, um novo encontro e consequentemente um novo arranjo através de um conjunto de forças que busquem uma tensão em equilíbrio. Cabe a cada um encontrar e precisar as modalidades desse encontro, dirigidas à elegância, à beleza e ao prazer, esculpindo o próprio estilo.

Este percurso deverá ser traçado observando importância tanto ao trajeto como ao objetivo aonde se quer chegar. O itinerário não está apartado da finalidade: os fins não justificam os meios. Ao argumentar em favor do gasto, Onfray coloca de um lado a repetição e o comodismo; do outro a imaginação e a invenção de momentos que levem a magnificência. Execrar a poupança existencial é contrapor-se ao capitalismo, ao marxismo, aos democratas e aos defensores do cristianismo, todos eles devoradores da excelência, da beleza e da grandeza. Em resposta ao triunfo dessas morais, impregnadas pelo ideal ascético, o hedonista buscará no gesto magnífico um percurso que conduza a uma via de excelência.

Vivendo em sistemas políticos autoritárias, nos quais tanto a impregnação das moralidades religiosas, como dos costumes sociais e da racionalidade neoliberal atuam no sentido de pasteurizar singularidades, entendemos que é necessário infringir uma luta cotidiana e contínua afim de sustentar uma ética dispendiosa e *viver a vida tesudamente*. No entanto, há que romper as amarras da segurança, enfrentar os medos e disponibilizar-se ao risco, já que não há invenção de vida livre na acomodação. Em *Utopia e paixão* (1996), Freire e Brito afirmam como a moral burguesa está atolada na necessidade de segurança, seja ela financeira, afetiva ou diante das ameaças físicas. E propõem a vivência do risco e do enfrentamento como campo de experimentação pela liberdade.

A disposição de luta é elemento fundamental para o enfrentamento dos mecanismos de poder que atuam e limitam as práticas de liberdade. Afirmar a possibilidade de uma batalha incessante na vida como afirmação de si, implica em se contrapor cotidianamente às práticas de poder, presentes em espaços institucionalizados, em nós mesmo e nas relações cotidianas, como entre amantes e amigos. Ela ocorre por meio de um embate agonístico, que envolve as práticas de liberdade e as práticas de poder, implicadas reciprocamente, sem descanso ou repouso, fruto de diferentes matizes e gradações. Uma ação sem fim, através da qual se definem os equilíbrios e as dinâmicas que caracterizam cada relação em questão. Em *O sujeito e o poder* (1995), o filósofo Michel Foucault trabalha o conceito de *agonismo* para dar conta de uma forma de lidar com as relações de poder, que não aconteça de maneira antagônica como oposição de forças. Ao contrário, a partir da agonística das relações de poder e de resistências que se fazem juntas, os indivíduos podem minimizar os efeitos da dominação e alcançar o exercício da liberdade diante dos regimes de poder.

Pensar as práticas de afirmação de si a partir dos campos de batalha que vida cotidiana nos apresenta é fazer explodir as certezas oferecidas pelos modelos que tentam aniquilar o que há de *Único* em cada um. Na dinâmica infindável entre forças que envolvem as práticas de poder e de resistência, são mais bem governados os indivíduos que abdicam, renunciam, ou que não sabem ou não querem exercer sua singularidade. Nesta cosmologia, não há lugar para as certezas apaziguadoras, mas a eterna desordem do instituído, afim de fazer demolir as verdades instauradas desde cedo, que legitimam e reproduzem a dominação e impedem a liberdade. Uma sabedoria trágica ao estilo nietzschiano deverá então ser reivindicada, para que a partir dos sismos e labaredas possam emergir e coexistir os prazer e dores da existência. Viver o tesão seria assim, uma prática de resistência que afirma a potência de vida.

TESÃO LIBERTÁRIO E A EROTIZAÇÃO DO COTIDIANO

As lutas estudantis que explodiram no final da década de 1960, na França e em diferentes pontos do planeta, marcaram não apenas uma retomada e revigorada dos anarquismos, como também uma nova e radical maneira de fazer política. Distantes dos modelos burocráticos dos partidos de esquerda e da democracia burguesa, os jovens reivindicavam uma prática política que não poderia ocorrer dissociada do prazer, da alegria e da beleza vivificada no dia a dia, nos corpos e nas relações cotidianas. O alastramento imediato das experiências anticapitalistas e antiautoritárias dos estudantes foram seguidas por trabalhadores implicados em fazer vigorar maneiras de viver sem a égide do Estado, sem patrões ou quaisquer outras formas de dominação.

Os acontecimentos de Maio de 1968 produziram ainda uma ruptura epistemológica capaz de dividir, entre o velho e o novo, o homem e o humanismo de um lado e o indivíduo apto a governar-se do outro lado. O surgimento de um ser singular e livre-pensador aparece como um incessante movimento de transformação. Nos muros de Paris, a revolta dos jovens estampava frases que logo ganharam o mundo: "Quanto mais eu faço amor, mais tenho vontade de fazer a revolução. Quanto mais faço a revolução, mais tenho vontade de fazer amor"; "Decretado o estado de felicidade permanente; "Autogestão da vida cotidiana" e tantas outras provocações que fizeram deslocar definitivamente noções como *a revolução*, *o homem*, *o povo, a política* etc.

Junto com as bandeiras anarquistas, Wilhelm Reich também ressurgia do limbo que fora colocado pelos psicanalistas e passou a ser lido como pensador original em temas ligados à sexualidade e ao amor livres. Foram sob essas influências que Roberto Freire, vivendo sobre a escuridão do fascismo militar, criou a Soma como prática terapêutica libertária e corporal. O tesão pela vida, como mostrado até aqui, não deixa de ser uma espécie de tropicalização desse jeito novo de sentir e viver a anarquia, ativada em nossos corpos e nas nossas relações diárias.

Neste sentido, o tesão pela vida livre está presente nas práticas de libertação, de liberação, de libertinagem e de liberdade, todas elas são diferentes e interdependentes formas de praticar a anarquia. Elas ocorrem nas mais variadas configurações, acontecimentos e circunstâncias, e nos auxiliam a lutar contra os microfascismos impregnados nos processos de subjetivação e suas tecnologias de governo. Viver o tesão e a anarquia é contrapor-se aos modelos de vida que são ofertados cotidianamente, atolados sob a racionalidade neoliberal e seu canto de sereia que seduz a fazer parte do rebanho participativo da lógica de governo de uns sobre os outros.

Na defesa do tesão como potência de vida livre, Freire propunha que a ação política devesse estar atrelada também a uma dimensão sensual, sensitiva e amorosa. Certa vez, em entrevista ao Programa Insurgentes, do Nu-Sol (Núcleo de Sociabilidade Libertária da PUC-SP), Freire foi questionado por Gustavo Simões que conduzia a entrevista em relação aos atos de Émile Henry, jovem anarquista francês responsável por dois atentados a bomba em cafés parisienses no final do Século XIX. Na ocasião, Simões pergunta ao Roberto sobre quem jogaria uma bomba hoje em dia, e ele responde: "eu jogaria uma bomba nos anarquistas". Sua provocação se dirigia ao autoritarismo e a sisudez que muitas vezes aparecem mesmo entre aqueles que se definem como anarquistas. Se a anarquia passa por preconceitos e difamações no amplo arco que abrange liberais e comunistas, suas ideias muitas vezes sofreram a repulsa de parte do próprio movimento anarquista brasileiro. Mesmo nos círculos anarquistas, homens e mulheres que se comprometem com a defesa da liberdade e colocam-se contrários às desigualdades e hierarquias, são capazes de negar em seus corpos a espontaneidade, o prazer e a alegria. Acabam por reproduzir ranços de uma militância triste e enrijecida, comum naquelas observadas entre adeptos da política partidária e suas conhecidas hierarquias. É atribuída a Emma Goldman a célebre frase: *se não puder dançar, esta não é a minha revolução*. Ela teria pronunciado de maneira contundente esta afirmação após ser questionada por alguns militantes anarquistas sobre seu jeito de dançar de maneira frívola e descontraída em um baile de apoio a grevistas, em São Petersburgo.

Atento aos saldos morais e autoritários que povoam nossos corpos e subjetividades, Freire procurou trazer para perto da ação política temas como o amor, a corporeidade, o prazer, a sensualidade. A partir do que chamamos de *anarquismo somático*, nos interessa observar e agir na direção de combater estes resíduos de instituições como a família, o Estado, os códigos morais que veem nas singularidades fortes e exuberantes algo a ser moldado, num trabalho contínuo que opera desde a infância até a vida adulta. A beleza, a alegria e o prazer quando espontâneas e não estereotipadas, causam estranhes entre puritanos e autoritários, mas é fonte de vida entre os amantes da liberdade. Em relação ao prazer sensual, Freire diz:

já foi o tempo do ascetismo, da inocência, da espiritualidade encarnada. Uma vez livre das repressões sociais e políticas através do sexo, os jovens descobrem que a sensualidade é a mais clara e intensa, a mais verdadeira e real sensação de estar vivo. (FREIRE, 1990, p. 21)

Neste sentido, o que nos faz livres é ter energia suficiente para estar vivendo a nossa erotização de vida.

Mas é preciso retirar da dimensão meramente sexual a noção do que é ser erótico. A palavra erotismo tem muitos significados hoje, apesar de sabermos que é uma palavra que consta nos dicionários como derivada da mitologia grega. Eros foi uma deusa do amor, do prazer, e se criou a palavra erotismo em função do poder que essa deusa tinha em despertar o amor nas pessoas, assim como o desejo e o prazer. Hoje, o erotismo está quase sempre atrelado à sensibilização prazerosa para a realização sexual e o amor na sua plenitude corporal. Além do mais, e mesmo neste âmbito, muitas vezes vivemos o erotismo em termos de consciência, limitado à esfera racional por meio de imagens e fantasias, distante das sensações que percorrem o corpo.

Este limite da vivência da sensualidade e do erotismo acabam por esvaziálas como partes essenciais da vida, tornando-as apenas instrumentos para a efetivação do ato sexual. O que procuramos debater na Soma é mostrar como o erotismo exercido apenas na experiência sexual é uma forma de diminuir a possibilidade das pessoas terem mais energia vital para se realizarem como ser social e como militantes libertários. Entendemos que buscar o conjunto das sensações atreladas ao campo do sensível é um importante veículo para se conservar uma amizade, para a prática de ações criadoras, de relacionamento humano, ou apenas para viver a nossa sexualidade.

Uma pessoa que não sente emoção na aproximação dos corpos, alguém que ela deseja se aproximar e tocar, se comunicar, não vai conseguir suficiente emoção, suficiente energia para descobrir o valor da vida, o significado de estar vivo. O que destacamos aqui é justamente o aspecto político e libertário que o amor ocupa em nossas vidas. Sua vivência nos traz energia, força e encantamento nas lutas políticas e sociais, nas amizades, nas associações e nos múltiplos espaços que fazer vigorar nossas intensidades. São nesses espaços que nossa existência libertária acontece, realizada como algo se faz juntos, combatendo hierarquias e estabelecendo relações não-verticais.

O que se tenta através das moralidades, presentes ou não nas religiões, tornando o erotismo e o contato sensual entre as pessoas é afirmá-los como algo maléfico, negativo, sujo. O platonismo foi quem primeiro legitimou o dualismo hierarquizante entre a submissão da carne ao mundo das ideias de uma forma universal. O inteligível e o espiritual como visão idealista, desprezam o sensível, o corpo e o prazer. Depois, a tradição judaico-cristã, onde o processo de evangelização não poupou a apologia da renúncia de qualquer utilização sensual, sexual do corpo, visto como algo impuro e desprezível. Assim, "quem se dedica ao ideal ascético é um indivíduo contrário à natureza, preocupado em realizar o impossível e em consagrar suas forças a anular a potência que há nele na intenção doentia de fazer de seu corpo um objeto desprezível e vergonhoso", diz Onfray (1999, p. 164). Os idealistas, espiritualistas e demais dualidades prezas aos mundos distantes e transcendentes, tão comuns na senha conservadora dos tempos atuais, todos professam uma teoria do desejo apoiada na noção de carência, de falta, de dor e de danação da carne.

Pessoas insatisfeitas eroticamente, não necessariamente no plano da sexualidade, pertencem a esse imenso rebanho de omissos, desanimados, pessimistas e desencantados. Ocupam o mundo de maneira burocrática e ascética, imersas naquilo que Reich (1987) chamou de peste emocional. Acabam por adorar líderes autoritários e buscar receituários de vida por não serem capazes de guiar suas próprias existências. E assim, desaguam em solidões amargas ou casamentos esvaziados de sentidos e suas libidos melancólicas.

Já aquelas apaixonadas, que vivem seus tesões nas diferentes esferas da vida estão conduzindo a vida eroticamente com os amigos, com os filhos, nas lutas sociais e tornam-se pessoas ingovernáveis. Para que haja revolta é preciso que tenhamos energia, ativada nos encontros entre cúmplices. Na construção da vida anarquista, na qual cada um assume suas rotas singulares, nos orientamos pelo prazer do bom encontro, pelo prazer de sentir a vida pulsando, pelo prazer de sentir a vida do outro pulsando e esquecer todas as normas capitalistas de relação humana, que é de apropriação, de dominação, de uso, e com isso ver acontecer no nosso cotidiano a possibilidade dos afetos.

Como falamos, um dos grandes esforços da Soma como terapia anarquista e corporal é estimular experimentações capazes de despertar o reconhecimento e a necessária disposição para lutar por nossos tesões. Como também eliminar a ideia de que só no amor, na vivência sexual é possível a vivência erótica. A sensibilidade, a sensualidade e o erotismo é singular em cada um. Elas surgem na relação entre pessoas, no contato com a natureza, com a arte, nas lutas políticas, na busca pelo conhecimento e em tantas outras possibilidades de troca e parceria. Afirmar e viver nossos tesões, enfim, é uma maneira de defender nossa singularidade e resistir libertariamente ao exercício do poder hierarquizado que pretende diminuir ou aniquilar o diferente em cada um. Ou ainda, uma forma de distanciar-se do homem comum, preso às verdades universalizantes e apartado de si mesmo.

Neste sentido, entendemos que a anarquia e os anarquismos devem ocupar-se em encarar o corpo por inteiro, para sustentar uma existência libertária para além do campo meramente das ideias, afim de extirpar radicalmente toda autoridade que se baseia as relações de dominação, inclusive aquelas que nos habita. É assim que a cultura libertária aparece em muitos instantes do dia a dia, sob a forma de festejar a existência, em ter o afeto como aliado, e entender que a vida é o terreno das lutas. Subjetividades em interação, afim de conservar o que há de *Único* em cada um de nós, ao mesmo tempo em que criam articulações e trocas que animam as existências e fazem crescer o vitalismo entre as partes.

BIBLIOGRAFIA

FREIRE, Roberto. *Sem tesão não há solução*. São Paulo: Trigrama Editora, 1990.

______. *Ame e dê Vexame*. São Paulo: Trigrama, 2000.

______. *Utopia e paixão*. São Paulo: Sol e Chuva, 1996.

FOUCAULT, Michel. "O Sujeito e o poder". In: DREYFUS, Hubert L.; RABINOW, Paul. *Michel Foucault, uma trajetória filosófica: para além do estruturalismo e da hermenêutica*. Rio de Janeiro: Forense Universitária, 1995.

MATA, João da. *Introdução à Soma — Terapia e pedagogia anarquista do corpo*. Rio de Janeiro: Hedra & Circuito, 2020.

ONFRAY, Michel. *A arte de ter prazer: por um materialismo hedonista*. Tradução de Mônica Stahel. São Paulo: Martins Fontes, 1999.

______. *A escultura de si: a moral estética*. Rio de Janeiro: Rocco, 1995.

______. *Teoria do Corpo Amoroso — Para uma erótica solar*. Tradução de Fernando Caetano. Lisboa: Temas e Debates — Actividades Editoriais, 2001.

______. *A sabedoria trágica. Sobre o bom uso de Nietzsche*. Tradução de Carla Rodrigues. São Paulo: Autêntica, 2014.

QUEIROZ, Clara. *Se não puder dançar esta não é a minha revolução. Aspectos da vida de Emma Goldman*. Lisboa: Assírio & Alvim, 2008.

REICH, Wilhelm. *A função do orgasmo*. Tradução de Maria da Gloria Novak. São Paulo: Brasiliense, 1984.

______. *A Revolução Sexual*. Tradução de Ary Blaustein. Rio de Janeiro: Zahar, 1976.

______. *Psicologia de massa do fascismo*. Tradução Maria da Grac⊠a M. Macedo. São Paulo: Martins Fontes, 2001.

______. *O Éter, Deus e o Diabo*. Tradução de Maya Hantower. São Paulo: Martins Fontes, 2003.

STIRNER, Max. *O único e sua propriedade*. Tradução de João Barrento. Lisboa: Antígona, 2004.

O segredo dos outros

GERARDO GARAY MONTANER

PARTE I

Enquanto Issac Rousseau trabalhava em sua oficina concertando relógios, o jovem Jean-Jacques lia. Em alguns momentos, o trabalhador deixava seus instrumentos de lado e discutia com seu filho alguma passagem chamativa. Mais tarde, à noite na hora da sobremesa, a cena voltava a se repetir, mas desta vez sem a necessidade premente do trabalho. Em pouco tempo, devoraram a biblioteca de Suzanne, uma mulher de família acomodada que havia falecido quando dava à luz ao pequeno Jean-Jacques. Liam em voz alta, talvez para suportar a dor; se revezavam, comentando e, sobretudo, se deixavam envolver pelas histórias que não abandonavam até chegar à última página. Em alguns momentos, o canto das aves pela manhã e o som dos primeiros sinos na aurora lhes anunciavam as horas de sono perdidas. Então o pai dizia "vamos um pouco para a cama, talvez seja eu mais criança do que você".

Quem sabe o que teria sido da obra posterior de Rousseau — bem comenta Robert Darnton (2006) — sem esses momentos entregues ao prazer da leitura, lenta, compartilhada, repleta de imagens?

PARTE II

Pierre-Joseph Proudhon havia entrado, como aluno externo, no colégio de Besançon. O benefício de uma bolsa, graças ao apoio do amigo de seu pai, foi decisivo. 120 francos era um desconto considerável, mas as dificuldades econômicas não desapareceriam por um gesto altruísta. Pierre pertencia a uma família em que "viver e vestir sempre foram um problema". A ele faltavam constantemente os livros mais necessários. Realizou todos os estudos de latim sem contar com um dicionário: "depois de traduzir de memória tudo o que eu podia, deixava em branco as palavras desconhecidas para preencher as lacunas na porta do colégio. Fui castigado cem vezes por ter esquecido meus livros:

era porque eu não os tinha" — nos conta. Os dias de folga eram aproveitados trabalhando no campo, cortando a madeira necessária para que seu pai fabricasse tonéis, economizando assim o pagamento de uma diária de mão-de-obra. Que estudos poderiam acontecer com um método semelhante?

No entanto, Pierre-Joseph concluiu sua formação em humanidades, recebendo grau com excelência. Um pesado sinal, no entanto, parecia lhe recriminar por estar usurpando um conhecimento reservado a outros. Além das doenças e do mal estado de seus negócios, seu pai enfrentava um processo judicial que o levaria à falência. O dia de celebração de fim dos cursos foi também o dia da sentença final:

> Cheguei muito triste a esta solenidade em que tudo parecia sorrir para mim; pais e mães beijavam seus filhos laureados e aplaudiam seus trunfos, enquanto minha família estava no tribunal esperando por uma sentença. Sempre lembrarei que o reitor me perguntou se eu queria que algum parente ou amigo me coroasse:
> — Não tenho ninguém comigo, senhor reitor, eu respondi.
> — Muito bem, me respondeu. Eu mesmo o coroarei e lhe darei o abraço. Nunca [...] me senti tão sobrecarregado. Encontrei minha família consternada e minha mãe chorando: o julgamento estava perdido. Naquela noite, nós jantamos pão e água. (PROUDHON, S/ D)

PARTE III

O conde Leon Tolstói, em meados do século XIX, já era uma figura reconhecida no mundo das letras; no entanto, insistiu em manter e dirigir uma escola. Yasnaia Poliana, propriedade rural próxima a Tula seria uma escola para filhos de camponeses. Seus amigos e, em especial sua esposa, apresentaram múltiplas resistências: pediam que não perdesse tempo com isso, que seguisse escrevendo literatura e presenteando a humanidade com essas imagens tão vivas sobre a mentalidade da aristocracia russa, as grandes angústias da existência, o amor, etc. Um punhado de crianças, sem outro destino que não os trabalhos rurais, miseráveis, sem direito à educação, espontaneamente se aglomeravam em torno dele e de seus colaboradores. Havia uma regra: podiam se levantar e ir embora quando quisessem. Não levavam nada e voltavam da escola sem deveres, materiais ou problemas. Atravessavam somente, em seu trajeto cotidiano, as perturbações mentais de quem não é subestimado recebendo as migalhas da cultura. Eles avançavam sobre o laboratório e as salas, pediam silêncio, deixavam de se empurrar: por um momento não eram mais os miseráveis condenados a trabalhar a terra de outros. De repente, estavam suspensos os vínculos de vassalagem, todos eram donos de si, súditos ainda no amor ao conhecimento.

Eram frequentes os passeios noturnos de Tolstói e dos pequenos pelas imediações. Eles pediam que ele contasse histórias, histórias essas que depois discutiam alegremente. Podemos conhecer um desses diálogos graças ao relato do mestre:

> E fomos parar em que além do útil, está o belo, e que a arte é a beleza, e compreendemos o que são uma e outra coisa [...].Prognka concordou conosco, mas ele entendia melhor a beleza moral: o bem. Semka, graças à sua grande inteligência, compreendeu também, mas não separava o belo do útil. Duvidava, como acontece muito frequentemente às pessoas de grande inteligência que, reconhecendo que a arte é uma força, não sintam em sua alma a necessidade dessa força. Como aquelas, ele também queria chegar à arte através da inteligência e assim acender essa chama [...] (TOLSTÓI, 1978)

Os benfeitores de luvas brancas que colaboravam com a escola o reprovavam: "Qual a necessidade de educá-los tanto?"; "Se todos estarão instruídos até esse ponto, quem vai realizar as tarefas mais pesadas e desagradáveis?", "Não os estamos afastando de seus vínculos primários ao oferecer-lhes uma sabedoria que não precisam para cumprir com seus deveres cotidianos?". Tolstói respondia:

> Fedka não sente o frio que penetra pelos buracos de seu casaco, mas os problemas novos, as dúvidas, lhe atormentam. E querem lhe dar três rublos, o catecismo e o conto do trabalho e da humildade, que vocês não querem de nenhuma forma, fazendo-lhe crer que são as únicas coisas úteis ao homem! Ele não precisa de três rublos, ele saberá encontrá-los e pegá-los quando sentir necessidade deles. Aprenderá a trabalhar sem a sua ajuda, assim como aprendeu a respirar. O que ele precisa é o que está circunscrito à vida de vocês e a de dez gerações suas, o que não consegue com seu trabalho. Vocês tem tempo para pensar, investigar, sofrer; então lhe deem o resultado de seus sofrimentos, é disso o que ele precisa. Mas vocês enterram sob a terra o tesouro da ciência que a história lhes legou. Não tenham medo: ao homem não faz mal nada que seja humano. (*Idem*)

PARTE IV

Faz frio, é o sétimo dia do mês de fevereiro de 1895. Luigi Frabbri, um adolescente de 16 anos está na prisão de Ancona. Parece ter buscado por isso: não contente em escrever panfletos contra o governo e os militares, entende que não pode ficar protegido pelo anonimato enquanto companheiros arriscam suas vidas nas ruas. Decide entregá-los de mão em mão aos transeuntes ocasionais da cidade de Las Marcas. Um deles, um oficial do exército recebe assombrado o papel. O denuncia e ele é facilmente preso. Luigi escreve a seu pai. Não tem queixas nem arrependimentos, mas fundamentalmente uma lista de livros que gostaria de ter: os *Ensayos críticos* de De Sanctis — o primeiro ele disse ter lido em uma noite; pede agora o segundo. Também pede as *Odas bárbaras* de Giosuè Carducci; o *Wallenstein* de Schiller — um drama histórico... talvez sua leitura o ajude lembrar das palavras que deseja gritar às autoridades no interrogatório: "a guerra alimenta à guerra", diz um de seus protagonistas. *As alegres comadres de Windsor* e "outros dramas de Shakespeare"; o *Fingal* de James Macpherson; *Os Lusíadas* de Luís de Camões; *A confissão de um filho do século*, de Alfred De Musset — o amor como prova? —; a lista continua: *Caio e Tiberio Gracco*; *Demóstenes e Cícero* de Plutarco, *Rafaela* de Lamartine. "Pergunte ao doutor Patrizi se pode me emprestar algumas obras modernas, especialmente de Tolstói, Ibsen e Zola" — escreve. "Te cansei com tantos pedidos?" pergunta e, imediatamente se justifica: "se tenho leituras, a prisão não é mais uma prisão para mim".

Mais tarde, o relatório policial se referia a Luigi Fabbri como um jovem "de caráter franco, desenvolto e audacioso, é muito inteligente, mas tem pouca educação". Para a polícia, a educação devia coincidir com a obediência. Luigi era um *mal-educado*.

PARTE V

Estas imagens não são apenas passagens heroicas. Mais frequentes do que poderíamos supor, se encontram na memória de relatos familiares e histórias individuais. Quando respondo, em diferentes diálogos cotidianos, que me dedico à educação, aparecem relatos similares trazidos por meus interlocutores. São contextos inesperados, situações pouco convenientes, parecem evocar um passado recente e saudoso; narram pequenos triunfos contra a ignorância. São tesouros humildes que, no entanto, formam parte de uma história mais rica: a falta de vergonha de um lento, mas persistente, assalto dos *ineducáveis* ao cofre das ciências, das línguas, da arte; em definitivo, da cultura. Uma cultura que não é a que rodeia habitualmente, mas sim a que permite viajar a lugares desconhecidos, permite se distanciar e fazer com que o corriqueiro seja estranho.

Jacques Rancière retomou magistralmente parte desta história em *A noite dos proletários*; delicada intromissão nos cuidados dos operários *saint-simonianos* da França do século XIX. Seu propósito inicial foi voltar "às próprias origens dos desencontros entre a educação das massas pelos sábios e a educação dos sábios pelas massas". Para sua surpresa, ao invés de encontrar um coletivo com ideias de grupo e de classe, sofrendo com a exploração por desconhecer as engrenagens do maquinário capitalista, percebeu a história de uma luta jogada no campo das sensibilidades; esforços para libertar sua identidade proletária imposta pela ordem da dominação:

> O esforço para viver, pensar e atuar não mais como os representantes de uma identidade coletiva, mas como os iniciadores de uma comunidade nova, onde nenhuma classe se ufanaria de ser a educadora da outra. Isso queria dizer a emancipação para os homens e as mulheres do povo que se dedicavam a tal, a revogação da humanidade separada em castas, a afirmação do pertencimento a um mundo comum de experiências e de pensamentos. A afirmação também de que este mundo não era um porvir prometido após longos combates, mas sim um sensível que começava a ser construído aqui e agora, trocando as maneiras de ser, de pensar, de falar, de atuar, formadas pela servidão. (RANCIÈRE, 2017)

Por isso, o autor defende que devemos inverter a relação inicial:

> [...] para definir o sentido de sua própria existência e de sua própria luta, o proletariado precisa do segredo dos outros, de nenhum modo do *segredo da mercadoria*: o que há ali que não seja claro como o dia? Muito bem, não se trata do dia, mas sim da noite; não da propriedade dos outros, mas de sua *pena*, essa dor inventada que contém todas as dores reais. Para que o proletariado se dirija contra *o que se coloca para devorá-lo*, não lhe falta o conhecimento da exploração, mas um conhecimento de si que revele que é um ser que está destinado a algo diferente da exploração. (*Idem*)

Podemos cair na tentação de erigir outro relato épico. Conhecemos os desgostos ocasionados pela persistência em uma história da educação constituída como história "exemplar". O mesmo acontece com as caricaturas: é fácil ver nos traços de outros as características identitárias de uma hagiografia, mas é bastante difícil reconhecer as nossas próprias; reconhecemos em nossa caricatura. A exaltação de períodos fundacionais de instituições emblemáticas, os fundadores, sua luta vitoriosa contra as forças do mal — neste caso os males da ignorância — , a galeria dos mártires etc, tudo isso desgasta. Por acaso não estranhamos essas obstinações profundas, esses desejos de alfabetização e "alta" cultura que eram vividos como um êxtase ao "sonho dos outros"? Enquanto nossas autoridades educacionais e políticas apostam, na América Latina, em uma educação "depurada", "prática", orientada ao trabalho imediato e à integração à sociedade de consumo, convém trazer do esquecimento estes relatos de operários, camponeses e artesãos que não se envergonharam em sonhar para si com uma preparação do espírito totalmente carente de valor de mercado.

Eu gostaria de dividir uma última história, esta vez em meu país, o Uruguai. Teríamos que nos transpor mentalmente para as duas primeiras décadas do século XX; a imprensa, seus linotipos, suas caixas de letras metálicas e a prensa "Minerva" — curiosamente era o nome que identificava a máquina utilizada na tipografia até que apareceram as primeiras prensas cilíndricas em meados do século. Tudo isso representava a transformação da inteligência coletiva, o saber humano propagado; assim foi inteligentemente percebido por Lord Acton: por um lado, gerou um movimento horizontal, ou seja, a possibilidade de estender, de um modo muito mais eficaz, os livros e folhetos a um número infinitamente maior de pessoas do que os velhos exemplares copiados à mão; mas também, um movimento vertical: as gerações futuras poderiam desfrutar de um legado precedente, em um exercício de acumulação constante no qual não se perderia uma ideia sequer. Não é pouco que o nome da máquina a identificasse uma deidade romana, a deusa da sabedoria, ao mesmo tempo das artes, da estratégia militar e protetora dos artesãos.

E nessas oficinas, entre papéis, tinta e engrenagens sujas de graxa, um jovem tipógrafo sonhava em "redimir" a sociedade através da educação. Otto Niemann (1888–1958), filho de imigrante alemão e mãe argentina, fugido de Buenos Aires por suas convicções pacifistas, seduzido pelos ideais anarquistas de seus companheiros de ofício, realizou uma intensa atividade de propaganda a favor de uma educação "racionalista". A execução de Ferrer i Guardia, no entanto, e a constante violência estatal sobre os centros educativos operários, endureceu o ativismo anarquista. A educação da infância não era uma prioridade. Apesar disso, Niemann não baixou seus braços. Sendo já adulto e com responsabilidades familiares, decidiu estudar para o magistério, apesar de lá ganhar menos do que na oficina. Ele se propôs a promover uma educação renovada, crítica, amante do conhecimento e emancipadora: tudo isso a partir das escolas públicas estatais. Parecia uma loucura. Se pretendia ser exitoso, deveria fazê-lo a partir das margens do sistema: uma escola rural, de caráter experimental e aproveitando ao máximo as possibilidades nas fendas e vazios das estruturas.

A história desta obstinação, em uma versão interessada, é claro, narrou no ensaio *La ilustración perdida. Magisterio y vida cotidiana en la primera mitad del siglo XX*. Este é um estudo profundo de uma experiência educativa, a da *Escuela Experimental* de Progreso, em Canelones, fundamentalmente entre os anos de 1929 e 1942. Essa é a história de um punhado de docentes que assumiram, com profunda seriedade, o compromisso de gerar o entusiasmo pelo conhecimento, deixando de lado as queixas e reivindicações umbiguistas. Sua leitura me parece que pode ser um lindo exercício de distanciamento de nossos tempos cotidianos para questionar certas naturalizações que nos levam a ficar pasmos olhando para o dedo que, no entanto, aponta para a lua.

A comunidade educativa produzia seus textos; a escola contava com uma prensa Minerva, a pedal, fruto de insistentes gestões de seu diretor; havia aulas de tipografia às crianças que quisessem. Consta ter havido egressos da escola que ganharam seu sustento exercendo este ofício; entre eles, Febo Niemann, filho do diretor. Foram impressos três tipos de publicações periódicas: *Caracolitos*, depois denominado *El Hornero*, que foi a revista dos alunos da escola e teve seu primeiro número em 7 de dezembro de 1931. A segunda série começou em junho de 1935. Na edição número 11, de 7 de julho de 1934, anunciou-se que os garotos Rialdo Fogolín, Rafael Legnani e Antonio Acevedo foram os tipógrafos responsáveis, esclarecendo que "fora do horário escolar". No mês seguinte, ele havia sido produzido por dois estudantes, mas "desta vez, absolutamente sozinhos".

Por outro lado, *La Colmena* foi um periódico reservado para "questões escolares e doutrinárias dentro de nosso plano". Por último, *Acción Cultural*, um folheto que teve por objeto informar sobre todas as atividades culturais e de "proteção à infância" que se realizavam naquela localidade, sendo o órgão infomativo da *Comisión de Fomento Escolar*, *Comisión Escolar de Señoras*, *Asociación de Ex-Alumnos*, *Cruz Roja de la Juventud* e da *Comisión de Fomento Vial*. Era distribuído gratuitamente e as primeiras edições alcançaram os 300 exemplares. O primeiro número apareceu em setembro de 1931 e se propunha a contribuir para a "elevação cultural do povo".

As frases que adornavam seus contornos são indicativas do mundo de representações que eram uma obsessão para Niemann. Entre elas: "Sem trabalho não há vida", "Se quer contribuir para o progresso, deve estudar para renovar ideias e ações", "Não perca a oportunidade de se instruir, quando ela se apresenta: é seu dever", "Um dia perdido jamais é recuperado", "Um ignorante não poderá se reformar nunca". Em um editorial de 1931, afirmou que "O estado de desequilíbrio social em que atualmente se vive se deve, sobretudo, à ignorância" e que "trabalhar para elevar a cultura do povo é ter fé no futuro".

Os lemas, no formato de aforismos, foram uma estratégia utilizada com frequência. Todas as semanas, escrito com giz em um quadro negro voltado para a estação de trem, em que se reuniam diariamente dezenas de pessoas, Niemann escrevia com letras grandes inscrições deste tipo: "Grave problema social: a exploração da criança; a criança analfabeta"; "A cultura é o caminho da razão; a ignorância conduz à violência". Quando houve a visita do Zeppelin ao Uruguai, em 1929, escreveu: "Como o Zeppelin, as ideias de fraternidade darão a volta ao mundo".

Para que os meninos e as meninas produzissem seus textos e tivessem voz, era necessário vencer a timidez e o temor de entrar em uma cultura que se percebia como distante e distinta; como se os usos desses *mistérios*, manipulados por mãos impróprias, desencadeassem as piores desgraças despejadas por insolentes aprendizes de bruxaria.

Entre a enorme bateria de exercícios para fomentar a expressão corporal e a expressão oral, retomo esses exemplos que buscaram fortalecer a leitura e a escrita: eram trazidos recortes de jornais e revistas e eles eram colocados em um quadro; geralmente os estudantes deviam elaborar informes sobre diferentes temáticas da realidade nacional e internacional. Estes exercícios mostravam aos estudantes que "cada um podia se instruir sozinho".

Em junho de 1935, o presidente *de facto* Gabriel Terra foi vítima de um atentado na sede do hipódromo de Maroñas; a imprensa cobriu o fato largamente. Niemann comemorou que a ação não teve o resultado esperado: "Felizmente, o ferimento foi leve". Ao mesmo tempo, lamentou o fechamento de três periódicos oposicionistas, "desconhecendo as causas que levaram a tal medida". Imediatamente exortou os estudantes a escrever para *El Hornero* redações refletindo sobre o fato; antes, os preparou com uma reunião em que falou: "todo crime deve ser repudiado por toda pessoa de cultura; ninguém tem o direito de dispor da vida alheia; a violência é utilizada apenas pelos incapazes e pelos que perderam a confiança em suas próprias ideias".

Em outra oportunidade, colocou uma caixa de correio no pátio da escola, "na qual poderiam colocar toda correspondência que quisessem dirigir a mim". As cartas deveriam estar envelopadas e podiam ser assinadas ou serem utilizados pseudônimos; o importante era participar, opinando sobre o rumo que a escola ia tomando.

Depois de catorze anos de atuação na escola de Progreso, declarou, com orgulho, em ato de fim de ano:

> [...] observando as atividades e orientações dos que foram meus alunos, posso dizer com satisfação que minha atuação pessoal e docente contribuiu poderosamente na formação de consciências livres, aptas, na melhor idade para os estudos e a razão, e para adotar, sem a consciência trabalhada por dogmas, ideias boas entre as melhores.

Estas diferentes maneiras de *viver* a educação demonstram uma trama complexa que dispôs de espaços e tempos, aprendizagem de ofícios, ensino de tarefas agrícolas e trabalhos domésticos, práticas de estudo e produção cultural, que tenderam a consagrar a atividade e o trabalho como elementos indissociáveis para os que conceberam sua existência: em movimento, sem dogmas, como uma atitude para a cultura em chave de aprendizagem permanente. Revolução da "cultura do trabalho" e da "cultura erudita", geralmente reservada a quem se dedicaria às "letras", às "leis", ou às ciências. A escola foi esse lugar que alimentou desejos constantes de "saber fazer" e de saber sem mais, porque para Niemann e seus colegas, não havia contradição, as duas eram manifestações de um mesmo fato; gestos cotidianos, baseado em vínculos solidários interpessoais e em um projeto comprometido com seu entorno geográfico; essa foi sua força histórica.

PARTE VII

As novas gerações aprendem cada vez menos das anteriores, e talvez por isso tenham uma menor dose de gratidão. Como afirmou Marc Bloch há mais de meio século, as revoluções técnicas aumentaram consideravelmente o intervalo psicológico entre elas. Diante do fato natural de que todo protagonismo supõe sempre uma importante dose de desacordo com o que está dado, aumenta em nossos dias a crença de que "para compreender os grandes problemas humanos do presente e tratar de resolvê-los, de nada serve analisar seus antecedentes", como se de nada servisse estudar os cabos da telefonia fixa para entender os modernos celulares. Não estou tão seguro disso. As mudanças históricas nunca se realizam a partir de um "ponto zero"; as inovações crescem a partir de um descontentamento inicial, mas não deixam de carregar em suas botas resíduos do passado; mais ainda do que estariam dispostos a admitir os ávidos pés revolucionários.

No entanto, o que é mais complicado é que nenhuma geração poderá ensinar às novas aquilo que é especificamente humano. O filósofo dinamarquês Sören Kierkegaard já havia advertido, no epílogo de *Temor e tremor*, com dolorosa resignação:

> cada geração deve começar exatamente do início, como se fosse a primeira; nenhuma tem uma tarefa nova que vá além disso, nem vai além disso, a não ser que tenha escapado à sua tarefa e tenha traído a si mesma.

Não podemos ensinar os jovens a amar, não podemos ensiná-los a paixão com que cada geração compreende plenamente as outras e compreende a si mesma. Quais serão essas tarefas inescapáveis que deverão encarar nossxs jovens? Quantas inovações uma sociedade pode suportar, sem o risco de se desmembrar completamente?

BIBLIOGRAFIA

BLOCH, Marc. *Introducción a la Historia*. Barcelona: Brontes, 2015.

DARNTON, Robert; *La gran matanza de gatos y otros episodios en la historia de la cultura francesa*. México: Fondo de Cultura Económica, 2006.

FABBRI, Luce. "Luigi Fabbri, storia d'un uomo libero". In: *Garibaldi*, Ano II, pp. 106–108. Montevideo: 1996.

MONTANER, Garay Gerardo. *La ilustración perdida. Magisterio y vida cotidiana en la primera mitad del siglo* XX. Colonia Valdense, 2020.

KIERKEGAARD, Sören; *Temor y Temblor*. Barcelona: Altaya, 1994.

PROUDHON, Pierre Joseph. "Introducir la ciencia en la moral". In: *Selección de textos*. Disponível online.

RANCIÈRE, Jacques. "¿De qué se trata la emancipación intelectual?". *Lectura Mundi*. Exposição disponível online no YouTube.

ROUSSEAU, Jean-Jacques. *Las confesiones*. México: Alianza, 2008.

TOLSTÓI, León. *La escuela Yasnaïa Poliana*. Barcelona: Biblioteca Jucar, 1978.

O prazer da língua anarquista

GUSTAVO SIMÕES

PRIMEIRAS BOMBAS

As chamadas bombas de chocolate, pouco se comenta, podem ser mais uma invenção dos anarquistas. Em "Gastronomia e anarquismo",[1] Christian Ferrer conta como na Argentina, as delícias apareceram no final do século XIX, muito provavelmente por meio de anarquistas pertencentes ao Sindicato dos Padeiros. Naquele momento, Errico Malatesta acabara de passar pelo extremo sul do continente americano após uma fuga espetacular da Europa. Em um momento como o que temos vivido, isto é, da chamada pandemia da Covid, é importante lembrar, mesmo que brevemente, o episódio.

No início da década de 1880, Malatesta havia sido condenado a prisão por subversão ao circular com textos comemorativos ao aniversário da Comuna de Paris (1871). Contudo, sua pena foi suspensa durante a epidemia de cólera que assolou a cidade de Nápoles em 1884. É que o anarquista, um ex-estudante de medicina, se alistou voluntariamente para auxiliar os doentes. Segundo o historiador Max Nettlau, a sessão de enfermos em que Malatesta trabalhou foi a responsável por recuperar da moléstia o maior número de pessoas. Ao final do seu trabalho, o anarquista recusou uma condecoração oferecida pelo governo. Por fim, encerrou: "a verdadeira causa da cólera era a miséria e o verdadeiro remédio para impedir o seu retorno é nada menos do que a revolução social".[2]

Desta maneira, como era de se esperar, mesmo depois do envolvimento no combate a cólera, a Corte de Roma manteve a sentença sobre Malatesta. Às vésperas do prazo estipulado judicialmente para sua apresentação, procurado por autoridades na loja onde trabalhava, escapou dentro de uma caixa de costuras. Dentro do exíguo compartimento foi levado até o porto de Florença. De lá partiu com destino a Inglaterra. E finalmente, da costa britânica rumou ao sul da América, mais precisamente aos portos da Argentina.

1. FERRER, Christian. "Gastronomia e anarquismo". In: *Verve*, v. 3. São Paulo: 2003.
2. NETTLAU, Max. "Em memória de Errico Malatesta". In: *Verve*, v. 4, pp. 270. São Paulo: 2003.

Segundo Christian Ferrer, na metade dos anos 1880, depois de circular pela Patagônia em busca de ouro para financiar levantes revolucionários, o criador do *Questione Sociale* foi decisivo para a fundação de certos sindicatos como o dos padeiros. Em 1889, Malatesta retornou ao velho continente. Sobre as invenções dos padeiros anarquistas desta época, final do século XIX, Ferrer observou:

> além de pão, nas padarias argentinas vendem-se também os confeitos matinais que os portenhos tomam com maior frequência no seu café da manhã, as facturas, de gosto doce e assadas a partir de uma mistura de farinha, fermento e manteiga. Algumas delas são de origem europeia, mas na Argentina adquiriram formas singulares e apelidos sugestivamente blasfemos [...] *cañones, bombas, vigilantes, bolas de fraile, suspiros de monja* e *sacramentos*, para escárnio do exército, da polícia e da igreja respectivamente.[3]

A história contada por Ferrer é mais uma acerca dos deslocamentos nômades de anarquistas pela América do Sul durante o século XIX e começo do XX. "Gastronomia e anarquismo", chama a atenção para mais uma invenção antiautoritária, a bomba de chocolate. Ao lado das bombas de chocolate, temos o cinematógrafo, criação do operário francês Paul Delasalle; o açucareiro, introduzido pelo médico ácrata, nascido no Brasil, Fabio Luz; os assaltos utilizando carros, creditado a Bonnot, entre outras. O escritor portenho Ricardo Piglia, em seu diário, por exemplo, assegurou que o pioneiro no uso da máquina de escrever foi o escritor anarquista Leon Tolstói. Mas mais do que isto, a partir do ensaio de Ferrer podemos observar como ácratas realmente engoliram e devoram seus inimigos. Para anarquistas a língua é um espaço intensificador de prazeres e subversões.

UMA BOMBA ANÁRQUICA

No Brasil, década de 1980, quase um século depois do nomadismo de Malatesta, um outro anarquista, Roberto Freire, também um amante de bombas de chocolate (e uísque), saboreou palavras associando-as ao anarquismo. Freire, conhecido pelas amizades como Bigode, foi um militante ativo na resistência à ditadura civil-militar brasileira (1964–1985). Integrante da organização Ação Popular (AP) na primeira metade da década de 1960, o médico, jornalista, escritor, foi preso pela primeira vez em 1965. Nos porões do DOPS elaborou o projeto de seu primeiro romance, *Cléo & Daniel*, sobre a impossibilidade de amor entre dois jovens em meio a uma sociedade autoritária. Fora da prisão,

3. FERRER, Christian. "Gastronomia e Anarquismo". In: *Verve*, v. 3. São Paulo: 2003.

ao longo da segunda metade dos anos 1960 e início da década seguinte auxiliou na criação do TUCA, teatro da PUC-SP. O grupo ficou reconhecido por montagens marcantes como *Morte e vida Severina* e *O & A* e mesmo sob forte perseguição sobreviveu até meados dos anos 1970.

Afetado pelos acontecimentos planetários de 1968 e visando escapar, por um lado da ditadura e, por outro da decepção com a montagem para o cinema de *Cléo & Daniel*, em 1969, Freire desembarcou em Paris. Ao assistir ao *Paradise Now* do *The Living Theatre*, o teatro anarquista de Judith Malina e Julian Beck, foi apresentado a vida e obra de Wilhelm Reich. A leitura do marxista e dissidente de Freud, autor de livros como *A função do orgasmo*, o levou a retomar os estudos em psicologia. De volta ao Brasil, no momento mais violento da ditadura, governo de Garrastazu Médici, inventou a *Soma*. O objetivo era auxiliar jovens corajosos e resistentes aos autoritarismos disseminados na sociedade.

Junto do *Paraíso, agora* de Judith Malina & Julian Beck, a coexistência, começo da década de 1970, com libertários de Forli, na Itália, foi o estopim para a sua inicial experimentação do anarquismo. Sobre a curta temporada italiana, em entrevista ao jornal *O Inimigo do Rei*, declarou:

> [No início dos anos 70] meu livro *Cléo & Daniel* estava sendo traduzido para o italiano e por coincidência o tradutor era um militante anarquista. A relação com os filhos, a forma como eles produziam e trabalhavam era chocante [...] Voltei para o Brasil, procurei o movimento aqui e decidi escrever um livro [...] Foi o *viva eu viva tu, viva o rabo do tatu* [...] Estudei loucamente anarquismo, antipsiquiatria e Reich,[4] relatou Freire.

E foi após "estudar loucamente", nos anos 1970, inclusive ajudando jovens a fugir de hospitais psiquiátricos, que Bigode entrou na década de 1980. Sem a visão de um dos olhos — para os médicos que o acompanharam, o descolamento de retina havia sido um rescaldo direto da tortura —, publicou em 1984, *Utopia e paixão*, livro no qual começou a dar forma ao seu *anarquismo somático* concluído somente nos anos 1990. Com *Utopia e paixão* (1984), *Coiote* (1986) e *Sem tesão não há solução* (1987), animado pela imanência da paixão anarquista liberou-se do amor e ideal de futuro contido nas páginas de *Cléo & Daniel* e na militância organizada com a qual se envolveu nos anos 1960. A partir da pichação no muro de um cemitério, SEM TESÃO NÃO HÁ SOLUÇÃO, elaborou uma outra maneira de encarar as transformações éticas e estéticas, valorizando a ação direta no presente.

4. *O Inimigo do Rei*. "Entrevista com Roberto Freire". In: *Verve*, v. 36, pp. 157. São Paulo: 2019.

Concordo com o pichador de parede. Mas que tesão é esse a que se referem o pichador e eu? [...] Nas ruas e nas conversas de todos nós, Tesão já não era mais apenas isso que o Aurélio registrou. Mas não se pode esquecer que dicionário e enciclopédia são o cúmulo da reserva cultural e histórica de um povo, ou seja, o oposto da dinâmica permanente de sua espontaneidade.[5]

Em *Sem tesão não há solução*, liberando a palavra do registro dicionário, atento ao modo como ela, pouco a pouco, se espraiou para além do sexo, sublinhou como a alteração nos costumes modificam também as palavras.

Neste livro [*Sem tesão não há solução*] eu desenvolvo uma tese sobre o significado da palavra tesão, no Brasil, da década de 60 para cá [...] Inicialmente a palavra tesão significava apenas excitação sexual, ereção etc. Hoje, ela é usada com centenas de significados, mas todos ligados basicamente a três coisas, conforme a pesquisa linguística que realizei: prazer, alegria e beleza.[6]

Tanto Freire quanto *O Inimigo do Rei* (1977–1988), ambos afirmando o anarquismo a partir de 1977 (ano de *viva eu viva tu* e da primeira edição do jornal), sinalizam para uma alteração dos anarquismos no Brasil. Inventado por estudantes da Universidade Federal da Bahia (UFBA), *O Inimigo do Rei*, além do frescor oriundo dos anos 1960 e 1970, escancarou uma novidade, a presença de jovens anarquistas em vários *campi* espalhados pelo país. Assim, sem se distanciar da valorização de questões como autogestão ou sindicalismo, em especial a partir de 1980, o jornal, que era distribuído pelas ruas, universidades, portas de fábrica de variados cantos do Brasil, estampou suas páginas com matérias bem-humoradas relacionadas ao uso de drogas e ao sexo. No ano de 1980, por exemplo, publicou capas como "Prática sexual ampla geral e irrestrita", debochando e invertendo a proposta de anistia e "Você pode fumar um baseado — desde que não seja do PDS ou trotskista",[7] na qual, combatia não somente a ditadura civil militar, mas também a conduta autoritária de militantes esquerdistas.

Se *O Inimigo do Rei* terminou suas atividades em 1988, um pouco depois da entrevista (e capa) com Freire, Bigode seguiu adiante durante os anos 1990. Durante a última década do século permaneceu em incessante movimento com as palavras. Depois de lançar o *best-seller Ame e dê vexame*, mudou-se para o litoral do Ceará. Em Canoa Quebrada formulou os contos de *Histórias curtas e grossas* e as palestras denominadas "erotização do cotidiano". Ao lidar com a

5. Roberto Freire, *Sem tesão não há solução*.

6. *O Inimigo do Rei*. "Entrevista com Roberto Freire". In: *Verve*, v. 36, pp. 157. São Paulo: 2019.

7. Ver as edições disponíveis em *bit.ly/3lbVWfW*.

diferença entre o erotismo e a pornografia, a partir do pensamento do escritor D. H. Lawrence, radicalizou ainda mais a perspectiva do Tesão elaborada nos anos 70 e 80.

Durante a década de 1990, com quase setenta anos, sem a vista de um olho e depois de um enfarte, viveu ainda mais intensamente a anarquia. Como indicou no final dos anos 1990 Jaime Cubero, então diretor do Centro de Cultura Social de São Paulo (CCS-SP), a partir da vida/ obra de Roberto Freire, em vez de amor livre, anarquistas deveriam afirmar uma outra e nova noção, *amor libertário*. "Em uma palestra, na Casa da Soma, sobre amor livre abordamos o assunto, juntamente com Roberto Freire e concluímos por essa conceituação. A expressão amor libertário é de Roberto Freire, a quem considero, entre os autores anarquistas que conheço, o maior e mais profundo na abordagem do tema em termos atuais".[8]

Freire, Bigode, ultrapassou o século ao lado das amizades. Rompeu muitos laços afetivos também. De tempos em tempos, voltava a PUC-SP nas atividades públicas do Nu-Sol. Em uma de suas últimas aparições, em 2007, na série *os insurgentes*, parceria com a TV PUC, talvez sem conhecer a história contada por Ferrer, Bigode, amante de barras de chocolate Toblerone e doses cavalares de *red label*, falou em uma bomba, uma bomba anárquica. "Diferente da bomba atômica que mata todo mundo, com a bomba anárquica todo mundo goza. É uma alegria, um prazer de estar com os outros [...] Precisamos ser bem mais radicais e terroristas, no sentido da bomba orgástica".[9]

UMA BOMBA INCOMODA MUITA GENTE, MUITAS BOMBAS INCOMODAM MUITO MAIS

Na América do Sul, o momento em que Roberto Freire e *O Inimigo do Rei* se encontram, anos 1980, é o de uma retomada dos anarquismos ao longo do continente. Como situou Edson Passetti, tal retomada "coincide com o fim das ditaduras e a constatação que o anarquismo como movimento e centros de cultura também chegou as universidades".[10] Em "Da vida dos arquivos contemporâneos no Brasil", Passetti mostra como a partir da reabertura do CCS-

8. CUBERO, Jaime. "Razão, paixão e anarquismo". In: *Verve*, v. 21, pp. 46. São Paulo: 2012.
9. "Roberto Freire conversando com Gustavo Simões". Depoimento disponível online no YouTube.
10. Edson Passetti, "Da vida dos arquivos anarquistas contemporâneos no Brasil". In: *Ecopolítica*. São Paulo: 2013.

SP em 1985, da convivência entre professores e estudantes libertários, abriu-se a possibilidade, dentro da própria universidade, para pesquisas levadas adiante não mais por marxistas que reservavam ao anarquismo o rótulo "pré-histórico".

Deste modo, antes ainda da publicação de *A coragem da verdade*, último curso de Michel Foucault no *College de France* (1984), no qual, o filósofo dedica um longo trecho ao anarquismo como atualização transistórica dos radicais filósofos cínicos, ao sul da América iniciava-se, pouco a pouco, um percurso salutar de investigações de "outras histórias" revolucionárias. A partir de uma revisão curricular da qual participaram, de modo paritário, estudantes e professores, na PUC-SP, em 1988, "o anarquismo foi incorporado como matéria de estudo regular nas Ciências Sociais".[11]

Quatro anos depois, em 1992, organizado por Passetti em parceria com a Faculdade de Ciências Sociais da universidade e o CCS-SP, seria realizado o "Outros 500 — pensamento libertário internacional". O encontro foi encerrado precisamente com a apresentação de Roberto Freire e inaugurado com a presença de Pietro Ferrua, anarquista fundamental, falecido a pouco mais de um mês e a quem saúdo neste texto. Sobre os efeitos do "Outros 500", Margareth Rago recorda o encontro com Lucce Fabri. "Foi justamente quando, em agosto daquele ano, o professor de Política Edson Passetti [...] me convidou para participar do congresso Outros 500 Pensamento libertário internacional, no Tuca. Quando descobri que aquela senhora delicada e erudita, no meio do público, era uma lenda viva do anarquismo internacional, meu primeiro impulso foi ir até ela e pedir desculpas, pois afinal quem deveria estar à mesa era ela e não eu",[12] concluiu. Passado pouco tempo do evento, Rago foi ao Uruguai e começou uma relação de amizade com Fabri, anarquista que assim como Malatesta, amigo de seu pai Luigi, escapou da Europa para viver a vida ao sul.

Mas voltando às bombas, à matéria e ao sabor deste texto. Quase simultâneo às ações dos "inimigos do rei" da UFBA, nos anos 1980, os estudantes da PUC-SP, também escandalizavam a universidade entre o ocaso da ditadura e início da denominada "abertura política". Em 1983, integrantes do Centro Acadêmico de Ciências Sociais (CACS) levaram alguns elefantes ao campus. A ação, um protesto debochado, visava lembrar os seis anos da invasão da universidade pela ditadura civil-militar. Quatro anos depois, estudantes do mesmo CACS visitaram o coronel Erasmo Dias, travestidos de jornalistas, na

11. *Idem.*

12. "Foucault e as formigas". Entrevista de Margareth Rago disponível online no *Jornal da Unicamp*, Junho de 2001, ano XV, n. 163.

Assembleia Legislativa. Diante dele, comandante da operação de invasão de 1977, como resposta as violências do Estado na década anterior, entregaram uma coroa de flores, bananas, balas e... bombas de chocolate. Ao lado dos objetos, um bilhete enunciava: "Erasmo Dias, que deus o leve, que Golbery o abrace e que Jânio seja o próximo — feliz morte".

O PRAZER NA LÍNGUA

Há muitos caminhos de pesquisas sobre anarquistas na América do Sul. O que esbocei aqui, a partir de investigações realizadas na iniciação científica e no mestrado, é como as lutas anárquicas, apesar de duras, são levadas a cabo com muito humor e prazer. No início do século XX, contam que frente ao desconhecimento do idioma português, imigrantes anarquistas liam coletivamente os jornais, maneira não somente de entender um idioma, mas, de pensar junto. Esta é a língua dos anarquistas, a dos prazerosos encontros, mesmo em meio as lutas. De Malatesta, passando por Freire e os inimigos do rei, até estudantes e professores, no texto desta noite, em vez de trechos de livros, preferi selecionar alguns episódios que considerei relevantes. É que a história dos anarquismos, assim como a dos cínicos gregos, é feita não somente de textos, mas, sobretudo de ação direta. Este encontro, por exemplo, é uma ação direta. Agradeço aos jovens, velhos ou novos, que possibilitaram esse combate.

BIBLIOGRAFIA

CUBERO, Jaime. "Razão, paixão e anarquismo". In: *Verve*, v. 21, , pp. 46. São Paulo: 2012.

FERRER, Christian. "Gastronomia e Anarquismo". In: *Verve*, v. 3. São Paulo: 2003.

FREIRE, Roberto. *Sem tesão não há solução*, ed. 20. São Paulo: Trigrama, 1990.

NETTLAU, Max. "Em memória de Errico Malatesta. In: *Verve*, v. 4, pp. 270. São Paulo: 2003.

O INIMIGO DO REI. "Entrevista com Roberto Freire". In: *Verve*, v. 36, 2019, pp. 157. São Paulo: 2019.

PASSETTI, Edson. "Da vida dos arquivos anarquistas contemporâneos no Brasil". In: *Ecopolítica*, n. 6, Maio–Agosto de 2013, pp. 54–81. São Paulo: 2013.

O teatro operário e o amor livre como prática

CARLOS FOS

> Los socialistas saben las trampas del camaleón y con sus supuestas diferencias intentan captarnos. Los que se dicen internacionales son, en el mejor de los casos, jóvenes desencantados de las traiciones locales que quieren ver en las matanzas de los burócratas rusos una revolución. Alerto a todos los compañeros para que no caigan en trampas, y lo hago especialmente a aquellos que aislados luchan en zonas y condiciones desfavorables porque pueden ser timados en su buena fe. Recordemos, que más allá de alguna acción conjunta meramente estratégica, en nada se diferencian los llamados partidos de la izquierda de los burgueses. Son verticalistas y cercenan la libertad que nos define. Por eso abstenerse de crear uniones con ellos.
>
> FLAVIO SPEZIA, militante libertário

O movimento libertário local, em suas diversas expressões políticas, foi caixa de ressonância de temáticas sociais que eram debatidas a partir de perspectivas distintas em fins do século XIX. Nessa ampla gama, e respeitando as discrepâncias, houve consensos no mundo ácrata sobre vários destes tópicos, alguns dos quais se transformaram no núcleo das contestações e lutas protagonizadas e levadas pelo anarquismo. Observadas a partir de um forte conteúdo ético e moral, romperam o horizonte das expressões das associações classistas nos inícios do século passado e essa figura do herói impoluto e incorruptível se ergueu como modelo de vida a ser replicado em cada ação e em cada afirmação. A família burguesa e as tradições cristãs impregnadas no acontecer da existência privada das comunidades foram pontos escolhidos pelos libertários para manifestar a falácia de um sistema de opressão que impedia a liberdade de escolha, restringia a possibilidade de relações sem tutela e colocava pesadas correntes sobre os mais frágeis anéis da cadeia humana: mulheres e crianças. Quando falamos de debilidade, nos referimos às relações de poder predominantes, nas quais a redução do indivíduo a simples mercadoria obediente replicava e amplificava a estrutura de uma sociedade hipócrita. O divórcio, a homossexualidade e o fim do casamento como instituição indissolúvel haviam enchido as páginas de libelos de orientações ideológicas até aquele momento.

O quadro filodramático formado por Arturo Limes e Servando Ordóñez, discípulos da *oficina-escola* de Berisso, estava incumbido da tarefa de produzir textos e representá-los, para que a discussão sobre o amor livre tivesse lugar através da arte como disparador. Assim conta Limes:

> Era muito complicado para nós poder manter um elenco de aficcionados e militantes. Nós tinham escolhido nos separar dos grupos mais numerosos de sindicatos e centros, em um esforço para manter autonomia plena de possíveis decisões verticalistas que pudessem afetar nossa liberdade. Era um jogo perigoso, já que por um lado não tínhamos como responder por nossas ações a nenhuma autoridade superior, mas carecíamos de uma logística externa que nos auxiliasse diante do sufoco das perseguições e censuras. De qualquer maneira, não nos deixamos vencer pelas forças hostis que nos rodeavam e nos concentramos no projeto de escrever uma peça teatral sobre o amor e os preconceitos. Várias companheiras nos ajudariam nesta tarefa, que demandou um par de meses, ante os inconvenientes para programar reuniões e pelas deserções que logo se converteriam em uma constante nos anos seguintes. Fiéis às ideias de criação em grupo, todos dividiam a função de eventuais dramaturgos, expondo suas ideias e abrindo-as às trocas criadoras.[1]

Esta inquietude de Limes era replicada em distintos centros e círculos libertários, onde homens e mulheres propunham que as relações de casal fossem caracterizadas pelo amor puro, aquele que é capaz de contornar qualquer egoísmo e se projeta na constituição de um coletivo são e sem fissuras. Não há cercas para este amor, nem regras especiais, além das que regulam a felicidade das micro sociedades comprometidas nos valores ácratas. Socialistas reformistas e liberais tiveram representantes que aderiram à causa do amor livre em suas trincheiras feministas. O aborto legal e o divórcio foram exigidos em comícios, mobilizações e escritos publicados em jornais e revistas de circulação nacional. O conservadorismo, que detinha o poder, ignorou suas reivindicações e nem sequer aceitou validar a dissolução do matrimônio civil, medida que seus pares uruguaios aprovaram. O radicalismo[2], com seu discurso progressista, tampouco levou a cabo decisões positivas ao ocupar o Poder Executivo. Apenas

1. Entrevista pessoal com Arturo Limes, Madrid, 1985.

2. Aqui o autor se refere à *Unión Cívica Radical*, que rompeu décadas de domínio do Partido Autonomista Nacional após a implementação do voto secreto na Argentina. Governou aquele país entre 1916 e 1930. N. do T.

algumas figuras específicas, especialmente mulheres, dos partidos burgueses clamaram contra as desigualdades de direitos, próprias de um patriarcado baseado em arcaicas tradições que seriam gravadas no imaginário coletivo ao se confirmar um pacto entre as Forças Armadas e a hierarquia eclesiástica da Igreja Católica Apostólica Romana.

Os ácratas, como de costume, não se detinham em queixas pontuais, porque seus objetivos confrontavam as próprias bases de um sistema injusto de exploração, que não podia avançar por leis, somente podendo ser derrubado pela ação de sujeitos críticos. Nesta via, estava a proposta da agremiação da qual Limes era parte. Após três semanas de trabalho, estavam prontos para ensaiar e polir ao menos duas cenas nascidas no calor dos mecanismos de produção do conjunto. O próprio Limes assim recorda:

> Como de costume, não foi fácil chegarmos a um acordo nas conversas em que mostrávamos nossos pensamentos sobre o amor dos casais em uma obra acabada. Tínhamos passado vários dias argumentando apaixonadamente as diversas linhas que poderiam dar forma ao texto definitivo. Mas definitivo é uma palavra que vai muito mal em um movimento que aceita tantas mudanças quantas seja necessário para espelhar a vontade do corpo. Por isso, a necessidade de corrigir. A primeira versão de duas cenas foi registrada em um documento que fizemos circular entre simpatizantes da causa, vizinhos de nosso local na periferia de Avellaneda. (*Idem*)

Neste manuscrito, nunca editado, que recebemos das mãos de um militante daquela região na década de vinte do século passado, é possível ver que as bases do texto seguiam os pretextos do melodrama com um conteúdo didático, como característico desta dramaturgia do urgente. Repassemos o primeiro rascunho de *La libertad del amor*, título também provisório:

> **Bispo**: Não posso crer que me peçam que aceite uma ação pecaminosa e que atente contra a vontade de Deus. Vocês foram criados no caminho da fé, como bons cristãos. Começaram se aproximando desses bandoleiros anarquistas que não reconhecem nem as autoridades terrenas, nem as celestiais, apesar de que eu já lhes expliquei os perigos ao fazer isso. Fizeram greve quando o patrão somente estava preocupado com vocês, dando-lhes trabalho e a oportunidade de comer e se vestir todos os meses. E agora se atrevem a falar para mim sobre ir contra o sacramento do matrimônio para se entregarem aos prazeres de um falso amor que chamam de livre. Estão rebeldes, não os reconheço e não vou permitir que pretendam estender essa luxúria a seus irmãos que aceitam a vida que lhes deve, com gratidão e resignação.
>
> **Luz**: Ninguém veio falar sobre permissão, porque pouco nos importa sua opinião sobre nossa decisão. Nós já não cremos em suas mentiras que tanto mal fizeram, trazendo-nos desgostos e culpas que só podem existir na mente dos opressores. Você está seguro de que nossos corpos lhe pertencem, como representante deste deus, ao

qual não mais adoramos. O prazer pertence a nós, como serem humanos livres e não somos nem seremos senhoras de ninguém. Assim como repudiamos a escravidão do patrão, que nos obriga a largas jornadas com salários de fome, também o fazemos com aqueles homens que nos veem como seus pertences.

Sara: Você pretende ser um enviado celestial e passeia com sua pança enorme e seu anel para fazer os pobres se inclinarem à medida em que avança. É o exemplo de tudo o que repudiamos. Sonhamos com um monde em que a liberdade seja plena e possamos gozar dela sem ordens nem restrições. Sua fé matou muitos, abençoou guerras e deu alento a falsos poderosos para evitar cumprir com os ensinamentos desse Cristo que você leva no peito. Somos mulheres pensantes e não vamos nos entregar a nenhum homem que não desejemos. Saiba que somente o desejo nos guiará ao amor, ao verdadeiro amor, o que está iluminado pela tocha da mente livre.

Bispo: Basta, pecadoras! Vão arder no inferno, isso eu asseguro. Temam porque, também vou falar com o delegado e vão apodrecer no calabouço.[3]

Este fragmento foi representado em uma reunião que rememorava as mulheres mártires das lutas sociais, atividade realizada no círculo ácrata de Morón. Os membros do quadro filodramático queriam provar a eficácia do escrito e estiveram atentos à sua recepção, em uma noite com pouca, mas entusiasmada presença, de acordo com os testemunhos de alguns dos presentes. Jazmín Ugarte, de apenas catorze anos à época, nos confessava:

Eu soube da atividade por uma amiga mais velha que costumava comparecer a atos anarquistas. Eu era bastante jovem e não entendia muitas coisas. No entanto, havia assistido a várias pequenas peças e participado de conversas em que se discutia o papel da mulher em nossa sociedade. Não poderia assegurar que tinha plena consciência, mas sim era uma jovem apaixonada, capaz de me entregar a uma causa. Assim, pude ver a peça de teatro em Morón, em que o tema central era o amor livre. Fiquei impressionada como os personagens tinham coragem para lutar contra gente poderosa, sem hesitação. Foram alguns minutos, mas me fizeram refletir sobre este ponto de uma maneira muito profunda, como não havia feito até então. Ali me entusiasmei com as atuações, e por isso não foi uma surpresa quando passei a integrar dois elencos de teatro amador e um independente, deixando neste cenário duas décadas da minha vida.[4]

Na revisão do texto, os componentes do elenco decidiram mudar alguns parágrafos dos diálogos e incluir uma terceira mulher. Neste caso, o objetivo era aumentar as contradições do bispo e aumentar a tensão dramática. Na maior parte dos melodramas operários, este recurso tinha um efeito de empatia na audiência, que tomava partido das vítimas dos abusos expostos pela trama. Nos debates que ocorriam após o espetáculo — experiência que foi continuada

3. Texto em rascunho, entregue por Jazmín Ugarte, S/ D.
4. Entrevista pessoal com Jazmín Ugarte, Montevidéu, 1986.

pelo teatro independente — era possível comprovar esse espírito de se engajar com os sofrimentos dos personagens. No entanto, os encontros não acabavam em catarse; pelo contrário, era estimulada a análise da situação para buscar soluções integrais. Muitos na plateia estavam familiarizados com episódios de exploração e a maior parte deles havia vivido casos na própria pele. Quando nos referimos às relações abusivas, próprias de um meio atravessado pelo patriarcado, as contradições afloravam no seio do movimento libertário e os homens que se recrutavam em suas filas deviam se livrar de uma contradição interna para não reagir como o restante do universo masculino burguês.

Devemos lembrar que Limes e alguns de seus companheiros haviam participado, quando eram crianças, com diferentes graus de compromisso e comparecimento, da *oficina-escola* fundada por Plal. Sua inserção posterior no anarquismo e suas buscas no campo artístico foram marcadas por conceitos e critérios de ação aprendidos nestes dias de formação. Este espaço, de notável influência, mas breve duração por conta das duras medidas tomadas pelas autoridades de plantão, foi um lúcido interlocutor e alcançou a síntese das expressões pedagógicas que colidiam ou se complementavam com certas dificuldades no movimento ácrata local. Esta situação, herdada das disputas teóricas e práticas europeias, foi dirimida com sabedoria e capacidade de diálogo. Assim, em primeiro lugar, este empreendimento nunca aderiu às correntes do niilismo relacionadas com a educação. Estas tinham tido certo eco em alguns projetos colocados em prática na Alemanha no início do século XX, projetos que tiveram dificuldades para se manter ao longo do tempo e que viveram desafiados por incongruências e discordância quanto a seu funcionamento. A oficina, de subsistência inconstante, soube fundir as bases do racionalismo com outras experiências menos rígidas para adotar um modelo flexível, em que o aluno era estimulado a abandonar a clássica postura passiva do pensamento dominante. Os professores, com uma trajetória particular de militância fora do campo intelectual, não concebiam uma educação sem sua intervenção e presença incessante. Entender e exercitar o saudável equilíbrio entre o "deixar fazer" estéril e carregado de mensagens negativas vinculadas à responsabilidade como guia da prática, e o autoritarismo que transforma o educando em um objeto receptor. Para Plal e seus seguidores, não foi fácil abstrair da força de certas ideias extremistas que conseguiam adeptos no seio do anarquismo, concepções que se autoproclamavam revolucionárias frente ao que entendiam como uma entrega reformista de outros setores, mas que, ao final, apenas encorajaram um tipo de caos que agredia as próprias raízes do processo educativo.

Os textos fragmentários que chegavam do Velho Mundo se amparavam em

Rousseau e outros pensadores para agitar a figura do docente que protegia o crescimento autônomo dos jovens, sem intervir e muito menos desenvolver ou despertar capacidades, ou valores como solidariedade, perseverança ou cooperação. Sem estes pilares, não era possível edificar o sonho de uma comunidade em que a liberdade e o respeito fossem os únicos monarcas. O esforço de professores como Plal estava centrado na organização de um sistema de ensino sem restringir decisões no aluno, sem submetê-lo a uma dissolução de sua opinião crítica. Eles acreditavam na atividade artística e em seu poder como instrumento de transformação na sociedade. Mesmo assim, estavam seguros de que o prazer gerado pela experimentação de uma criação artística ou sua contemplação era um motor genuíno para afirmar e multiplicar conceitos aprendidos. Este era um caminho novo frente a outra propostas ferreristas puras, mas sempre em conflito direto com os métodos do sistema do regime, agora fortalecido pela criação de um desenho curricular de aplicação nacional a ser exercido com os recursos do Estado. Esta tática dos que exerciam os poderes para manipular o imaginário coletivo e construir um discurso à base de mitos fundacionais, requeria uma precisa engenharia e a implementação de uma logística que permitisse chegar a locais onde a ausência do aparato estatal havia sido óbvia até então. Investir em normalizar foi o lema, e os macacões brancos povoaram o território com uma só voz, a dos dominadores.

Limes ansiava por terminar com uma equação semeadora de desigualdades e promotora da violência de gênero e da subordinação da mulher como parte de uma perversa estrutura social. Cada obra de teatro que coordenava, cada ação direta, devia atacar o coração dos mecanismos burgueses que favoreciam a ambição egoísta e a concorrência individualista, imersos na concepção de país desenhada pelo conservadorismo no poder. Este artista operário tinha conhecido os trabalhos de Schmid, defensor ferrenho da escola anti-finalista. Imigrante alemão, de uma notável cultura geral, ele havia colaborado com a *oficina-escola* durante um curto período de tempo, em um tipo de reafirmação da amplitude de suas ideias. Sua passagem deixou um par de menções nas publicações anarquistas locais de esporádica vida, e um discípulo que, rapidamente se distanciou de suas posturas radicais.

Uma das primeiras produções teatrais em que Limes participou, como menino ator, foi *Días amargos*, um breve melodrama que trouxe polêmicas já em sua estreia. O periódico *Obreros*, um tipo de libelo em forma de breves notas desorganizadas, soltou em seu segundo e último número de junho de 1911:

Estremecidos pelas greves do porto e da carne, fomos testemunhas dos diferentes atos realizados para rememorar nossos mártires operários de Chicago. Quero destacar a colaboração em vários deles dos quadros filodramáticos que crescem ao calor do esforço de nossas escolas e dos coros revolucionários que deixaram melodias inesquecíveis em nossos ouvidos ávidos de arte. A oficina escola *Sin dogmas* apresentou uma pequena peça de pouco valor poético, mas com atuações de paixão militante. Nela, víamos a história de dois amigos que trabalham no frigorífico Armour, mas que tem uma atitude muito diferente frente o patrão. Alberto, um *criollo*, não compreende a luta associativa e trai seus companheiros, enquanto José é delegado sindical e morre assassinado pelas balas da repressão. Como um engenho limitado, esta pequena obra avança com uma mudança profunda em Alberto que, sem razão aparente (salvo o golpe recebido pela morte de seu companheiro), se entrega à causa operária e culmina encabeçando a greve. Foi muito bonito o coro que fechou a representação com os acordes de *Hijos del pueblo*. De qualquer maneira, pedimos ao professor Plal que estimule os escritores, mesmo sendo jovens e sem experiência, a aprender a desenvolver as histórias com mais verossimilhança. Um parágrafo especial para o garoto que fez o monólogo ao final da segunda parte. Ele realmente emocionou aos cocheiros, marinheiros e estivadores e suas peles queimadas pelo Sol. Resolvido, sem dúvidas e apesar de um texto liso e sem muitos matizes, iluminou a tarde cinzenta. Este jovem pertence à sala de Schmid, um professor que chegou da Alemanha com algumas ideias equivocadas ou, ao menos, confusas. Sua falta de entrega ao ideal deve ser revisada, já que não é tolerável haver uma escola mantida pela energia dos operários anarcossindicalistas que não se converta em veículo de difusão de nossos princípios. Pouco favor faz a Ferrer e a Malato e à multidão de docentes libertários em todo o mundo com seus passos inseguros e seus interrogantes inválidos diante da verdade manifesta. Não sabemos se ele colaborou com as obras descritas, mas pouca importância o artístico tem aqui se se coloca a benefício da comunidade, que significa o mesmo que dizer em benefício da causa ácrata. Este é um toque de atenção para o companheiro Plal. Não é correto jogar com o intrigante quando a saúde do movimento depende dos jovens e crianças que o alimentarão no futuro revolucionário real. Se não entende assim, é melhor que se retire.[5]

Limes cresceu como libertário em meio a essas discussões, aceitando as discrepâncias como uma maneira de crescimento na elaboração de múltiplas argumentações. Em 1927, a situação havia variado, mas os protagonistas eram os mesmos e a falta de inclusão de amplos núcleos da população persistia. Ao se revisar as cenas originais, foi proposta uma nova versão que nunca chegaria a ser representada, mas que adquire um valor destacável, graças aos procedimentos de escrita que mencionamos. A controvérsia entre o bispo e a mulher que foi incorporada à cena foi aprovada pelo coletivo. O final desta versão era claro em sua intencionalidade, com uma manobra onde o maniqueísmo ilumina a ação:

5. Periódico *Obreros*, libelo de impressão borrada, entregue por Arturo Limes, S/ D, C. 1911.

Bispo: Estou cansado de escutá-las. Já enviei o sacristão para buscar o delegado, porque são degeneradas, mulheres prontas a se converter em prostitutas. Não entendem que seu corpo não lhes pertence, que a carne só pode fazer crescerem os pecados. Não há redenção; ao menos eu não penso em dá-las. Vestidas como operárias, perderam a pouca decência que alguma vez tiveram e a ignorância não é uma desculpa. Antes eu acreditava que algum bom homem teria piedade de vocês e as aceitaria como marido, mas hoje caio diante da realidade de quem ninguém pode querer compartilhar sua vida com seres tão pervertidos. Liberdade. O que podem saber da liberdade? Mal são capazes de soletrar esta palavra e me acusam de roubar-lhes essa liberdade porque exijo que entendam o significado do amor. Prisão, este deve ser seu destino.

Libertad: Escutei lá do fundo as palavras que você pronunciou. Você se atribui autoridade para decidir sobre os corpos de minhas companheiras; dita as regras da moral ou exclama a seguir as que seu Deus dispôs. Nunca ouvi você falar da escravidão de que padecem as companheiras, forçadas a se prostituir por delinquentes que você conhece bem. Esses *doutorzinhos* são políticos amigos, corruptos, mas você os abençoa, comunga, recebe em sua missa. Mas nós devemos obedecer e não podemos entender sequer o valor da liberdade, termo que ademais do bem superior, está inscrito em meu próprio nome. Mas eu gostaria de lhe falar outra coisa. Você é o mesmo que me seduziu com suas palavras cultas, com sua voz amigável. Você é o homem com quem mantive, segundo suas próprias palavras, atos impuros, quando na juventude e com pouca preparação, caí em sua rede. E agora se atreve a dar aulas de moral; quer fechar a porta do amor como sentimento livre e puro para nós. Chame o delegado, porque talvez esteja disposto a me escutar e se seus camaradas burgueses te esconderem, eu seguirei defendendo minha verdade junto ao restante dos anarquistas.[6]

O projeto ainda avançou por alguns meses, mas as circunstâncias externas não permitiram concluí-lo, já que o quadro filodramático se dissolveu ante o temor às represálias da polícia, que operava com toda impunidade naquela zona. Limes colaborou com vários grupos de teatro independente no conurbano, e seu interesse pelas causas sociais o acompanhou em distintas iniciativas ao longo de sua vida. Não é de se estranhar que tenha colaborado com coletivos, como o *Teatro del Pueblo* ou o Florencio Sánchez em seus inícios, como auxiliar técnico. Tampouco ele esteve alheio como espectador às funções que ocorriam em distintas salas da Madri que viu partir. Essa participação nos grupos estava relacionada a dois pontos que foram eixos da vida deste militante: seu amor pela arte e pelas expressões teatrais que escapavam à lógica do mercado, além da adesão a princípios éticos como norteadores de qualquer ação correta. Em Barletta encontrou essa entrega, essa paixão que tinha visto nos quadros filodramáticos operários que conheceu e fundou, e essa necessidade de converter

6. Borrador aportado por el militante Arturo Limes, s/ d.

um projeto cênico em algo mais do que apenas um acontecimento com data de validade em uma sala. Também podia reconhecer como uma continuidade de sua antiga práxis a esta proposta de ator, sempre amador, sem desejos de fala ou lucro, a serviço da comunidade para ajudar a transformá-la, como os grupos autônomos declamavam desde seus manifestos de conformação.

Assim, dizia Limes:

> Minha experiência como parte do teatro independente foi efêmera por razões além da minha vontade. As penúrias econômicas, a necessidade de seguir atuando politicamente a partir de outras estruturas e em condições penosas, me obrigaram a relegar meus desejos de expressão artística. Sempre amei o teatro e estes primeiros grupos independentes eram a opção lógica para levar minha experiência e seguir aprendendo. Me dediquei a colaborar em aspectos técnicos, porque participar dos ensaios com a disciplina exigida era impossível para mim naquele momento. Mas, apesar de que nosso teatro pudesse soar ingênuo, um tanto rústico, me comovia saber que, com outras ideias e maior formação estética, muitos seguiriam naquela luta por produzir obras de qualidade, com responsabilidade social e sem temas impossíveis de serem tratados. Ali entendi que havíamos sido pioneiros na busca por um teatro que não se ajoelhava diante dos empresários, representantes do modelo burguês patronal, e que essas bandeiras não seriam baixadas nunca, mesmo que fortes ventos tentassem derrubá-las.[7]

BIBLIOGRAFIA

SANTILLÁN, Diego Abad de. "La Jornada de seis horas". *La Protesta*. Buenos Aires: 1927.

______. *El movimiento anarquista argentino desde sus comienzos hasta 1910*. Buenos Aires: Argonauta, 1930.

______. *La* FORA. Buenos Aires: F. O. R. A, 1933.

______. *La* FORA, *ideología y trayectoria*. Buenos Aires: Proyección, 1971.

______. (1924) "Menos anarquistas que Marx". In: López, Antonio, *La* FORA *en el movimiento obrero*, v. 2. Buenos Aires: CEAL, 1987.

ANDREU, Jean et al; *Anarkos, literaturas libertarias de América del sur, 1900*. Buenos Aires: Corregidor, 1990.

ARVIDSSON, Evert; *El anarcosindicalismo en la Sociedad del Bienestar*. México: Ediciones CNT, 1961.

BARRANCOS, Dora; *Anarquismo, educación y costumbres en la Argentina de principios de siglo*. Buenos Aires: Contrapunto, 1990.

______. *Educación, cultura y trabajadores* (1890–1930). Buenos Aires: CEAL, 1991.

BAYER, Osvaldo. *Los anarquistas expropiadores*. Buenos Aires: Galerna, 1975.

7. LIMES, 1985.

BENSON, Eduardo. *Papeles para una historia del movimiento ácrata en Sudamérica*. Buenos Aires: Labor, 1969.

CASABLANCA, Adolfo. *El teatro en la historia argentina*. Buenos Aires: Ediciones del Honorable Concejo Deliberante, 1994.

FOS, Carlos. *Cuadernos libertarios*. México: Ediciones La Fragua, 1990.

______. *Breve historia de una revolución inconclusa*. México: Ediciones del Proletario, 1992.

______. *El movimiento sindical clasista y la inmigración*. Barcelona: C.N.T., 1993.

______. *Teatro libertario y su acción pedagógica*. Salamanca: Ediciones del Huerto, 1995.

______. *Cuadernos proletarios*. México: Ed. Universitarias, 1997.

______. *En las tablas libertarias. Experiencias de teatro anarquista en Argentina a lo largo del siglo* XX. Lorena Verzero (org). Buenos Aires: Atuel, 2010.

______. *Teatro obrero. Una mirada militante*. Araceli Arreche (org). Buenos Aires: Atuel, 2013.

______. *Los titiriteros obreros: poesía militante sobre ruedas*. Bettina Girotti (org). Eudeba, 2016a.

______. *Teatro obrero. Jugarse la vida en cada escena*. Inteatro, 2016b.

GARCÍA, Víctor. *La internacional obrera*. Madrid: Júcar, 1977.

GOLLUSCIO, Eva. "Círculos anarquistas y circuitos contraculturales en la Argentina del 1990". In: *Caravelle*, n. 46, pp. 49–64.. Toulouse: 1986.

______. "El monólogo una convención de la escena libertaria" (Rio de la Plata, 1900). In: *Critique sociale et conventions théâtrales* (Domaine Ibérique), *Cahiers de l' Université*. Pau: 1989, n. 90, pp. 309–327. Também em *Espacio*, Buenos Aires: 1990, n. 6–7, pp. 99–108.

______. "Folletines libertarios rioplatenses". In *Caravelle*, n. 65, pp. 81–101. Toulouse: 1995.

ARAUJO, Graciela González de Díaz. *La vida teatral en Buenos Aires: desde 1713 hasta 1896*. Buenos Aires: Ediciones Culturales Argentinas, 1982.

ARANGO, Emilio López. *El anarquismo en el movimiento obrero*. Barcelona: Cosmos, 1925.

MAROTTA, Sebastián *El movimiento sindical argentino*. Buenos Aires: Inicial, 1949.

MORALES, Ernesto. *Historia del teatro argentino*. Buenos Aires: Lautaro, 1944.

NETTLAU, Max. "Contribución a la bibliografía anarquista de América Latina hasta 1914". In: *Certamen Internacional de La Protesta*. Buenos Aires: 1928.

ORDAZ, Luis. *El teatro en el Río de la Plata*. Buenos Aires: Futuro, 1946 & Leviatán, 1957.

______. *Historia del teatro argentino. Desde los orígenes hasta la actualidad*. Buenos Aires: Instituto Nacional del Teatro, 1999.

______. *Historia del Teatro Argentino*. Buenos Aires: Ediciones del INT, 2000.

PELLETIERI, Osvaldo (dir.). *Historia del Teatro Argentino en Buenos Aires: la emancipación cultural 1884–1930*. Buenos Aires: Galerna, 2002.

PONCE, Julio. *La escena ácrata*. Montevideo: Ediciones Dos Banderas, 1995.

SEIBEL, Beatriz. *Historia del Teatro Argentino. Desde los rituales hasta 1930*. Buenos Aires: Corregidor, 2002

SURIANO, Juan. *Auge y caída del anarquismo en Argentina, 1880–1930*. Buenos Aires: Capital Intelectual, 2005.

THOMPSON, Edward. *La formación de la clase obrera en Inglaterra*. Barcelona: Crítica, 1989.

TOMÁIS, Tina. *Breviario del pensamiento educativo libertario*. Madrid: Madre Tierra, 1978.

O amor livre a partir das experiências anarquistas no Brasil

ELIANE CARVALHO

Em "Algumas observações provisórias a respeito do Estado fundado no amor", Max Stirner (2002) mostra que o princípio de liberdade do Estado moderno, a liberdade moral, é o amor; o mesmo amor que está no cerne do cristianismo, o amor à obediência. O amor, para Stirner, é a renúncia de si pelo outro. Ele afirma: "Nos braços do amor repousa e dorme à vontade e só os desejos e petições estão de vigília" (Idem, p. 21).

O amor livre nada (ou quase nada) tem a ver com este amor cristão. Entre os anarquistas, não há somente uma definição de amor livre. Mas, invariavelmente, ele se coloca contra a autoridade do Estado, da igreja e contra a propriedade.

No interior dos anarquismos, as discussões e práticas de amor livre causaram incômodos e desconfortos ao estabelecerem uma ruptura definitiva com a distinção entre o público e o privado. Se o Estado e a moral burguesa e cristã embrenham-se na vida de cada um, estabelecendo controles e definindo condutas, é contra isso que o amor livre irá se colocar.

Já no século XIX, a noção de amor livre vai aparecer como sinônimo de união livre, liberdade sexual, *camaradagem amorosa*, *amor plural* e estará ligado à emancipação das mulheres. Entretanto, até meados do século XX, são raros os que incluirão nesta discussão a relação entre pessoas do mesmo sexo.

A seguir apresentarei algumas das discussões e práticas em torno do amor livre no Brasil, sem demasiada consideração às fronteiras, entre o final do século XIX e início do século XX.

MARIA LACERDA DE MOURA, HAN RYNER E O «AMOR PLURAL»

Maria Lacerda de Moura nasceu em 1887, no interior de Minas Gerais. O pai, espírita convicto e anticlerical, matriculou as filhas em uma escola católica em Barbacena. Moura afirma que o medo do inferno a fez considerar a vida como irmã de caridade (MOURA, 2005, p. 37). Mais tarde, voltando-se ao espiritismo, trocou o medo do inferno pelo "pavor dos 'espíritos' " (*Idem*). Em uma breve autobiografia, publicada no jornal *O Combate* em 1929, afirma: "com a puberdade, vieram também as manifestações estudadas em Freud, as quais me assaltavam à noite em pesadelos em que tudo se confundia: inferno, demônios e despertar sexual" (*Idem*).

Não à toa, a questão da educação e da liberação das mulheres, aparecem com frequência em suas considerações sobre o amor livre. Sua escrita é cheia de contradições marcadas pela influência do positivismo, de uma crescente repulsa às organizações e aproximação do individualismo, de um encantamento metafísico e de suas experiências cotidianas.

O contato com Han Ryner (pseudônimo de Jacques Élie Henri Ambroise Ner) e sua obra acontece em meados dos anos 1920, a partir daí Maria Lacerda de Moura se tornar uma fervorosa defensora do *amor plural*. Segundo afirma, é:

> Com Han Ryner [que] me veio a solução desejada. [...] Fraternismo e subjetivismo, amor e sabedoria, Jesus e Epicteto! Conhecer-se, realizar-se — para aprender a amar. E tenho o direito e o prazer de sonhar a minha metafísica livre. [...] Livre de escolas, livre de igrejas, livre de dogmas, livre de academias, livre de muletas, livre de prejuízos governamentais, religiosos e sociais. (Idem, p. 43)

Em 1933, escreve *Han Ryner e o amor plural*. O *amor plural* de Han Ryner comporta o amor sexual, mas seria superior a este. É um amor da alma. Neste sentido, ele se oporia à *camaradagem amorosa* de Émile Armand que, segundo Moura, "É a escravidão da mulher, o servilismo, a morte do Amor, a promiscuidade, o comunismo sexual degradante, repugnante, no qual a mulher continua representando o papel de coisa, objeto de prazer, escolhida sempre e nem sempre com o direito de escolher" (Idem, p. 156).

A posição de Moura e de Hyner sobre Armand passa por uma leitura desatenta e superficial. Armand encorajava as pessoas a buscarem experiências amorosas, sexuais ou não, especialmente as mulheres, uma vez que estas eram alvo e propagadoras de uma moral pudica. Antes de mais nada, Armand acreditava ser necessário uma educação sexual para que as pessoas aprendessem a lidar livremente com seus corpos:

> Quando individualistas anarquistas exigem liberdade sexual, o que eles querem dizer? [...] Nós simplesmente queremos que cada indivíduo tenha o direito de dispor de sua vida sexual de acordo com suas próprias inclinações e em todas as circunstâncias dessa vida — de acordo com seu próprio temperamento, sentimento ou razão. Atenção: isso significa a própria vida sexual, não a dos outros. Não exigimos liberdade sexual sem educação sexual. Ao contrário, acreditamos que, gradativamente, no período anterior

à puberdade, o ser humano não deve ignorar nada sobre a vida sexual — ou seja, a atração inevitável dos sexos — seja ela considerada em seus aspectos sentimentais, emocionais ou fisiológicos. (ARMAND, 2020, p. 35)

Apesar de sua aversão e leitura equivocada da *camaradagem amorosa*, Maria Lacerda de Moura afirma concordar com Armand em relação ao combate ao ciúme, por meio da pluralidade das relações. Entretanto, para ela, a amor como instinto animal, que atribui à *camaradagem amorosa*, levaria à exploração, ao servilismo, à propriedade (MOURA, 2005, p. 154).

Em um texto intitulado "Jelousy: causes and a possible cure" [Ciúmes: causa e uma possível cura], Emma Goldman compreende o ciúme como um dos efeitos da domesticação e posse das mulheres, que resultou em um monopólio sexual. Mas também alerta para sua relação com a punição:

O ciúme é obcecado pelo sentido de posse e vingança. Isto vai de encontro a todas as outras leis punitivas, a partir de estatutos que ainda aderem à noção bárbara de que um delito — que em geral é apenas o resultado de problemas sociais — deve ser vingado ou punido adequadamente. (GOLDMAN, 2009, p. 2)

Ao combater o ciúme, Moura traz o conceito, de Han Ryner, de *fidelidade positiva* em oposição a uma *fidelidade negativa*. A *fidelidade negativa* é exclusivista. E, enquanto a mulher geralmente "perdoa" a "traição", o homem "a repudia, tem ciúmes, mata-a" (MOURA, 2005, p. 43).

Apesar da palavra *fidelidade* fazer parte de um léxico cristão, a distinção entre *fidelidade positiva* e *fidelidade negativa* se aproxima da noção de liberdade anarquista em oposição à liberdade liberal.

Moura cita Ryner: "Sou fiel, pois nenhum outro amor diminuirá em mim a tua parte" (Idem, p. 144). Um amor, desta maneira, não é limitado por outro, mas expande-se, como a liberdade.

A mulher está no centro da ideia de *amor plural*. Ela escolhe. O homem irá amá-la em sua individualidade. Não é um amor ao semelhante, mas à diferença (Idem, p. 170–171).

Vale uma nota que Han Ryner foi um dos poucos anarquistas da época que considerava o amor entre pessoas do mesmo sexo. Em 1934, ele escreve no verbete da *Enciclopédia anarquista* sobre o amor:

Várias legislações condenam o amor homossexual, que é recebido com zombaria ou severidade pela opinião pública. [...] Nesse domínio, o anarquista obedece a seus gostos pessoais e nunca censura os gostos inocentes diferentes do seu. Ora, ele chama de inocente o que não faz mal a nenhuma pessoa real. Quanto às famosas "pessoas morais", ele as considera, dependendo do caso, com a mais fria indiferença ou a mais legítima hostilidade. (RYNER, 2012, p. 30–31)

Em 1929, alguns anos antes de publicar o livro *Han Ryner e o amor plural*, Moura situa *a liberdade sexual das mulheres* no prefácio do livro de Julio R. Barcos.

No Brasil moraliteísta, como ela chama, a mulher aceitava a dupla moral sexual — em que ela deveria se manter fiel ao marido, enquanto o mesmo desfrutaria da *libertinagem* —, pelo fato de ser sustentada por ele. "[N]a sociedade industrializada [...], a mulher trabalha, ganha sua vida, mas não pode dispor do seu corpo que não é seu" (MOURA, 2005, p. 51). A sacralização do hímen, só serve para sustentar a mulher em sua posição subalterna. (Idem, p. 50).[1]

O que Moura propõe é uma ética idêntica para ambos, homens e mulheres. Alerta, porém, que a própria mulher se convenceu que, dentro ou fora da lei, só pode amar a um homem (Idem, p. 55).

Entretanto, Moura não propõe a salvação das mulheres e nem se coloca como uma paladina de sua libertação. Afirma: "não podemos esperar que as sociedades nos concedam leis, à guisa de favores. [...] Que cada indivíduo resolva corajosamente o seu problema" (Idem, p. 52). Em outras palavras, a liberação da mulher deve vir de cada uma. E repete ao longo de suas obras: a liberdade não se mendiga, se conquista.

Antes de aderir ao *amor plural*, Maria Lacerda de Moura publicou, em 1926, o livro *Religião do amor e da beleza*. Neste momento, tendo em vista a situação das mulheres, volta-se contra o casamento indissolúvel, à família e a sociedade:

> Se a educação da mulher vem dissolver a família [...] convém que a família seja derrubada, desmoronada totalmente, porquanto está alicerçada na escravidão, no servilismo e na exploração de um dos contratantes do contrato que representa o casamento, para a constituição da família. A sociedade é, pois, mantida à custa da estupidez da ingenuidade ou da escravidão feminina. Logo, essa sociedade deve ser destruída. (Idem, p. 129)

A COLÔNIA CECÍLIA E UMA EXPERIÊNCIA DE AMOR LIVRE

Assim como Moura, o anarquista italiano Giovanni Rossi tinha a família como

1. Alguns anos depois, em 1934, Campos de Carvalho publica no jornal *A Plebe*, uma defesa do livro de Pierre Vachet, discorrendo sobre a farsa do hímen como valor moral: "Começa o dr. Pierre Vachet por dizer o que já é demais sabido, que os homens de nosso tempo, em sua maioria, colocam a honra da mulher na fragílima membrana vaginal, que é o hímen. E pergunta ele, interessado, se essa desinteligência por parte dos homens existiu sempre ou se é um fenômeno de estupidez relativamente novo" (CARVALHO, 24 de novembro de 1934, p. 2). E conclui: "o hímen não pode ter nenhum valor moral, porque é uma membrana extremamente variável e que, às vezes mesmo, não existe".

um dos seus alvos principais. Mas, também como Moura, flertava com o cientificismo positivista. Dessa maneira, queria comprovar por meio de uma experiência concreta, a efetividade do anarquismo.

Entre os anos de 1891 e 1894, a colônia Cecília foi uma experiência de comunidade anarquista realizada no município de Palmeira, no Paraná, idealizada por Rossi (VASCONCELOS, 1996; FELICCE, 1998).

Em 1893, antes de deixar a colônia, Rossi publica um balanço sobre a comunidade anarquista. Nele dedica uma sessão a uma experiência de amor livre, intitulada "Um episódio de amor na colônia cecília".

O relato traz as observações de Rossi, sob o pseudônimo de Cardias, sobre a relação entre ele, Eleda e Aníbal (também pseudônimos), situando a resposta da população na colônia, um questionário respondido por Eleda e Aníbal e uma análise sua (ROSSI, 2000).

Rossi conhecera Adele (Eleda) em uma conferência sobre amor livre, quando este se encontrava na Itália procurando novos colonos para a experiência que já seguia em curso no Brasil (VASCONCELOS, 1996; FELICCE, 1998). A relação entre os dois, no entanto, só terá início algum tempo depois da chegada de ambos na colônia.

Adele e Aníbal se conhecem na viagem e começam um relacionamento. Aportam na colônia no início do ano de 1892. A amizade entre Rossi e Adele se transforma em uma atração de ambos. Mas a relação dos dois só tem início depois que Adele conversa com Aníbal que, apesar de algum sofrimento, não se opõem ao amor dos dois. A livre escolha da mulher está no centro da preocupação tanto de Rossi como Aníbal. Ambos ressaltam que é a felicidade de Adele o mais importante.

Rossi relata que, apesar da surpresa inicial e da compaixão ao sofrimento de Aníbal, a relação dos três é bem aceita na colônia, não afetando a forma como eram tratados pelos outros (ROSSI, 2000). Ele lamenta, no entanto, que tal experiência não tenha se propagado entre as outras mulheres. Com apenas uma outra exceção. Segundo Rossi:

> Na colônia Cecília, desde seu início havia sido feita a divulgação da propaganda teórica do amor livre, entendido não como união legal — ou casamento divorciável sem padre e sem juiz —, mas como a normalidade das afeições múltiplas e contemporâneas, como verdadeira, inquestionável e factível possibilidade de liberdade de amor, tanto para o homem quanto para a mulher. [...] Teoricamente tais conceitos eram admitidos, embora na prática fossem adiados para o dia de São Nunca, em função das dores que os maridos temiam, dos preconceitos das mulheres, das rotinas domésticas [...], do

> temor de, em se dissolvendo a colônia, as mulheres e as crianças ficarem abandonadas a si próprias [...]. Mas o principal fator parece ser a força do hábito, que dificulta e dificultará sempre o progresso humano. (Idem, p. 96–97)

Para Rossi, o amor livre era "quase sempre múltiplo e paralelo" (Idem, p. 118); a multiplicidade de afetos seria a verdadeira índole humana. Para distinguir o amor livre como sinônimo de união livre, propôs o termo *beijo amorfista*.

O ciúme e o sofrimento eram, para Rossi, resultados dos preconceitos morais a que somos submetidos no interior da família. Aníbal, por sua vez, entendia que o sofrimento era natural àqueles que amavam. E acreditava que, os homens, se pudessem, manteriam para sempre suas mulheres em um casamento monogâmico. Deste modo, acreditava que o amor múltiplo só se tornaria um fato, quando as mulheres tomassem a dianteira (ROSSI, 2000).

Rossi não apenas rejeitava o amor exclusivo, mas defendia a maternidade e paternidade livres, em que os filhos não fossem criados apenas pelos pais, mas que fossem "filhos de todos" (*Idem*).

O casal monogâmico e a família seriam a base de relações autoritárias. No interior da família, o homem se imporia sobre a mulher, que por sua vez iria se impor sobre os filhos. Uma sociedade livre deveria se livrar da tirania da família (*Idem*).

> Da minha parte, estou convicto que a família é o maior foco de imoralidade, de maldade, de ignorância. Se me fosse permitido destruir um dos grandes flagelos humanos — a religião ou os gafanhotos, a propriedade privada ou o cólera, a guerra ou os mosquitos, o governo ou as chuvas de pedra, os parlamentos ou as fístulas, a pátria ou a malária —, eu escolheria, sem hesitar, destruir a família. (Idem, p. 121)

Contra a propriedade, a família, os autoritarismos, o amor livre teria um caráter educativo.

Em 1893, Giovanni Rossi deixa a colônia Cecília, mas a relação entre ele, Adele e Aníbal se mantém por algum tempo (VASCONCELOS, 1996). Apesar da insatisfação com o desfecho da colônia, que se diluirá em definitivo no ano seguinte, em 1924, não considera a experiência um fracasso. Em primeiro lugar, por se tratar de uma experiência, em segundo lugar, porque suas práticas perdurariam na vida de quem tivesse passado por ali.

Sobre isso Rossi não se enganou. A experiência da Colônia, assim como a história de amor livre, se espalhou pelos jornais anarquistas na Europa e na

América do Sul. No final do século XX, a história virou minissérie televisiva, peça de teatro, tema de pesquisas acadêmicas e fonte de inspiração para outras experiências.

Mas não foi só por sua peculiaridade amorosa que a colônia se propagou. Após a sua dissolução, em meio ao conflito entre federalistas e o governo no sul do Brasil, alguns anarquistas que haviam tomado parte na experiência, espalharam-se pelo território sul-americano, produzindo jornais, participando de associações, e perseguindo a invenção de uma vida livre nos espaços que habitavam.

A escritora Zélia Gattai retoma alguns aspectos da história da colônia Cecília em seu livro *Anarquistas, graças a deus.* Os avós de Gattai chegaram à colônia em 1891, acompanhados de seus filhos, entre eles, o pai de Zélia. Deixaram a experiência, sem, no entanto, deixarem as atividades anarquistas. O avô de Gattai chegou a ser preso em ocasião de suas práticas de expropriação, mas seu envolvimento com os anarquistas não cessou (FELICCE, 1998).

Alguns dos jovens mais envolvidos com a experiência da colônia, criaram jornais e associaram-se a outros anarquistas, como Gigi Damiani, um dos fundadores do jornal *La Battaglia* junto com o amigo Orestes Ristori.

A UNIÃO LIVRE

José Oiticica foi um dos mais notáveis anarquistas no Brasil. Foi dramaturgo, filólogo, professor, e teve um papel importante no levante anarquista de 1918 no Rio de Janeiro. Além de colaborar com uma série de periódicos anarquistas, fundou, em 1929, o jornal *Ação Direta.*

Em 1921, o jornal a *Gazeta* publicava uma nota sobre uma cerimônia de *casamento livre* realizada no Rio de Janeiro. Livre da benção do Estado ou da Igreja, a cerimônia, que reunia amigos e familiares próximos, era também um protesto e afirmação da vida livre diante da intensa perseguição, encarceramentos, espancamentos e outras violências contra anarquistas na época (CERIMÔNIA..., 28 fev. 1921, p. 3).

José Oiticica estava presente e discursou:

> Façam o que quiserem as polícias de todas as nações. O ideal comunista de liberdade não morrerá jamais porque já penetrou na consciência dos humildes. Naquela união livre, sem padre, representante da Igreja, e sem pretor, representante do Estado, havia muito mais moralidade que nos casamentos suntuosos arranjados por interesse, para

negócio e para adquirir posições. Esses não passam de uma prostituição legalizada, ao passo que naquele, tão simples, havia toda a benção da natureza, que não conhece nem juízes, nem escrivães, nem água benta. (*Idem*)

O casamento burguês como sinônimo de negócio é corrente entre anarquistas. Em 1910, Emma Goldman declarava: "o casamento é primeiramente um arranjo econômico, um pacto de segurança" (p. 91), que de maneiras distintas acorrenta tanto o homem quanto à mulher. Esta última de maneira mais penosa. O casamento, portanto, é entendido como uma troca que, em nome de uma segurança econômica e moral, a mulher, com ou sem seu consentimento, torna-se a propriedade do macho.

Dessa maneira, a possibilidade de dissolução do casamento é, no início do século XX, uma questão importante em relação à livre união.

Em 1904, *O despertar*, periódico anarquista de Curitiba, no Paraná, publica uma nota propagando a união livre. Nela se lê, "a coesão de uma família pela força é a consagração legal do direito à opressão recíproca" (O CASAMENTO, 30 nov. 1904, p. 2). A união fora dos limites do Estado seria, portanto, penalizada, e os filhos destas uniões seriam desprezados, insultados e não teriam os mesmos direitos que os "filhos legítimos". (*Idem*)

Mais ao sul da arbitrária fronteira do Estado, Luigi Fabbri, anarquista italiano que se fixou no Uruguai, escreve em 1924, no jornal argentino *La Protesta*:

O casamento é imoral, não tanto por causa da estúpida formalidade legal que começa, mas por sua pretensão de ligar dois seres, mesmo quando eles não se amam mais. Dois seres que se amam, pouco importa, para sua liberdade, se eles estão ou não unidos em casamento legal. O importante é que quando não se amem mais, saibam romper o laço que, a partir daquele momento, se torna umas das mais ferozes tiranias; seja um laço jurídico ou um vínculo firmado por simples consentimento recíproco e que eles não têm a coragem de cortar. (FABBRI apud BAIGORRIA, 2006, p. 31)

Luigi Fabbri não é adepto da união legal ou religiosa, mas, tal como mencionara Giovanni Rossi, ressalta que, em nossa sociedade, a mulher que escolhe não ceder ao contrato do Estado é quem irá sofrer as penas, especialmente quando são deixadas sem suporte para alimentar e educar os filhos. No entanto, considera que este não é um problema da união livre, mas, precisamente, da moral que rege a vida de cada um, independente do contrato. Quanto à forma das relações amorosas de cada um, Fabbri cita Rabelais: *Façam o que quiserem!*

Orestes Ristori, também nascido na Itália; passou pela Argentina, da onde foi expulso; pelo Uruguai, onde conheceu seu amor, Mercedes Gomes; e fixou-se no Brasil, em 1904, onde publicou o periódico *La Batagglia*, até ser expulso pelo governo Vargas em 1936.

Em 1907, ele publica no periódico *Terra Livre*, o texto "Amor livre e livre união". Segundo Ristori, os dois não são sinônimos e podem existir juntos ou independente um do outro. O Amor livre, para ele, se refere a "liberdade ilimitada para a mulher, como para o homem, de amar quem quiser"; enquanto a união livre é quando "dois seres conviverem um com o outro por um tempo determinado ou indeterminado, sem contrato matrimonial" (RISTORI, 2 de abril de 1907, p. 1).

Diante das frequentes acusações de imoralidade do amor livre, Ristori responde:

> Imoralidade é quando se simula um amor que não existe, no intuito de lucro; é quando se obriga urna desgraçada a casar, sem amor, com um homem que ela aborrece, e a prostituição é quando urna mulher se vende por dinheiro. A imoralidade e a prostituição não consistem na liberdade de amar, mas na coação de amar ou de fingir amar. E como, na maior parte, os que se casam fingem amar, por interesse, o matrimônio que sanciona esta ficção, mostra-se como a expressão última da mais alta imoralidade. (*Idem*)

Tanto Ristori quanto Fabbri — e, anos depois, Maria Lacerda de Moura — relacionam os assassinatos das mulheres ao casamento como negócio em que a mulher é a propriedade negociada. A mulher, assim como o homem, deve ser livre para partir.

Sem ignorar as dores que a separação pode causar em um ou no outro, Ristori analisa:

> que havia eu de fazer duma mulher que já não me ama? Não seria uma tremenda tribulação para mim e para ela, obrigando-a a ficar? [...] Obrigá-la a amar-me de novo é impossível; condená-la a ficar encadeada a mim, sabendo que deixou de amar-me e que antes me aborrece pelo sacrifício que lhe imponho, havia de me parecer um peso ainda mais tremendo do que a separação. (*Idem*)

Aqui, fica marcada uma distinção entre a perspectiva de Ristori e o amor cristão. O sacrifício, a renúncia de si pelo outro, premissas do amor cristão, não fazem mais que condenar os dois. Em 1915, José Oiticica rechaça a noção cristã de amor em uma perspectiva anarquista, no jornal *Na Barricada*:

> o anarquismo, que dizem ser utopia, varre dos seus ensinamentos todas as utopias de que nos temos embaído até hoje: os deuses, a moral eterna, o amor do próximo. [O anarquismo] É uma doutrina proclamadamente egoísta. Seu fundamento não é o amor, é a solidariedade. Não faço nada por amor ao próximo: faço porque o bem estar alheio aumenta o meu bem estar e o auxílio mútuo é o único meio de alcançar uma relativa felicidade individual. (OITICICA apud LAURIS JUNIOR, 2009, p. 59)

As relações anarquistas não estão relegadas ao plano abstrato da utopia a ser alcançada, pois elas não podem se realizar no futuro se não tomarem lugar no agora.

Questionado sobre uma teoria do *amor livre*, à época da celebração da união livre em 1921, José Oiticica afirma:"Teoria são complicações. O amor livre é um reflexo sentimental e simples da natureza livre. É a natureza agindo na espontânea e imperativa integridade da sua soberania, libertada do convencionalismo ostentatório e hipócrita da sociedade burguesa, asfixiando o instinto entre o padre, o juiz e o dote" (OITICICA apud SOUZA, 05 mar. 1921).

O próprio Han Ryner, com sua metafísica do *amor plural*, não ignora a importância da prática. Citado por Maria Lacerda de Moura, diz:"É difícil, mesmo aos homens de boa vontade, fazer passar uma verdade da razão para o coração e para a ação [...]. E, contudo, o esforço de fazer com a luz do espírito a flama do coração e o motor da ação, é a única coisa que dá sabor à vida. A teoria não tem valor senão quando arrasta à prática" (MOURA, 2005, p. 137).

~

Para os anarquistas, é na relação com o outro que a liberdade se apresenta. José Oiticica mesclava a chamada vida doméstica com seu militantismo e a vida nos centros culturais. Sônia Oiticica, uma de suas filhas, relembra a constante presença dos anarquistas em sua casa, comendo, conversando, realizando saraus... (RAGO, 2007, p. 32; FIGUEIRA, 2008, p. 41).

Ao explicitar a dissolução da fronteira (também fictícia) entre o público e o privado, a questão do amor livre nos lembra que os embates anarquistas começam no que é mais pessoal. Não se trata da máxima, popularizada no final dos anos 1960, de que *o pessoal é político*. O pessoal como político se traduziu em identidades, fortalecendo as relações com o Estado e restaurando a propriedade, no privado, como negócios. O pessoal, nas relações anarquistas, é antipolítico.

Que não se confunda essa ruptura entre o público e o privado com a confissão da chamada "vida pessoal",especialmente facilitada pela larga adesão às redes sociais digitais. A confissão é coisa que interessa ao Estado e às religiões (espirituais ou científicas), por onde se impõem nas consciências e na constituição de um sujeito.

Como diz a sabedoria popular, *coração é terra que ninguém pisa*. Não cabe ao Estado, à igreja, ou a qualquer condutor de consciência, se arvorar sobre ele com promessas de felicidade, paz, ou qualquer outro ilusionismo que utilizem para arrebanhar cordeiros.

As discussões em torno do amor livre, portanto, nada se assemelham com as dicas para apimentar o relacionamento que pululam em revistas burguesas. Enquanto a perspectiva do amor burguês procura disseminar estratégias para se manter uma relação (até onde for possível, pelo menos), para os anarquistas, é elementar para a liberdade que se possa sair.

De outro lado, o investimento do amor burguês, ou liberal, diz respeito a um tempo futuro. Por isso é uma estratégia e serve à realização de um desejo que não tem como objetivo se realizar: *Para quando mesmo é o fim da miséria e das desigualdades?*.

A vontade não cabe em um tempo cronológico, ela sempre diz respeito ao agora, e o seu tempo é o quanto existir.

O tempo do agora é também o tempo da criança. Em "O falso princípio da nossa educação", Stirner ataca a educação pelo medo e pelo castigo e afirma: "A teimosia e a indisciplina da criança têm tantos direitos quanto seu desejo de saber. Estimulam deliberadamente este último; que também suscitam essa força natural da Vontade: a *oposição*" (STIRNER, 2001, p. 81–82).

O caráter educativo do amor livre, como queria Giovanni Rossi e como alerta Émile Armand, pode ser entendido nos próprios embates que emergem com estas relações. Esses embates abrem espaços e caminhos, na medida em que nos colocam diante da recusa do que somos.

As contradições, incoerências, que se apresentam nos pensamentos e práticas destes anarquistas, não fazem mais do que mostrar essas lutas que não se limitam a um conflito psicológico, mas que afetam e são afetadas pela relação com o exterior.

A família, a submissão da mulher, o ciúme, quando expressão de propriedade, são questões presentes nas elaborações desses anarquistas, diferentes entre si, mas cujas práticas conversam e transformam-se. Em diferentes línguas, de diferentes regiões ou tempos, continuam não como elemento evolutivo da História, mas porque pulsam e se atravessam.

Aqueles que mais de uma vez proclamaram o fracasso das invenções anarquistas, como a Revolução Espanhola, a Greve Geral de 1917 em São Paulo, as inúmeras comunidades libertárias, os espaços autogestionários que surgem e encerram suas atividades, entre tantas outras, não atinaram que essas experiências não morrem, elas ficam marcadas no corpo de cada um e se propagam nas relações que brotam daí.

Elas estão vivas em nós, aqui, agora.

BIBLIOGRAFIA

ARMAND, Émile. *Anarchist Individualism and Amorous Comradeship*, 2020. Disponível online.

BAIGORRIA, Osvaldo (org). *El Amor Libre. Eros y anarquia*. Buenos Aires: Libros de Anarres, 2006.

FELICCE, Isabelle. "A verdadeira história da Colônia Cecília de Giovanni Rossi". In: *Cad.* AEL 8/ 9, Unicamp, 1998.

FIGUEIRA, Cristina Aparecida Reis. *A trajetória de José Oiticica: o professor, o autor, o jornalista e o militante anarquista na educação brasileira*. Tese de doutorado em Educação pela PUC-SP, 2008.

CARVALHO, Campos de. "A mulher em face da moral burguesa. A virgindade fisiológica da mulher." In: *A Plebe*, ed. 76. São Paulo: 1934.

CERIMÔNIA ORIGINAL. "Um casamento livre, sem padre nem juiz". In: *A Vanguarda*, ed. 3. São Paulo: 1921.

GOLDMAN, Emma. *Anarchism and other essays*. 1910.

______. Jealousy: Its Causes and a Possible Cure. *The Anarchist Library*, 2009. Disponível online.

LAURIS JUNIOR, Renato Luiz. *José Oiticia: reflexões e vivências de um anarquista*. Dissertação de mestrado em História pela UNESP, 2009.

MOURA, Maria Lacerda de, *Maria Lacerda de Moura: uma feminista utópica*. Organização de Míriam S. Moreira Leite. Florianópolis: Ed. Mulheres, 2005.

O CASAMENTO. In: *O Despertar*, ed. 6. Folha quinzenal de propaganda libertária. Curitiba: 1904.

RAGO, Margareth. *Anarquismo e feminismo no Brasil*. Rio de Janeiro: Achiamé, 2007.

RISTORI, Orestes. "Amor livre e livre união". In: *A Terra Livre*. São Paulo: 1907.

RYNER, Han. "Amor". Tradução: Martha Gambini. In: *Verve*, ed. 21, p. 30–36. São Paulo: 2012.

ROSSI, Giovanni. *Colônia Cecília e outras utopias*. Tradução: Marzia Terenzi Vicentini; Miguel Sanches Neto. Curitiba: Imprensa Oficial, 2000.

SOUZA, Alves de. "O amor livre e as ideias do professor Oiticica". In: *O A. B. C.*, ed. 314. Rio de Janeiro: 1921.

STIRNER, Max. "Algumas observações provisórias a respeito do Estado fundado no amor". Tradução: J. Bragança de Miranda. In: *Verve*, n. 1, p. 13–21. São Paulo: 2002.

______. *O falso princípio da nossa educação*. São Paulo: Ed. Imaginário, 2001.

VASCONCELOS, José Antonio. *Anarquismo e utopia. As ideias políticas de Giovanni Rossi*. Dissertação de mestrado em História pela UFPR, 1996.

Cultura libertária, invenção de existências

EDSON PASSETTI

O compositor indaga: "existirmos: ao que será que se destina?" E constata: "apenas a matéria vida era tão fina". A canção chama-se *Cajuína*. Ela pode ter atravessado de modos diferentes muitas pessoas, mas o fez de maneira própria e constante no Nu-Sol (o Núcleo de Sociabilidade Libertária), acompanhando nossos encontros, comemorações e festas. Ela vem junto com a canção atribuída à autoria popular chamada *Cuitelinho*, que muitos de nós entoamos com Pena Branca e Xavantinho. Elas nos fortalecem para atiçar os anarquismos vivos, com poesia, música, dança, refeições, aforismos, discordâncias...

De Roberto Bolaño, escritor de vários estilos do século XX, com quem andamos como detetives selvagens: "Dentro de mil anos não restará nada de tudo que se escreveu neste século. Vão ler frases soltas, rastros/ de mulheres perdidas, fragmentos de crianças imóveis" (BOLAÑO, 2021: 32–33).

Olga Tokarczuk, escritora polonesa, que encontramos depois de Wislawa Szymborska: "O rio não presta atenção em mim, ocupado consigo mesmo, uma água mutável e errante, na qual jamais se podia entrar duas vezes, como aprendi depois. [...] Enquanto estava parada sobre o dique olhando para correnteza, me dei conta de que, apesar dos perigos envolvidos, uma coisa em movimento sempre será melhor do que uma coisa em repouso; que a mudança sempre será mais nobre do que a estabilidade; que o imóvel precisa se decompor, degenerar e virar pó" (TOKARCZUK 2021: 13).

Nenhum destes se diz anarquista, não arrisco sobre a canção popular sem autoria, que por si só, pode ser. Eles não recorrem a identidades para fortalecer a saudação à vida. Provocam sintonias com a existência libertária e as problematizações. X anarquista afirma que nada é fixo, constante e imutável. Ou melhor, só se é fixo, constante e imutável com o clube de futebol que se escolhe torcer. Quem muda de clube "não merece consideração, nem paciência", catando um pedaço de verso do poeta francês René Char. De fato, não há o absoluto, mesmo. Nonada de Guimarães Rosa a Max Stirner (2004), ou vice-versa, no qual estabelece sua obra que passa o apagador na figura de giz que traduz a metáfora do pensamento arbóreo e suas raízes.

Certos artistas são para romper tradições, cânones e inventar existências, não são santos nem deuses capazes de alegar terem encontrado o ponto de fusão entre obra e vida. Xs anarquistas também são assim. Reconhecer que qualquer um pode ser artista como mostrou Joseph Beuys na produção de obras e como Michel Foucault na vida como obra de arte: artes da vida, da existência, como transformação, ruptura, invenção, afirmação ética e estética de práticas de liberdade, gente arte apartada ou com os seus objetos. Arte para antes e depois da biologia, de formatações inequívocas de liberdades, de definições de critérios estéticos, de categorias do entendimento. Anarquizar as anarquias, o que é também implodir a noção anarquia como caos, violência, desgoverno, terror, mas também de anarquia como um compromisso dogmático prestando loas com o passado. Anarquizar inclusive a distinção atual, fundada em certo consenso, em torno de anarquismo clássico e pós-anarquismo (JOURDAIN, 2014).

Xs anarquistas são como perebas negras que estão em qualquer lugar do planeta, disse, certa vez, Christian Ferrer (2004), ausente de nossas conversações por motivo de falta de saúde (e não por Covid-19). É por coisa do coração, sem lirismo, nem metáfora. Xs libertárixs são assim, em qualquer ponto do convencional mapa planetário: pereba negra. Perseguir a harmonia por meio da provocação e perturbações explícitas, demolições e construções, redes e fluxos, produzindo relações para a afirmação do livre, do único, do revoltado, e que não há universal, natural ou absoluto…

O anarquismo histórico ou clássico, desde o século XIX, chegou a lidar com o natural e o universal, mas avesso ao absoluto. Depois do século passado, para xs anarquistas, problematizar o natural e o universal passou a ser muito mais que uma tarefa intelectual e acadêmica. É modo de enfrentar não só as superioridades das inevitáveis convenções, mas os pronunciamentos da verdadeira verdade libertária, contestar a insistência na criação de leis da história. Escapar dos destinos traçados insistentemente por outros como necessários e verdadeiros, da conformidade com a democracia, das revoluções restaurando soberanos, e enfrentar cara a cara totalitarismos, fascismos, nacional-socialismo, democracia representativa e participativa. Equacionar e se opor à volta do Estado social, à consolidação do Estado de direito e à suposta ameaça do Estado policial. Neste último caso, e apenas para deixar claro, insistentemente, que antes de qualquer coisa o Estado é polícia: das populações (com as devidas compensações a elas para manter o controle da espécie, do governo e da soberania do Estado) e repressiva (força de segurança de Estado em qualquer regime político para manter a continuidade dos mesmos e das variadas formas de propriedade). São os anarquistas se enfrentando para arruinar a posição confortável da crítica ao repetir, até a exaustão, apesar de comprovado historicamente, que já tínhamos indicado com antecedência o que ocorreria com o socialismo autoritário.

Anarquia, anarquismos e anarquistas não são para compor seletivamente, não é política, não são políticos. Mas antipolíticos, sejam eles clássicos, históricos ou pós-anarquistas. Não existem para serem apanhados por uma categoria do entendimento, mas por produzirem práticas libertárias. Em poucas palavras, anarquistas não escolhem escaninhos, itinerários, *o* momento histórico. Eles são, vivem e convivem, se atraem e afastam, evitam a verdade verdadeira, e como qualquer outro humano resvalam para as idealizações, o sonho de harmonia, a utopia consoladora. Provocam, como bem situou Proudhon (2011), guerras permanentes contra as autoridades centralizadas.

Xs anarquistas não pretendem governar alguém, nem afirmar o discurso anarquista da verdade fundado em uma teoria, no consenso sobre todas as coisas e na unanimidade. Foram xs anarquistas que duvidaram do absoluto, do soberano com nome, identidade e/ ou benevolência. E, obviamente, onde há absoluto e soberano não falta repressão. As crianças que o digam, e cada um de nós pode dizer francamente, pois sem a aplicação do castigo ou da recompensa não se reproduzem as relações de mando e obediência, as submissões perpetuadas, o amor e o credo submisso ou o assujeitamento. Compreender como se realiza o governo dos súditos pelos súditos, em todas as sociedades resultantes da herança cultural greco-romana-alemã, é explicitar como se governam pessoas e o Estado por meio de práticas que visam a perpetuação da hierarquia fundada na autoridade centralizada. O imperativo do governo e da autoridade centralizada é o antídoto jurídico-político moderno em nome do fim da anarquia, da instituição do contrato social, da necessidade de Estado, da garantia de segurança, da filosofia, de Histórias abstratas, etc., e tal.

Em 1949, quatro após o fim do Estado Novo, com o suposto resplandecer democrático, o jornal *Ação Direta* arremata:

> Ausência de governo preconizada pelos anarquistas não significa falta de organização como pensam muitos, porque, afirmam, desde que haja organização, aí estará o Estado, embora com outro nome. Não é possível uma sociedade absolutamente sem governo, dizem eles: é preciso sempre alguém para dirigir, são precisos organismos especiais encarregados de executar os serviços sociais... Não pensemos, porém, que num regime anarquista todos farão o que lhes der na telha, sem consultar ninguém, resultando daí uma desordem generalizada. Não. A sociedade anarquista será *organizada*. Organizada, porém em bases diferentes. Há uma diferença fundamental entre uma organização estatal (quer totalitária, quer democrática) e uma organização anar-

quista. O organismo estatal está fundado num *princípio de autoridade*, autoridade esta obtida ou pela força ou pelo voto. Além disso, há entre os diversos organismos estatais uma dependência hierárquica de uns em relação a outros cada vez mais geral. Assim, por eleição, direta ou indireta, o presidente da república e a câmara dos deputados tem *autoridade sobre o povo*, podem dirigi-lo à sua vontade, fazer leis, decretar impostos, etc... O povo ao elegê-los, destacou de si uma parcela de sua autoridade, depositando-a nas mãos dos seus *eleitos*. Deste modo, o presidente designa um ministro, estes os diretores de departamentos, estes os chefes de secções, etc... Assim, o presidente com uma penada movimenta todo um ministério para fazer cumprir as suas ordens, o ministro transmite-as aos diretores de departamentos, etc... assim, as ordens vem descendo até nos alcançar a nós, o povo miserável e faminto que deverá acatá-las, sob sanção ou mesmo de cadeia. Quando o presidente assina um decreto remodelando os serviços de educação, todos os deputados, que são banqueiros, jornalistas, industriais, fazendeiros, etc... discutiram-no previamente, mas os educadores, a grande massa dos professores, dos orientadores educacionais, etc... estes não foram sequer ouvidos. Devem eles acatar pura e simplesmente todas e quaisquer portarias de ministros cretinos, capanêmicos ou maristas, digo marianos. A mesma coisa com relação aos serviços médicos e hospitalares. Todo mundo manda, menos aqueles que lidam diariamente à cabeceira do doente. [...] Nos organismos democráticos quem manda é a comissão que foi *eleita*, nos organismos anarquistas quem manda é a assembleia geral. Nas organizações estatais as ordens são mandadas executar por uma *autoridade*. Nas organizações anarquistas as decisões são tomadas por *livre acordo* entre as delegações. Desta maneira, unido em associações, o indivíduo agirá movido pelo interesse comum, pela solidariedade. Será, pois, a sociedade anarquista organizada de tal modo que em vez de governo, age o povo por *ação direta*, segundo decisões tomadas por *livre acordo* a repartindo os encargos de acordo com o princípio de *auxílio mútuo*. (*Ação Direta*, n. 54, 1949, p. 1)

Xs anarquistas sabem que lutam contra a centralidade da hierarquia e isso não xs *autoriza* a se aproximarem e comporem com marxistas heterodoxos, depois da derrocada do socialismo autoritário, que se dizem libertários por abdicarem do centralismo democrático e do stalinismo. Esta possível aproximação ocorre entre os que fazem política, e fazer política é o alimento fundamental do Estado e dos regimes de propriedade. Xs anarquistas gostam de criança e sua cultura produz uma educação para a liberdade (desobediências, indisciplinas, desgovernos, etc. e tal em relação à autoridade superior), e reviravoltas e revoltas em favor das práticas de liberdades.

Xs anarquistas sabem que o poder não se funda ou se resume à legitimidade da autoridade. Falar de legitimidade é expressar como se deseja obter consenso para o governo de uns sobre outros; é tarefa de quem justifica a soberania e a substitui diante de exacerbações comprovadas. A legitimidade pode ser mista, mas jamais será provisória; é do uso consensual entre os que pretendem manter as relações fundadas em hierarquia centralizada. O grande desafio anarquista é o de escapar das redes e fluxos de poder que situam as condições de continuidade da centralidade de poder, transvestidas ou combinadas com relações horizontalizadas de poder (a grande força da astúcia na formação e formatação federalista da democracia estadunidense e reconhecida pelo conservador Alexis de Tocqueville).

Por estas e outras, xs anarquistas evitam estabelecer relações de proximidade com qualquer vertente política de esquerda. A divisão entre direita e esquerda vem da Revolução Francesa e da acomodação na assembleia francesa, respectivamente de girondinos e jacobinos (capitaneados por Robespierre e Sain-Just, com apoio dos *sans-culottes*, os trabalhadores urbanos, que desejavam radicalizar a revolução por meio do Terror de Estado em 1793 até terminar, no ano seguinte, com as execuções dos seus líderes depois do conhecido Golpe do Termidor). Foi uma época em que a representação política era censitária, e as mulheres, os judeus e ex-escravos estavam excluídos da eleição. Os problemas não eram relativos às eleições, livres ou não, à legalidade, à ampliação dos direitos de votos, igualdade de direitos formais aos superiores, mas à representação como entrega voluntária da vontade política e da existência a um outro. O representante nunca é o mesmo, mas o representado sempre se repete, eis a força da astúcia que nivela a todos como representados. Trata-se de uma sociedade de representação da vida em função da realidade que opõe interesses, não havendo saber ou poder desinteressado entre protagonistas, atores e no devido jogo de forças.

Para xs anarquistas, enfim, esquerda sempre foi uma das designações políticas da representação e da vida representada pelas forças de ocupação do Estado com terror, governo policial legitimamente violento, nos moldes da direita e seus golpes de Estado e legislações consensuais destinadas a todos, ainda que exercitadas seletivamente como o direito penal, e sob a regulamentação geral das constituições. Política que define tudo como *e/ ou*, portanto de exclusão até a primeira metade do século XX e de inclusão a partir de então com dispositivos participativos. Falar de e com anarquistas é situar-se na história das problematizações.

Por mais "libertária" que pretenda se apresentar, uma força de esquerda (unitária ou composta), somente compreende o final da desigualdade como meta pós-revolucionária, acompanhada de alteração no conteúdo do domínio e governo do Estado para o mesmo exercício de relações de soberania. Os anarquistas sabem que a soberania produz saber, poder e verdades em círculos (e se houver uma chamada espiral dialética, é apenas um movimento imaginário que não evita a restituição futura do eterno retorno do *mesmo*, do soberano, como na história ficou registrado o desfecho reativo das revoluções socialistas russa, chinesa e similares em governos de Estado sob o regime da propriedade). Proudhon, no debate com Marx, deixou claro que a síntese hegeliana nada mais era do que o exercício do círculo da soberania. A alguns anarquistas sempre ficou claro que a adesão de Bakunin (2003) à economia política de Marx, abriu a porta para as negociações com marxistas autointitulados libertários e para este insosso impasse que se vivencia até hoje, seja por parte dos que desejam construir uma teoria anarquista do poder (os mais insistentes, atualmente, obviamente são os estadunidenses), ou dizer que Marx estava certo na crítica da economia política e Proudhon na crítica à política, porém um idealista e metafísico em economia, seguindo Bakunin. Pergunta-se: algum marxista se apresentou para demonstrar os equívocos da crítica da economia política? Contudo, entre os marxistas não faltam os que desancam a heterotopia anarquista de abolição da propriedade e do Estado. A quem interessa manter este estado de coisas? Simplesmente ao anarquismo acadêmico.

Estamos no âmbito da invenção de existências anarquistas ou libertárias, como querem xs anarquistas. Estamos no espaço da vida diária de invenções libertárias em heterotopias de percurso (PASSETTI, 2002), dos viveres livres agora, transformando os costumes, dissolvendo hierarquias, ampliando a história das problematizações: inventando existências (IDEM, 2016) na cultura libertária (PASSETTI e AUGUSTO, 2008). Revolvendo trabalhos e onde se trabalha. Fundando associações anarquistas, de livres, únicos, amigxs.

Xs anarquistas são antipolíticos. Compõem força que recusa a unificação e fortalece a diversidade, mesmo quando dentro delas aparece uma que se diz condutora ou que pretende colocar outras em ostracismo. Xs anarquistas de variadas procedências estão quase todxs suficientemente esclarecidxs do que é ir para o desterro, o isolamento, o desprezo. Xs anarquismos são experimentações que escapam das teorias e resistiram, em certo sentido no interior ou já fora do ideal francês de revolução que se colocou universal, e se desprenderam do universal democrático estadunidense que se apresenta no momento desde a globalização e que consolida a era da ecopolítica (PASSETTI et. ali, 2019).

A superação da sociedade do domínio de uns sobre os outros, nos termos intransigentes do anarquismo, suscita incredulidade, inclusive temor, no melhor dos casos uma sensação de enigma político, muito mais porque as vítimas se acostumaram a colaborar com sua desgraça e reproduzem o mecanismo giratório do infortúnio, mitigado apenas por promessas, migalhas, consumos e ajustes da coação suportável. Mas estes são felizes pela metade, ficam aquém, porque toda organização social que diferencie e separe os governantes dos governados, ridos de pobres, poderosos de despossuídos, é uma declaração de hostilidade à existência (FERRER, in JOURDAIN, 2014: 14)

E, curiosamente, assim como as forças anarquistas que se pretendiam conduzir no passado vieram basicamente da Europa, em especial, da França, hoje vêm dos Estados Unidos. Ambas disputaram e/ ou disputam a colonização das forças na América do Sul? A inevitabilidade do governo do vivo no planeta, a ecopolítica, dispõe todos e cada um para a democracia, a segurança, o monitoramento e à política, consagrando, definitivamente, a resiliência? Estariam xs anarquistas confundindo a possibilidade de suas heterotopias na democracia com política democrática? Ou trata-se apenas de situação circunstancial?

CONTRA O SOBERANO

A partir das relações de governo entre os súditos, ou seja, das relações de poder ascensionais e descensionais, de como os súditos se governam, surge um momento decisivo para se compreender a persistência, a reforma ou a abolição do soberano. Os liberais e a filosofia jurídico-política não desconhecem os efeitos que isso produz, beneficiando a continuidade dos regimes de propriedade (privada, mista e estatal). A verdade que se instituiu desde a paz de Westfália, em 1648, da publicação de *Segundo tratado sobre o governo civil* de John Locke, em 1690, leva adiante a arte de governar, este moderno jeito de conduzir a partir do alto e fundamentado na razão apartada do domínio religioso sobre ela. (O que não quer dizer livre da religião). Seja do modo descendente de governar, da gramática do poder de Maquiavel, ou da literatura anti-Maquiavel que justifica o modo ascendente de governar observado por Michel Foucault (1979; 2008), o soberano precisa saber governar a si, à sua família e aos seus bens para governar bem os seus governados. A soberania é circular, volta-se para si, e não há como destruir a soberania por ela mesma. Trata-se, segundo Foucault, menos de estabelecer uma história da governamentalidade, da governamentalização do Estado em direção ao controle da espécie (pelo saber sobre a população proveniente da economia política, da estatística, da ciência política e dos dispositivos de segurança, com aparelhos específicos de governar e municiados de saberes peculiares). Esta é a tarefa de quem está imbuído de compreender o funcionamento das dominações por meio de direitos. Aos anarquistas cabe um tanto a mais a partir das práticas e dos enunciados daí derivados contra a conquista e a conservação do poder de governar de cima para baixo e vice-versa. A demolição do soberano, das práticas de autoridades centralizadoras, depende da invenção de novos costumes, de uma cultura libertária. Importam e interessam as rupturas e as transformações nos costumes diante da prevalência de suas reformas continuadoras. É preciso antes de qualquer coisa, acabar com o soberano em si mesmo com a ideia de soberano, com o desejo de soberano.

Para xs anarquistas os costumes herdados e consentidos não fundam apenas a regra geral de aceitação do soberano e das reformamos a soberania. A invenção de costumes libertários destitui o/ a soberano(a), suas figuras, leis, normas, procedimentos, ideias, assim como a relevância de descendências, heranças, posições, e isto na história também se tornou consentimento e memória. Os costumes libertárixs que inventamos produzem espaços outros sem castigos, com liberdade e livre de condutores de consciências. Eles começam com criança não mais entendida como propriedade de seus pais, repositório de valores, medos, condutas normativas e castigos. Explicitam que hoje em dia, a sociedade sem penas já existe e as práticas de liberdade anarquistas em espaços outros também.

Xs anarquistas se livram, simultaneamente, dos pastores religiosos e laicos. Compreendem muito bem a redação de Pierre-Joseph Proudhon para o que é o governo:

> Ser governado significa ser vigiado, inspecionado, espiado, dirigido, valorado, pesado, censurado por pessoas que não têm o título, nem a ciência, nem a virtude. Ser governado significa, por cada operação, cada movimento, cada transação, ser anotado, registrado, listado, tarifado, carimbado, apontado, coisificado, patenteado, licenciado, autorizado, apostrofado, castigado, impedido, reformado, alinhado, corrigido. Significa, sob o pretexto da autoridade pública, e sob o pretexto do interesse geral, ser amestrado, esquadrinhado, explorado, mistificado, roubado; ao menor sinal de resistência, ou a primeira palavra de protesto, ser preso, multado, mutilado, vilipendiado, humilhado, golpeado, reduzido ao mínimo sopro de vida, desarmado, encarcerado, fuzilado, metralhado, condenado, deportado, vendido, traído e como se isso não fosse suficiente, desarmado, ridicularizado, ultrajado, burlado. Isto é o governo, esta é a sua justiça, esta é a sua moral. (PROUDHON, in Verve 3, p. 8)

A cultura libertária não se funda em identidades, nem tampouco se faz e reproduz fechada em si. Ela ganha dimensões maiores, mais intensas segundo os acontecimentos nos quais está inevitavelmente inserida. A cultura libertária não é um refúgio seguro, muito menos a versão contemporânea do *jardim das delícias* epicurista. Não *autoriza* a entrar em todas ou quaisquer lutas, mesmo porque seu combate imediato é para a invenção de costumes e de espaços outros de liberdade e de suas consolidações temporárias. Esta é a sua tradição e memória. É, enfim, a cultura de combate constante ao alternativo ou à sua nova face neoliberal, a inovação.

A cultura libertária também está atenta aos efeitos da disseminação das identidades e dos direitos numéricos de minorias, pois para os libertários, como minoria que é, importa a potência das minorias. Xs anarquistas são antifascistas por existência, cuidam para que não tentem capturá-los no feixe unitário da luta democrática contra os fascistas. Sabem por experiência histórica que esta forma de unificação da luta leva sempre à restauração liberal, à subordinação das demais forças e à tentativa, no final, de identificar os anarquistas como terroristas ou vândalos, para destiná-los, se possível, ao ostracismo democrático. Xs anarquistas aprenderam que é melhor estar juntos como poucos potentes, pois não lhe é favorável compor com supostas minorias voltadas para compor no governo majoritário representativo e participativo, nem por tática, e muito menos por estratégia. O fascismo não é só uma forma de soberania, é como bem sabemos constituinte da microfísica do poder. No passado, os liberais fortaleceram os fascistas contra os socialistas e anarquistas; depois os enfraqueceram por meio de lutas democráticas contra o fascismo, sem jamais serem explicitamente antifascistas. Já sabiam usar convenientemente a palavra-chave. Em tempo: antifascista (como também para os marxistas que celebraram o acordo Stalin-Hitler, às vésperas da II Guerra Mundial) é um modo de captura do discurso antipolítico anarquista e aqueles que aderem devem saber o preço e o valor de seu juízo.

A anarquia se faz com ação direta. Em 1957, o jornal *Ação Direta*, quando o desenvolvimentismo e os encantamentos com as novidades capitalistas e democráticas estão em certo apogeu, arremata, ao seu modo:

> A ação direta deixa que o impulso ativo do homem se manifeste com toda a sua pureza, sem os desvios que o viciam, e leva-o à ação verdadeiramente socialista, ao desejo de erguer os irmãos da passividade para a ação, da inércia para a rebeldia. Ela é criadora, porque transforma cada um num ser responsável de ação socialista. Por isso a política é a arma mais amada pela burguesia. A burguesia inteligente do mundo inteiro não combate os partidos políticos operários senão aparentemente. Ataca-os acusando-os de revolucionários e exigentes, para iludirem as massas, para a fazê-las acreditarem que realmente eles são revolucionários. Mas a burguesia inteligente sabe perfeitamente que esses partidos são os melhores guardiões de seus tesouros, porque, ao darem às massas uma ilusão de conquistas, ajudam, também, a desmoralizar o socialismo e a apresentar aos olhos do povo o regime capitalista como algo de imprescritível e sólido, como algo de eterno. E que melhor para tal que os *parlamentos*, onde se debatem todas as ideias e se aumenta a confusão do povo? Que melhor que as campanhas

políticas, essas *adoráveis dormideiras*, esse ópio das multidões, que lhes dão a suave e doce ilusão de que estão realizando socialismo e construindo o seu amanhã, através de pedacinhos de papéis, postos religiosamente nas urnas silenciosas? A burguesia sabe que os partidos operários são o seu melhor aliado, o aliado silencioso, o aliado indireto. Com suas agitações eleitorais, eles dão vasão às forças do proletariado, aos desejos de rebeldia do proletariado. É uma forma de desviar esses impulsos, tão perigosos, para fins muito mais interessantes aos senhores do mundo. Uma campanha política custa muito dinheiro e muito trabalho. Toda a carga ativa das massas prestes a explodir é canalizada habilmente para a campanha eleitoral, distribuição de manifestos, pregação de cartazes, aliciamento de eleitores, comícios eleitorais trabalho, trabalho, trabalho que se gasta, esforços inauditos perdidos. Mas se esse esforço fosse empregado para uma ação direta das massas, para a educação socialista dos oprimidos, para ensinar-lhes os meios práticos de luta, de organização econômica e para uma vida socialista, seriam mais úteis. (*Ação Direta*, n. 120, 1957, p. 1–4)

A cultura libertária é antipunitiva. É uma cultura que visa a educação livre de crianças e jovens fora do medo, do consenso no uso da força e da astúcia, da projeção social ou protagonismo na competição vencedora, do domínio certeiro de condutores de consciência. É uma luta e afirmação de práticas provenientes de relações libertárias de existências livres, que expõem suas certezas racionais às intuições livres de crianças, convidando o retorno à atitude de guerreiro. É neste sentido libertário que é urgente anarquizar os anarquismos provocado por Max Stirner em seu *O único e a sua propriedade*. Permanece atual, sem ser uma doutrina e por demolir cada uma. Compõe com as experimentações de Louise Michel na Nova Caledônia, de Paul Robin no Orfanato de Prévost, o makhnovismo, com a La Ruche de Sébastien Faure, a escola moderna de Francisco Ferrer y Guardía, as escolas anarquistas do anarcosssindicalismo no Brasil e pela América do Sul, com anarco-individualistas, coletivistas, comunistas, as experiências da Revolução Russa e Espanhola, incluindo outros modos livres de lidar com a loucura, os desdobramentos de 68 como invenção de existências, o anarquismo ecologista, o primitivista, as zonas autônomas temporária, as viradas e reviradas desde o movimento antiglobalização no final do século passado...

X anarquista não está disponível a receber a bênção do superior, mas propicia a *parresía* (FOUCAULT, 2011), como um parresiasta consultando uma autoridade quando necessário, sabendo pensar por mais de uma fonte, condizente com o Bakunin que incentiva a revolta, propiciando os meios para nos tornarmos igualitários. E desde aí se coloca a luta libertária e seus enormes riscos, principalmente quando intransigente, e nos leva a equacionar o alegado temor, situado por Ferrer, em dois fluxos. Não há referência de autoria ou prática libertária inquestionável a não ser contra a hierarquia da autoridade. Os anarquismos são constantes em problematizações, não dão sossego, muito menos a si. É deste modo que deve deixar de lado uma eloquente tolerância modular tão cultivada nos dias de hoje, ao se pretender conter e até apagar a intransigência do radicalismo. De um lado, é preciso permanecer escapando das práticas contrapolíticas e das proximidades, tangenciais ou não, com as esquerdas. De outro lado, xs anarquismos são práticas pela abolição do castigo. E ao se abolir o castigo, a partir de si, práticas de liberdade se espalham para afirmar a liberdade. Não se trata de ser contra o castigo, físico ou moral. Isso repercute em mais direitos inacabados, na produção de portadores de direitos. As práticas de liberdade são antipunitivas, intransigentes na radicalidade. Por isso, também, constam da cultura libertária entre os diversos anarquismos.

Élisée Reclus, que bem conheceu o Brasil e a Guerra do Paraguai, escrevia em *O homem e a terra*, especificamente na abertura de "O Estado moderno" sobre o "mundo" do século XIX:

> O mundo está próximo de unificar-se: até as ilhotas espalhadas na imensidão do oceano, todas as terras entraram na área de atração da cultura geral, como predomínio do tipo europeu. Somente em alguns raros cantos, em países de cavernas onde os homens fogem da luz, em lugares muito separados e fechados por muros de pedras, por bosques e pântanos, algumas tribos podem conservar-se completamente isoladas, sem que suas existências se associem ao ritmo da grande vida universal. Sem dúvida, por mais cuidadosamente que se ocultem estas tribos, para o qual é suficiente o pequeno círculo hereditário, os pesquisadores da ciência as descobrem e as fazem entrar no conjunto da humanidade estudando suas formas, seu gênero de vida, suas tradições e classificando-as na série em que eram um grupo ignorado. (RECLUS, 2013: 19)

Constatam-se pequenas mudanças neste domínio capitalista planetário e que tem por meta, atualmente, o espaço sideral. Os cientistas ainda pretendem mapear todos os indígenas, até mesmo os isolados. Alegam que todas as suas culturas precisam ser compreendidas para tornar a nossa menos autoritária. No Brasil, as práticas indígenas com a saúde estão cada vez mais subalternizadas às práticas de medicina social, com suas políticas públicas, calcinando histórias de culturas tribais cercadas nos parques nacionais e de tribos às voltas com a regularização de suas terras, extermínios por vírus ou bactérias, da mesma maneira que os europeus para cá trouxeram no descobrimento inúmeras doenças para matar, como a sífilis, a malária, a difteria e a varíola. Mais do que isso capturaram chefias indígenas para dar-lhes imprescindíveis: o rei, a lei e a fé. A escritora argentina Sara Gallardo redige seu livro no início dos anos 1970, a partir de seu encontro e da entrevista com um indígena *wichí*, chamado Eisejuaz, que declara:

> Disseram, sentados defronte à porta da minha casa:
> — Não entendemos todas as coisas que você fala, mas sabemos que foi nosso chefe e queremos que volte. No mato teria sido chefe, na missão você foi. Agora tudo é tristeza, revolta, inveja. Olhamos: nada vemos. Olhamos de novo: nada vemos. Não sabemos para onde podem andar nossos pensamentos. [...] Nós não entendemos todas as suas palavras, mas entendemos como nossa vida ficou ruim. (GALLARDO, 2021: 112)

Há também os que se encantam com a reserva de cadeiras para indígenas na Constituinte do Chile, com as colheitas genéticas de humanos e vegetais, com o monitoramento contínuo do planeta, a ciência, a contenção da chamada pandemia pelo novo coronavírus e suas variantes... Os cientistas e os humanistas são encantadores!

Para o anarquista brasileiro Florentino de Carvalho, da primeira metade do século XIX, "devemos escandalizar a todo transe. Quando tivermos escandalizado o mundo ele será nosso" (CARVALHO, *apud* PASSETTI & AUGUSTO, 2008: 61-62).

Enfim, a cultura libertária revigora a tradição anarquista em prezar pela alimentação saudável, as relações livres entre os sexos e a educação de crianças, novas formas de produzir, realizações heterotópicas, cuidados consigo e com os próximos (não confundir com afinidades) com a abolição dos castigos. Enfim, cultura libertária não é uma *finalidade* para o futuro, mas uma urgência no presente. Existe. Tomara que a mil anos daqui sejam esquecidas as páginas escritas do século passado e do que estamos começando a viver. Nestas horas nada é mais imprescindível que o poeta, as canções e as danças na afirmação de práticas de liberdade e atirar as autoridades *nonada*.

BIBLIOGRAFIA

BAKUNIN, Mikhail Bakunin. *Estatismo e anarquia*. São Paulo: Nu-Sol/ Imaginário/ Ícone, 2003.

BOLAÑO, Roberto. *A universidade desconhecida*. Tradução de Josely Vianna Baptista. São Paulo: Companhia das Letras, 2021.

FERRER, Christian Ferrer. "Átomos soltos: a construção da personalidade entre os anarquistas no início do século XX". In: *Verve*, v. 5, p. 157-184. São Paulo: 2004. Disponível online.

FOUCAULT, Michel Foucault. "A governamentalidade". In Roberto Machado (org e trad) *Michel Foucault. Microfísica do poder*, pp. 277-293. Rio de Janeiro: Graal, 1979.

______. *Segurança, território, população*. Tradução de Eduardo Brandão. São Paulo: Martins Fontes, 2008.

______. *A coragem da verdade*. Tradução de Eduardo Brandão. São Paulo. WMF Martins, 2011.

GALLARDO, Sara. *Eisejuaz*. Tradução de Mariana Sanchez. Belo Horizonte: Relicário, 2021.

JOURDAIN, Édouard Jourdain. *El anarquismo*. Tradução de Hernán Díaz e Prólogo de Christian Ferrer. Buenos Aires: Paidós, 2014.

PASSETTI, Edson Passetti. "A arquitetura da revolta". In: Margareth Rago e Sílvio Gallo (orgs), *Michel Foucault e as insurreições. É inútil revoltar-se?*, pp. 63–71. São Paulo: Intermeios/ Fapesp, 2016.

______. "Heterotopias libertárias". In: *Verve*, v. 2, pp. 141–173. São Paulo: 2002. Disponível online.

PASSETTI, Edson Passetti; AUGUSTO, Acácio. *Anarquismos e educação*. Belo Horizonte: Autêntica, 2008.

______. & alli. *Ecopolítica*. São Paulo: Hedra, 2019.

PROUDHON, Pierre-Joseph Proudhon. *Idée generale de la revólution au XIX siècle*. In: *Cerve*, v. 3, p. 8. São Paulo: 2003. Disponível online.

______. "A guerra e a paz". In: *Verve*. São Paulo: Nu-Sol, v. 19, 2011, p. 23–71. Disponível online.

RECLUS, Élisée Reclus. *El Estado moderno*. Tradução de Anselmo Lorenzo. Santiago: Editorial Eleuterio, 2013.

STIRNER, Max Stirner. *O único e a sua propriedade*. Tradução de João Barrento. Lisboa: Antígona, 2004.

TOKARCZUK, Olga Tokarczuk. *Correntes*. Tradução de Olga Baginska-Shinzato. São Paulo: Todavia, 2021.

Sobre os autores

Acácio Augusto é doutor em Ciência Sociais (Política) pela PUC-SP e pesquisador no Nu-Sol (Núcleo de Sociabilidade Libertária). Professor no Departamento de Relações Internacionais da UNIFESP, onde coordena o LASInTEC (Laboratório de Análise em Segurança Interacional de Tecnologias de Monitoramento) e no Programa de Pós-Graduação em Psicologia Institucional da UFES. Atualmente coordena o curso de Relações Internacionais da UNIFESP.

Contato: *acacio.augusto@unifesp.br*

Camila Jourdan é professora associada no Departamento de Filosofia da Universidade do Estado do Rio de Janeiro e militante anarquista. Autora do livro *2013 — Memórias e Resistências* (Hedra, 2018). Desenvolve pesquisa sobre a falência da representação na contemporaneidade.

Contato: *camila.jourdan@gmail.com*

Carlos Fos é pesquisador, historiador e antropólogo teatral independente. Pedagoga Patrimonial. Atual co-diretor do Centro de Documentação do Complexo Teatral de Buenos Aires (CTBA). Coordenador do Centro de Pesquisa Avellaneda desde 2017. Estudou o movimento anarquista e suas expressões cênicas por mais de 35 anos, tarefa que se materializa em diversos artigos e livros.

Contacto: *foscarlos3@gmail.com*

Edson Passeti é professor livre-docente do Departamento de Ciências Sociais e Programa de Estudos Pós-Graduados em Ciências Sociais da PUC-SP. Coordena o Nu-Sol e edita o *Observatório Ecopolítica.*

Contato: *edson.passetti@uol.com.br*

Eliane Carvalho é pesquisadora no Nu-Sol e doutora em Ciências Sociais pela PUC–SP.

Contato: *eliane@riseup.net*

Flávia Lucchesi & Maurício Marques são doutorandxs pelo Programa de Estudos Pós-Graduados em Ciências Sociais da PUC-SP. Flávia Lucchesi é também pesquisadora no Nu-Sol.

Contatos: *mauricio.marques.de.souza@hotmail.com*; *flalucchesi@gmail.com*

Gerardo Garay Montaner é doutor em Ciências da Educação (UNLP–Argentina), pós-doutor em História da Educação (UEPG–Brasil) e professor adjunto do Departamento de História e Filosofia da Educação em UDELAR, Uruguai.

Contacto: *gerardo.garay@gmail.com*

Gustavo Simões é graduado em Ciências Sociais (2007) e pesquisador no Nu-Sol desde 2005. Para a iniciação científica (2005–2006), pesquisou o jornal libertário *O Inimigo do Rei*. Apresentou em 2009 o projeto de mestrado "Roberto Freire: Tesão & Anarquia", com o auxílio da bolsa concedida pela FAPESP. Em 2013, com bolsa CNPq, deu continuidade às pesquisas ético-estéticas sobre as escritas libertárias e iniciou a pesquisa de doutorado "O desconcerto anarquista de John Cage".

Contato: *gusfsimoes@gmail.com*

João da Mata é doutor em Psicologia (UFF) e doutor em Sociologia Econômica e das Organizações (Universidade de Lisboa). Pós-Doutor em História (UFF). Trabalha com a Soma, uma terapia anarquista, há mais de trinta anos.

Contato: *jodamata@terra.com.br*

Luíza Uehara é pesquisadora no Nu-Sol e doutora em Ciências Sociais pela PUC–SP.

Contato: *luiza.uehara@gmail.com*

Mariana Gabriela Calandra é graduada em Ciência Política e Relações Internacionais pela Universidade Salvador. É mestre em Arts in Development Management and Policy pela Georgetown University.

Contato: *epgcalandra@yahoo.com*

Rafael Limongelli é anarquista, doutorando em Educação (Unicamp/ CAPES), mestre em Educação (Unifesp/ CAPES), bacharel em Ciências Sociais (PUC–SP) e técnico em Artes Cênicas (INDAC). Publicou os livros *Cretino* (2013) e *Duna* (2018) pela Editora Patuá. Desde 2018, organiza a Flipei (Festa Literária Pirata das Editoras Independentes), e integra o LIMA (Laboratório Insurgente de Maquinarias Anarquistas).

Contato: *rafaelimao@gmail.com*

Renato Mendes é ator, dramaturgo e professor de teatro. Mestrando em Educação pela FE-Unicamp com a pesquisa *A Pedagogia Libertária do Teatro Social Anarquista.* Formado em Arte, com foco em Teatro, pelo IA-UNESP. Integrante do LIMA (Laboratório Insurgente de Maquinarias Anarquistas).

Contato: *renatomendesdeazevedosilva@hotmail.com*

Rodolpho Jordano Netto é mestre em Geografia pela Universidade Federal Fluminense. Editor e tradutor da editora anarquista Imprensa Marginal. Participante do Grupo de Investigação Libertária e Educação Popular (CILEP).

Contato: *rodolphoknupp@gmail.com*

Sebastián Stavisky é licenciado em Sociologia, mestre em Antropologia Social e doutorando em Ciências Sociais. Pesquisador da Instituto de Pesquisas Gino Germani da Universidade de Buenos Aires Aires, é também professor do curso de Sociologia da Faculdade de Ciências Social da mesma universidade. Dedica-se ao estudo da relação entre o anarquismo e a medicina naturopática no Rio da Prata no início do século XX, assunto sobre o qual publicou artigos em diversas revistas acadêmicas.

Contacto: *sebastian.stavisky@gmail.com*

Sílvio Gallo é professor titular da Faculdade de Educação da Universidade Estadual de Campinas (Unicamp) e pesquisador bolsista de produtividade do Conselho Nacional de Desenvolvimento Científico e Tecnológico (CNPq). Graduado em Filosofia pela Pontifícia Católica de Campinas (PUC– Campinas), realizou seus estudos de mestrado e doutorado na Faculdade de Educação da Unicamp, onde obteve também a livre docência. Integrante do LIMA.

Contato: *silvio.gallo@gmail.com*

Thaiane Mendonça é bacharel em Relações Internacionais, mestre em Estudos Estratégicos pelo Instituto de Estudos Estratégicos da Universidade Federal Fluminense (INEST/ UFF) e doutoranda em Relações Internacionais pelo San Tiago Dantas (UNESP, UNICAMP, PUC–SP). Pesquisadora do Grupo de Estudos de Defesa e Segurança Internacional (GEDES/ UNESP) e do Laboratório de Análise em Segurança Internacional e Tecnologias de Monitoramento (LASInTec/ UNIFESP).

Contato: *thaiane.cm@gmail.com*

COLEÇÃO «HEDRA EDIÇÕES»

1. *A metamorfose*, Kafka
2. *O príncipe*, Maquiavel
3. *Jazz rural*, Mário de Andrade
4. *O chamado de Cthulhu*, H. P. Lovecraft
5. *Ludwig Feuerbach e o fim da filosofia clássica alemã*, Friederich Engels
6. *Hino a Afrodite e outros poemas*, Safo de Lesbos
7. *Præterita*, John Ruskin
8. *Manifesto comunista*, Marx e Engels
9. *Rashômon e outros contos*, Akutagawa
10. *Memórias do subsolo*, Dostoiévski
11. *Teogonia*, Hesíodo
12. *Trabalhos e dias*, Hesíodo
13. *O contador de histórias e outros textos*, Walter Benjamin
14. *Diário parisiense e outros escritos*, Walter Benjamin
15. *Don Juan*, Molière
16. *Contos indianos*, Mallarmé
17. *Triunfos*, Petrarca
18. *O retrato de Dorian Gray*, Wilde
19. *A história trágica do Doutor Fausto*, Marlowe
20. *Os sofrimentos do jovem Werther*, Goethe
21. *Dos novos sistemas na arte*, Maliévitch
22. *Metamorfoses*, Ovídio
23. *Micromegas e outros contos*, Voltaire
24. *O sobrinho de Rameau*, Diderot
25. *Carta sobre a tolerância*, Locke
26. *Discursos ímpios*, Sade
27. *Dao De Jing*, Lao Zi
28. *O fim do ciúme e outros contos*, Proust
29. *Pequenos poemas em prosa*, Baudelaire
30. *Fé e saber*, Hegel
31. *Joana d'Arc*, Michelet
32. *Livro dos mandamentos: 248 preceitos positivos*, Maimônides
33. *Eu acuso!*, Zola | *O processo do capitão Dreyfus*, Rui Barbosa
34. *Apologia de Galileu*, Campanella
35. *Sobre verdade e mentira*, Nietzsche
36. *Poemas*, Byron
37. *Sonetos*, Shakespeare
38. *A vida é sonho*, Calderón
39. *Sagas*, Strindberg
40. *O mundo ou tratado da luz*, Descartes
41. *Fábula de Polifemo e Galateia e outros poemas*, Góngora
42. *A vênus das peles*, Sacher-Masoch
43. *Escritos sobre arte*, Baudelaire
44. *Cântico dos cânticos*, [Salomão]
45. *Americanismo e fordismo*, Gramsci
46. *Balada dos enforcados e outros poemas*, Villon
47. *Sátiras, fábulas, aforismos e profecias*, Da Vinci
48. *O cego e outros contos*, D.H. Lawrence
49. *Imitação de Cristo*, Tomás de Kempis
50. *O casamento do Céu e do Inferno*, Blake
51. *Flossie, a Vênus de quinze anos*, [Swinburne]
52. *Teleny, ou o reverso da medalha*, [Wilde et al.]
53. *A filosofia na era trágica dos gregos*, Nietzsche
54. *No coração das trevas*, Conrad
55. *Viagem sentimental*, Sterne
56. *Arcana Cœlestia* e *Apocalipsis revelata*, Swedenborg
57. *Saga dos Volsungos*, Anônimo do séc. XIII
58. *Um anarquista e outros contos*, Conrad
59. *A monadologia e outros textos*, Leibniz

60. *Cultura estética e liberdade*, Schiller
61. *Poesia basca: das origens à Guerra Civil*
62. *Poesia catalã: das origens à Guerra Civil*
63. *Poesia espanhola: das origens à Guerra Civil*
64. *Poesia galega: das origens à Guerra Civil*
65. *O pequeno Zacarias, chamado Cinábrio*, E.T.A. Hoffmann
66. *Um gato indiscreto e outros contos*, Saki
67. *Viagem em volta do meu quarto*, Xavier de Maistre
68. *Hawthorne e seus musgos*, Melville
69. *Ode ao Vento Oeste e outros poemas*, Shelley
70. *Feitiço de amor e outros contos*, Ludwig Tieck
71. *O corno de si próprio e outros contos*, Sade
72. *Investigação sobre o entendimento humano*, Hume
73. *Sobre os sonhos e outros diálogos*, Borges | Osvaldo Ferrari
74. *Sobre a filosofia e outros diálogos*, Borges | Osvaldo Ferrari
75. *Sobre a amizade e outros diálogos*, Borges | Osvaldo Ferrari
76. *A voz dos botequins e outros poemas*, Verlaine
77. *Gente de Hemsö*, Strindberg
78. *Senhorita Júlia e outras peças*, Strindberg
79. *Correspondência*, Goethe | Schiller
80. *Poemas da cabana montanhesa*, Saigyō
81. *Autobiografia de uma pulga*, [Stanislas de Rhodes]
82. *A volta do parafuso*, Henry James
83. *Ode sobre a melancolia e outros poemas*, Keats
84. *Carmilla — A vampira de Karnstein*, Sheridan Le Fanu
85. *Pensamento político de Maquiavel*, Fichte
86. *Inferno*, Strindberg
87. *Contos clássicos de vampiro*, Byron, Stoker e outros
88. *O primeiro Hamlet*, Shakespeare
89. *Noites egípcias e outros contos*, Púchkin
90. *Jerusalém*, Blake
91. *As bacantes*, Eurípides
92. *Emília Galotti*, Lessing
93. *Viagem aos Estados Unidos*, Tocqueville
94. *Émile e Sophie ou os solitários*, Rousseau
95. *A fábrica de robôs*, Karel Tchápek
96. *Sobre a filosofia e seu método — Parerga e paralipomena (v. II, t. I)*, Schopenhauer
97. *O novo Epicuro: as delícias do sexo*, Edward Sellon
98. *Sobre a liberdade*, Mill
99. *A velha Izerguil e outros contos*, Górki
100. *Pequeno-burgueses*, Górki
101. *Primeiro livro dos Amores*, Ovídio
102. *Educação e sociologia*, Durkheim
103. *A nostálgica e outros contos*, Papadiamántis
104. *Lisístrata*, Aristófanes
105. *A cruzada das crianças/ Vidas imaginárias*, Marcel Schwob
106. *O livro de Monelle*, Marcel Schwob
107. *A última folha e outros contos*, O. Henry
108. *Romanceiro cigano*, Lorca
109. *Sobre o riso e a loucura*, [Hipócrates]
110. *Ernestine ou o nascimento do amor*, Stendhal
111. *Odisseia*, Homero
112. *O estranho caso do Dr. Jekyll e Mr. Hyde*, Stevenson
113. *Sobre a ética — Parerga e paralipomena (v. II, t. II)*, Schopenhauer
114. *Contos de amor, de loucura e de morte*, Horacio Quiroga
115. *A arte da guerra*, Maquiavel
116. *Elogio da loucura*, Erasmo de Rotterdam
117. *Oliver Twist*, Charles Dickens
118. *O ladrão honesto e outros contos*, Dostoiévski
119. *Sobre a utilidade e a desvantagem da histório para a vida*, Nietzsche
120. *Édipo Rei*, Sófocles
121. *Fedro*, Platão

122. *A conjuração de Catilina*, Salústio
123. *Escritos sobre literatura*, Sigmund Freud
124. *O destino do erudito*, Fichte
125. *Diários de Adão e Eva*, Mark Twain
126. *Diário de um escritor (1873)*, Dostoiévski
127. *Perversão: a forma erótica do ódio*, Stoller
128. *Explosao: romance da etnologia*, Hubert Fichte

COLEÇÃO «METABIBLIOTECA»

1. *O desertor*, Silva Alvarenga
2. *Tratado descritivo do Brasil em 1587*, Gabriel Soares de Sousa
3. *Teatro de êxtase*, Pessoa
4. *Oração aos moços*, Rui Barbosa
5. *A pele do lobo e outras peças*, Artur Azevedo
6. *Tratados da terra e gente do Brasil*, Fernão Cardim
7. *O Ateneu*, Raul Pompeia
8. *História da província Santa Cruz*, Gandavo
9. *Cartas a favor da escravidão*, Alencar
10. *Pai contra mãe e outros contos*, Machado de Assis
11. *Democracia*, Luiz Gama
12. *Liberdade*, Luiz Gama
13. *A escrava*, Maria Firmina dos Reis
14. *Contos e novelas*, Júlia Lopes de Almeida
15. *Iracema*, Alencar
16. *Auto da barca do Inferno*, Gil Vicente
17. *Poemas completos de Alberto Caeiro*, Pessoa
18. *A cidade e as serras*, Eça
19. *Mensagem*, Pessoa
20. *Utopia Brasil*, Darcy Ribeiro
21. *Bom Crioulo*, Adolfo Caminha
22. *Índice das coisas mais notáveis*, Vieira
23. *A carteira de meu tio*, Macedo
24. *Elixir do pajé — poemas de humor, sátira e escatologia*, Bernardo Guimarães
25. *Eu*, Augusto dos Anjos
26. *Farsa de Inês Pereira*, Gil Vicente
27. *O cortiço*, Aluísio Azevedo
28. *O que eu vi, o que nós veremos*, Santos-Dumont
29. *Poesia Vaginal*, Glauco Mattoso

COLEÇÃO «QUE HORAS SÃO?»

1. *Lulismo, carisma pop e cultura anticrítica*, Tales Ab'Sáber
2. *Crédito à morte*, Anselm Jappe
3. *Universidade, cidade e cidadania*, Franklin Leopoldo e Silva
4. *O quarto poder: uma outra história*, Paulo Henrique Amorim
5. *Dilma Rousseff e o ódio político*, Tales Ab'Sáber
6. *Descobrindo o Islã no Brasil*, Karla Lima
7. *Michel Temer e o fascismo comum*, Tales Ab'Sáber
8. *Lugar de negro, lugar de branco?*, Douglas Rodrigues Barros
9. *Machismo, racismo, capitalismo identitário*, Pablo Polese
10. *A linguagem fascista*, Carlos Piovezani & Emilio Gentile
11. *A sociedade de controle*, J. Souza; R. Avelino; S. Amadeu (orgs.)
12. *Ativismo digital hoje*, R. Segurado; C. Penteado; S. Amadeu (orgs.)
13. *Desinformac⊠a⊠o e democracia*, Rosemary Segurado
14. *Labirintos do fascismo, vol. 1*, João Bernardo
15. *Labirintos do fascismo, vol. 2*, João Bernardo

16. *Labirintos do fascismo, vol. 3*, João Bernardo
17. *Labirintos do fascismo, vol. 4*, João Bernardo
18. *Labirintos do fascismo, vol. 5*, João Bernardo
19. *Labirintos do fascismo, vol. 6*, João Bernardo

COLEÇÃO «MUNDO INDÍGENA»

1. *A árvore dos cantos*, Pajés Parahiteri
2. *O surgimento dos pássaros*, Pajés Parahiteri
3. *O surgimento da noite*, Pajés Parahiteri
4. *Os comedores de terra*, Pajés Parahiteri
5. *A terra uma só*, Timóteo Verá Tupã Popyguá
6. *Os cantos do homem-sombra*, Mário Pies & Ponciano Socot
7. *A mulher que virou tatu*, Eliane Camargo
8. *Crônicas de caça e criação*, Uirá Garcia
9. *Círculos de coca e fumaça*, Danilo Paiva Ramos
10. *Nas redes guarani*, Valéria Macedo & Dominique Tilkin Gallois
11. *Os Aruaques*, Max Schmidt
12. *Cantos dos animais primordiais*, Ava Ñomoandyja Atanásio Teixeira
13. *Não havia mais homens*, Luciana Storto

COLEÇÃO «NARRATIVAS DA ESCRAVIDÃO»

1. *Incidentes da vida de uma escrava*, Harriet Jacobs
2. *Nascidos na escravidão: depoimentos norte-americanos*, WPA
3. *Narrativa de William W. Brown, escravo fugitivo*, William Wells Brown

COLEÇÃO «ANARC»

1. *Sobre anarquismo, sexo e casamento*, Emma Goldman
2. *O indivíduo, a sociedade e o Estado, e outros ensaios*, Emma Goldman
3. *O princípio anarquista e outros ensaios*, Kropotkin
4. *Os sovietes traídos pelos bolcheviques*, Rocker
5. *Escritos revolucionários*, Malatesta
6. *O princípio do Estado e outros ensaios*, Bakunin
7. *História da anarquia (vol. 1)*, Max Nettlau
8. *História da anarquia (vol. 2)*, Max Nettlau
9. *Entre camponeses*, Malatesta
10. *Revolução e liberdade: cartas de 1845 a 1875*, Bakunin
11. *Anarquia pela educação*, Élisée Reclus

COLEÇÃO «ECOPOLÍTICA»

1. *Ecopolítica*, Edson Passetti, Acácio Augusto, Beatriz S. Carneiro, Salete Oliveira, Thiago Rodrigues
2. *Pandemia e anarquia*, Edson Passetti, João da Mata, José Maria, Carvalho Ferreira
3. *Anarquistas na América do Sul*, Edson Passetti, Sílvio Gallo, Acácio Augusto

Adverte-se aos curiosos que se imprimiu este livro na gráfica Meta Brasil, em 21 de outubro de 2022, em papel pólen soft, em tipologia Minion Pro e Formular, com diversos sofwares livres, entre eles LaTeX& git.
(v. d79d0c6)